U0148974

林正三著

閩南語聲韻學

文史哲出版社印行

國家圖書館出版品預行編目資料

閩南語聲韻學 / 林正三著. -- 初版. --臺北市：文史哲,民 91
頁；公分.
參考書目：面
ISBN 978- 957-549-443 -8 (平裝)

1.閩南語 – 聲韻

802.5234 91009626

閩南語聲韻學

著 者：林 正 三
出 版 者：文 史 哲 出 版 社
http:// www.lapen.com.tw
e-mail：lapen@ms74.hinet.net
登記證字號：行政院新聞局版臺業字五三三七號
發 行 人：彭 正 雄
發 行 所：文 史 哲 出 版 社
印 刷 者：文 史 哲 出 版 社
臺北市羅斯福路一段七十二巷四號
郵政劃撥帳號：一六一八〇一七五
電話 886-2-23511028・傳真 886-2-23965656

實價新臺幣 四四〇元

中華民國九十一年(2002) 六月初版
中華民國九十八年(2009) 五月初版再刷

ISBN 978- 957-549-443 -8

前　言

本書雖名之曰《閩南語聲韻學》然與諸漢語之聲韻學，實大同而小異。由於閩南語在整個漢藏語系中，相對屬於較爲古老之一支，其讀音大部保存中古音之原貌，而部分語音甚至可追溯到三代時期之上古音。故閩南語聲韻之學習與研究，對於熟悉中古四聲之古典詩人，實較易於入門，並可收事半功倍之效，亦更能得其突奧。

論及個人研究聲韻學之淵源，最先是隨基隆詩學大家　周植夫先生習唐詩，於諷誦之餘，熟習中古音之聲、韻、調。更因讀到清人錢大昕《十駕齋養新錄》中『古無清脣音、古無舌上音』等說，核之閩南之語音正合符契，進而引起研究聲韻學之極大興趣。閱二十年而略有所得，嗣於臺灣師範大學旁聽聲韻學家　陳伯元（新雄）教授之聲韻學課程，以印證所學，深獲助益。民國八十八曾出版《閩南語聲韻學簡述》一書，有感於近年來教育當局，正積極於國民中、小學推動母語教學，爲期能爲爾來致力學習閩南語者，指出一條正確之門徑，故將舊稿重新整理，增加篇幅，並獲臺北市政府文化局列爲本（九十一）年度補助出版之項目。

由於本省早期之漢文傳授者，於聲韻學一門，率皆以爲細末之事而不予注重，加以本省地處海隅，交通不便，光復以前，有關聲韻學書籍，概不一見，以致聲韻學常識缺乏。經師教學，但憑口授，相沿既久，訛誤情形頗多。而閩南語之源流，可自漢、魏、晉、唐之中古音，上溯至三代之上古音。其間歷經數千年之演變，而有古音、今音、讀音、語音、雅音、方音、轉音之異，加之各種時空因素，造成語言之訛變，然而演變之程序，有其一定軌跡。本書之目的，即在提供學習及研究之方向。由於顧慮到學習者之程度，故不重理論，而以實用爲主。又歷來治聲韻學者大別可分爲考古與審音兩派，本書側重於審音，希望對古典漢文、詩詞作者及有心於閩南語之學者，能有所幫助。

就個人之心得，聲韻學之研究，應以科學之方法，去分析該字之聲類、韻類、陰陽、清濁、開合、洪細、及發聲送氣等構成因素。與乎藝文創作不同之處，在於藝文創作乃是主觀的、感性的；而治聲韻之學，須是客觀的、理性的及科學的。以此認知，去研究聲韻之學，方不至誤入歧途。故特別揭出「明陰陽、辨開合、審清濁、分洪細、別今古、判其發送收」以爲研究聲韻之要。果能如此，則古音明矣！聲韻之學至矣盡矣！

本書共分十章，第一章《緒論》揭出聲韻學之作用及研究聲韻學之方法；第二章《反切》闡明反切之法及反切之聲母與韻母，並將《廣韻》四十一聲類及二百六韻之反切上下字分別列表，又將切語上下字之音切逐字列出，以供查考。且將脣音字另行標出，使讀者不致因切語爲脣音字而產生誤判開合之情形。此外，並將閩南語之反切及聲母、韻母做一剖析，使讀者能將漢語之聲韻學與閩南語之聲韻學，融而爲一；第三章《陰陽清濁與發送收》將聲韻學上「陰陽」與「清濁」之術語，作一釐清，使讀者不致受前人不正確論調之誤導，而產生認知錯誤之情形。

並對「濁上」與「濁去」之聲調作一辯正，以導正時下研究閩南語者之觀念。發送收部分則將北音與南音於發送收差異之處作一解析；第四章《等韻》一章，迺將等韻圖之作用及種類稍作介紹，並就開合與洪細詳爲解說。其中有關脣音字之開合，採李榮「脣音字無所謂開合，同時又可開可合」之論點，以該論於切語下字用脣音字者，較易得到正確及合理之解釋故也；第五章《韻鏡》闡述等韻書之功用，及解釋《韻鏡》之檢法，並將各等韻書籍之歌訣擇要收錄，已供讀者參考；第六章《平水韻平聲三十韻之解析》以目前詞翰家通用韻書之韻目，逐一解析其開合、洪細及文白讀音之對應關係，雖只舉平聲韻爲例，然而舉平以賅上、去、入，並就《廣韻》二百六韻合併於目前通行韻書之韻目亦予揭出，使讀者相互對照，於聲韻學者及詞翰家皆有所助益；第七章《工具書之使用》將聲韻學之參考書籍《音韻闡微》《切韻考》及《康熙字典》《辭源》《辭海》等字書辭書之用法作一分析，併試評其優劣。且就閩南語現有之韻書中，舉《彙音寶鑑》爲例作一說明，使讀者稍具概念；第八章《歷代以來造成之音變與訛讀暨文白異讀現象》將歷代以來，閩南語所產生之音變與訛讀暨文白異讀現象，舉例說明，俾讀者有所會通；第九章《類隔反切訂正》在聲韻學上因古今聲韻產生變化，致讀法有所不同，其聲母不同部分稱之爲類隔反切，最主要者有「脣音類隔」、「齒音類隔」與「舌音類隔」，在閩南語方面，只有脣音產生類隔，其餘則古音今音仍無差異。本章就「脣音類隔」逐條予以訂正，改成音和；第十章《閩南語之源流與書寫文字》則就閩南語之形成與發展及傳播至臺灣之概況作一說明，使讀者明瞭閩南語與漢藏語系之相互關係。質言之，閩南語乃漢藏語系之一支，且因較早脫離母體而少受外在影響，此乃閩南語保有較爲古老音韻，而成爲古音活化石之緣故也。

爲使讀者早日進入情況，書後並將梁（六朝）周興嗣所著之《千字文》一書，逐字列表，標出各字之切語，並分析聲母、韻母、等第、清濁、開合、調値等，更實以相承之平、上、去、入聲字及常用之同音字，使讀者能自此千字之中，求得約二、三千字之音讀，如能善加隅反，則閩南語之聲韻一道，可企而至也。

本書使用之標音方式，除傳統之《廣韻》音切外，並加註教育部推薦之《臺灣閩南語音標系統》（簡稱 **TLPA**）給予讀者相互參照，使更容易進入情況，原先尙考慮以早期朱兆祥所編著之《台灣方音符號》爲輔助音標，然因符號過於複雜，且無法輸入電腦而作罷。而目前坊間使用之十五音等呼法由於不屬正確之聲韻學，教會羅馬音標又因尙有數韻無法標出（如《廣韻》之「魚、痕」等韻之字）故只有割愛。

本書由於定稿匆促，容有未周之處，尙祈大雅方家不吝賜正。

時在民國第二壬午首夏林正三於惜餘齋

目　次

第五章：韻　鏡

臺灣閩南語音標系統

（教育部推薦方案【TLPA】）

壹、音　素

一：聲　母

	清塞音或塞擦音		鼻　音	擦　音	濁音、塞音、塞擦音	邊　音
	不送氣	送　氣				
脣　音	p 邊	ph 頗	m 毛		b 文	
舌尖中音	t 地	th 他	n 耐			l 柳
舌尖前音	c 曾	ch 出		s 時	j 入	
舌根音	k 求	kh 去	ng 雅		g 語	
喉　音				h 喜		
零聲母	○英					

註：①表內中文字爲閩南語十五音之聲母，其中「毛、耐、雅」三字爲十五音所無。

②拼寫時零聲母（「英」母）省略。

二：韻　母

〈一〉舒聲韻

1. 開尾韻

a	阿	**e**	啞	**i**	伊				
oo	烏	**o**	蚵	**u**	污				
ee	家（漳）	**er**	鍋（泉）	**ir**	於（泉）				
ai	哀	**au**	甌	**ere**	挨（泉）				
ia	耶	**ioo**	□	**io**	腰	**iu**	優	**iau**	妖
ua	娃	**uee**	話（漳）	**ue**	話	**ui**	威	**uai**	歪

註：①表中註（泉）者爲泉音，註（漳）者爲漳音。

2. 鼻化韻

ann	餡	enn	嬰（漳）	inn	燕		
onn	好〔惡〕	m	姆	ng	秧		
ainn	閑（同）	aunn	□	irinn	閑（泉）		
iann	纓	ionn	鴦（漳）	iunn	鴦	iaunn	貓
uann	鞍	uenn	妹（漳）	uinn	黃（漳）	uainn	關

3. 鼻聲韻

am	庵	an	安	ang	尪	om	蔘	ong	汪
irm	蔘（泉）	irn	恩（泉）	irng	登（泉）				
im	音	in	因	ieng	永				
iam	閹	ian	煙	iang	雙			iong	雍
un	溫	uan	冤	uang	嚾				

〈二〉 入聲韻

1. 喉塞韻

ah	鴨	eh	厄	ih	舌		
ooh	□	oh	學	uh	突		
eeh	格（漳）	erh	郭（泉）	ereh	隘（泉）		
aih	□	auh	□				
iah	役	ioh	藥	iuh	□	iauh	□
uah	活	ueh	劃（漳）	uih	劃（泉）	uaih	□

2. 鼻化入聲韻

annh	□	ennh	莢	innh	物
onnh	膜	mh	默	ngh	物（泉）
ainnh	□	aunnh	□		
iannh	□	iunnh	□	iaunnh	□
uennh	□	uinnh	□	uainnh	□

3. 普通入聲韻（讀音）

ap	壓	at	遏	ak	握	op	□	ok	惡
irp	澀（泉）	irt	核（泉）	irk	黑（泉）				
ip	揖	it	乙	iek	益				
iap	葉	iat	閱	iak	約（漳）	iut	□	iok	育
ut	熨	uat	越	uak	□				

三：聲　調

1	清平	東	2	清上	董	3	清去	凍	4	清入	督	9	中央合音
5	濁平	童	6	濁上	動	7	濁去	洞	8	濁入	毒	0	輕聲

貳、韻母分析

一：韻　頭（介音）

i	細音	u	合口

二：韻腹

〈一〉元　音

a	阿	e	啞	i	伊	u	污	o	蚵
ee	家（漳）	er	鍋（泉）	ir	於	oo	烏		

〈二〉鼻化元音

ann	餡	enn	嬰（漳）	inn	燕	unn	羊	onn	惡〔好惡〕

〈三〉韻化輔音：

m	姆	ng	秧

三：韻　尾：

〈一〉元音韻尾：

i	該	u	狗

〈二〉輔音韻尾：

m	甘	n	奸	ng	港	p	蛤	t	結	k	角	h	甲

臺灣閩南語之聲母
廣韻、十五音、TLPA 對照

		清塞音或塞擦音		鼻音	擦音	濁音塞音或塞擦音	邊音
		不送氣	送氣				
脣音	音標	**p**	**ph**	**m**		**b**	
	十五音	邊	頗	（毛）		門（文）	
	廣韻	幫、並	滂	明		微	
舌尖中音	音標	**t**	**th**	**n**			**l**
	十五音	地	他	（耐）			柳
	廣韻	端、定、知澄	透、徹	泥、娘			來
舌尖前音	音標	**c**	**ch**		**s**	**j**	
	十五音	曾	出		時	入	
	廣韻	精、從、莊床、照	清、穿		心、邪、神審、禪、疏	日	
舌根音	音標	**k**	**kh**	**ng**		**g**	
	十五音	求	去	（雅）		語	
	廣韻	見、群	溪			疑	
喉音	音標				**h**		
	十五音				喜		
	廣韻				曉、匣、非敷、奉		
零聲母	音標	○					
	十五音	鶯（英）					
	廣韻	影、喻					

註①：拼寫時零聲母（「英」母）省略

②：閩南語無輕脣音「非、敷、奉」三母讀成「曉、匣」二母；「明、微」二母合而為一。

第一章：緒　論

一、何謂聲韻學

眾所皆知，我國文字之構成乃以「形、音、義」爲三要素。其中研究文字之字形構造者爲文字學；研究文字之意義者爲訓詁學；研究文字之音與韻者爲聲韻學（或稱音韻學）易言之，即「聲韻學者乃是研究文字之發音與收韻」。毛詩序云：「聲成文謂之音」（鄭玄毛詩箋：宮商相應也）古人又謂：「聲音相和謂之韻」。由於聲韻學予人之印象，爲一門枯燥而無味之學問，故每令初學者望而卻步。是以本書不作艱深之學理探討，僅就實用方面闡釋，使讀者能運用最短之時間與精力，來獲致最大之聲韻學知識。爾後如遇生僻之字，可利用《廣韻》《集韻》等韻書。或《康熙字典》等字書，以呼出正確之讀音。庶不至指鹿爲馬，而貽識者之譏。

二、為何要學聲韻學

近人竺家寧先生於《古音之旅》（國文天地雜誌社 1987 年版）一書中至少列舉出九大理由，於今舉其犖犖大者迻錄於下：

★為了要讀通古書：我們豐富之文化遺產，都保存在經史典籍之中。要真正瞭解中國文化，豈能不讀懂這些古書？而古書就是古代語言之書面記載，所以我們不能不先了解古代語言之狀況，尤其是構成語言基礎之語音。清儒對古音研究的意義有很深刻之體認。顧炎武說：「讀九經必自考文始，考文必自知音始」。戴震說：「凡故訓之失傳者，於此亦可因聲而知義矣」。錢大昕說：「古人以音載義，後人區音與義二之，音聲之不通，而言義理，吾未見其精於義也」。段玉裁說：「音韻明而六書明，六書明而古經傳無不可通」。王念孫說：「竊以訓詁之旨，本於聲音」。這些都是清儒治學經驗之談。可知不明古音，即無法真正了解古書之文意。歷代雖有許多經籍的註解，但只依賴註解，人云亦云，也只能知其然而不知其所以然。如各家註解分歧不一時，就茫然不知所從了。

★有助於了解現代方言的關係和來源：中國方言看起來十分複雜，廣東話、客家話、閩南話、上海話、對北方人來說，簡直就像外國語言。但是，由古音學看來，它們來自同一淵源，只是在不同的時代發生分化，如同一棵大樹的許多支幹，其根本是相同的。透過聲韻學，可以找出各方言間之親疏遠近，可以推測出它們從古漢語中分化的時代，從而建立起現代方言的系統樹。「金、侵、心、音」和「巾、親、新、因」，國語念起來並無差別，為什麼閩南語前者帶了個（-m）收尾呢？「無、文、微、亡、尾、味」，國語都是零聲母，為什麼閩南語前面都帶了個 m-（近似 b-）？「知、治、陳、竹、桌、中」，國語都念捲舌音，為什麼福建人都是念 t-聲母？這些也得從古音中去了解。

★有助於歷代韻文之欣賞：古來無數優美的詩詞歌賦，都是押韻之文章。我們要領略其中之韻味，只了解意義是不夠的，還應該能吟詠誦讀其鏗鏘有致的音調。如果不了解作品當時的語言，這種聲韻之美勢必被埋沒，本有之情致也必然跟著打了折扣。因此讀詩經要了解上古音；讀唐詩要了解中古音。那麼，用國語讀起來雖然韻腳不合，如用古音去讀，仍可以體會其中的鏗鏘之美。押韻之外，還可以透過平仄去欣賞近體詩。平聲通常是長的調子，不升也不降；仄聲是短的調子，或升或降。二者交替變化，便具有了節奏美，這和英詩講輕重律的情形類似。此外還要能分辨雙聲疊韻，如沈括《夢溪筆談》卷十五云：「幾家春草裡，吹唱隔江聞。幾家、春草、吹唱、隔江皆雙聲。又如月影侵簪冷，江光逼屐清。侵簪、逼屐皆疊韻。」李商隱、杜甫這類例子尤多。最有趣者是蘇東坡詩：「塔上一鈴獨自語，明日顛風當斷渡。」鄧廷楨《雙硯齋筆記》卷六云：「顛當、斷渡皆雙聲字，代鈴作語，音韻宛然，可謂靈心獨絕」。其次，從聲調的錯綜變化也可以體會出詩的音韻之美。例如杜審言之《和晉陵陸丞早春遊望》詩，第一、三、五、七句，每句四聲皆備，其餘各句，凡用仄聲處，也必上、去、入交互運用，絕不重複，故極具抑揚變化之妙……

★有助於利用工具書：研究學問少不了要接觸到工具書，工具書利用得當，往往能收事半功倍之效。過去的字典、辭典、類書等常有以韻為順序編排的，例如《佩文韻府》、《經籍纂詁》、《說文通訓定聲》，以及歷代韻書。其中有依上古韻部排列的；有依切韻韻部排列的；有依平水韻的。至於近代辭書還有依聲母次序編列的，例如《國語辭典》等。這些都要熟悉各代語音的類別，才能有效利用。字典、辭典的主要目的不外為讀者釋音、義之疑難，而歷代注音方法又不盡相同。例如東漢以來盛行之反切，一直到今天的《辭源》《辭海》《中華大字典》等，都還在使用，如不懂反切拼音，就無法獲得字音的讀法。古人的注音方式還有譬況、讀若、直音等，也必須具備聲韻學知識才能了解它。

以上爲《古音之旅》一書中所舉之犖犖大者，若依筆者之拙見，則認爲至少有兩種人是非學聲韻學不可。一種是從事古典詩學之創作與教學者，由於詩是一門最講究聲律之文學，故凡爲詩者，莫不以聲韻爲第一要務。據宋邵博（邵康節之孫）之《聞見後錄》所載：李方叔云：「東坡每出，必取聲韻、音訓、文字諸書複置行篋之中」。由此可知「聲韻」一門學問，於詩人之重要性。不知聲韻，何由知詩？尤以從事詩詞創作與教學者，更是不可或缺也。

另一種是從事鄉土語言之整理與研究者，要知道全世界人口之中，使用漢語語系者，即逾十數億。而漢語系中又分成數十百個支系，主要者有北方官話、下江官話、西南官話、吳語、湘語、客語、贛語、粵語、閩北語、閩南語等（見丁邦新著《臺灣語言源流》學生書局 74 年版）。而各語系皆隸屬於同一遠祖—古漢語，只是分化時期之早晚而已。從聲韻學或語言學中即可求出其分化之軌跡，與相互間之關係。由於筆者學識有限，無法作全盤而深入之研究。僅就十數年來對於閩南漢語聲韻學習、研究出來之心得作一報告，提供讀者作爲參考，並就教於詞壇大老暨韻學方家。

就筆者之研究，發現許多閩南語之字詞，仍然保有古漢語之讀音與詞彙。只因爲從事鄉土語文之研究者，未能自聲韻學方面著手，以求得「形、音、義」皆能契合，遇有不識之字，任意以諧音字爲代。又因訛誤相師，久而久之，造成中國文字「形、音、義」之紊亂，致貽人以閩南語有音無字之譏。試舉數例，如：

◆詼諧：《廣韻》「詼」字作「苦回」切（**kue1**），其意爲嘲也，謔也，譏戲也，《康熙字典》引《前漢書東方朔傳》云：「指意放蕩，頗復詼諧」。考「詼諧」之「詼」，至今仍通行於閩南語之語詞中。然而國音已讀成「ㄏㄨㄟ」矣！於此可知，如無聲韻學之常識，即無法自《廣韻》《集韻》《說文解字》《康熙字典》等古籍中，去求取正確之閩南語音讀。

◆毌：《唐韻》作「古丸」切（平讀）；《廣韻》作「古玩」切（仄讀），《說文》：「穿物持之也，從一橫貫」。考之閩南語「毌水」、「毌桶」、「毌物件」等語，即此一「毌」字。試問如不懂反切之法，及語音與讀音之對應關係者，何由得知？（按「毌、貫、摜」義並同。又按：寒韻開口音「乾、干、肝、看、單、攤、彈、檀、壇、寒、鞍」等爲一類；合口音「官、寬、端」等爲一類；脣音字有「般、潘、盤、瞞」等，而閩南之語音皆讀成合口音（收 **uann**，又開合口之辨請參閱第四章）

◆亞：《唐韻》作「衣駕」切，其義據《說文》訓爲「醜也，象人局背之形」，閩南語則作

「俯身」解。杜甫《戲題王宰畫山水圖歌》有「舟人漁子入浦溆，山木盡亞洪濤風」之句，又元稹《望雲騅馬歌》亦有「亞身受取白玉羈，開口銜將黃金勒」之句，又葉星期《梅花詩》有「亞枝低拂碧窗紗」之句，皆可爲其旁證。考「形、音、義」亦正所切合。

◆搰㑥：「搰」字《正韻》作「古忽」切，其義爲「用力貌」，《莊子》天地篇「搰搰然用力甚多而見功寡」之句。「㑥」字據《集韻》作「六直」切，《玉篇》訓作「勤也」。而閩南語形容「勤勞黽勉」爲「搰㑥」（㑥讀力之語音）亦正所切合。

◆黨：《唐韻》作「多朗」切，《廣韻》訓作「美也」（按：諸義中之一義），《廣雅》則訓爲「善也」。閩南語謂植物栽培不起色，或人、畜、禽等動物成長不好，或物品不美皆稱爲「不黨」。

◆飣餖：《廣韻》「飣」作「丁定」切，「餖」作「田候」切。據《康熙字典》引《玉海》載：「唐少府監御饌，用九盤裝衆，名九飣食。今俗燕會，黏果列食前，曰『看席飣坐』。古稱飣坐，謂飣而不食」。韓愈《南山》詩有「肴核分飣餖」之句。本省習俗，喜慶等宴席，在未上菜之前，先擺置瓜子、糖果之類數碟，以供客人啖糝，俗稱「飣桌」（與「飣餖」音類似）。許是語音之訛，唯古人飣而不食，今則食之矣！此句語詞，於本省老一輩鄉親之中，或尚有知之者，而年輕一輩，已茫茫然不知所指矣。

◆譀：《廣韻》作「下闞」切（ham7），爲「酣」之去聲。其義則訓作「誇誕」，《康熙字典》

引《東觀漢記》云：「雖誇譀猶令人熱」。臺灣俗話有「講譀古」之語。即比喻「誇誕不實」之謂。

◆謆：謆字《集韻》作「式戰」切（sian3），其義則訓作「以言語惑人也」。此即閩南語之所謂「謆動」，俗作「煽」字非是。

◆訹：《廣韻》作「辛律」切（sut4），《集韻》作「雪律」切，其義據《說文》作「誘也」，引《前漢書韓安國傳》：「列在諸侯，訹邪臣浮說」。又《宋史岳飛傳》：「淮西之役，俊以前途糧乏訹飛，飛不為止」，即閩南語「誆騙」之義。

諸如此類，皆仰賴具有豐富之聲韻學素養者，去尋繹整理。是以「聲韻」這一門學問，對於從事鄉土語言之研究與傳承工作者，其重要性可知，故吾人實不可等閒視之。

三、如何學習聲韻學

學習聲韻學須自《廣韻》始，要知道《廣韻》一書，乃是自陸法言《切韻》以來，仍存世之較為古老且最完整之韻書。加以包含古今方國之音，故歷來治聲韻學者，莫不奉為圭臬。近世雖有王仁昫發現之《切韻》全本，然其重要性仍不能取代《廣韻》。更因其緊扼古今音變之樞紐，故凡研究隋唐時期之「中古音」，或上溯至詩經時代之「上古音」，甚而下推至目前通行之國音，莫不以此為依歸。且其使用之反切上下字，只具聲紐與韻紐之作用，不具特定之音讀。

是以用之於北方官話可，用之於西南官話亦可，用之於吳語、湘語、贛語、粵語、閩北、閩南之語，莫不皆可。甚至於日、韓、泰、緬、星、馬等地，凡以漢語爲語系者，皆不出其外也。然單以《廣韻》爲宗，於字之開、合、洪、細、清、濁等，又無從得悉，故仍須佐以等韻之學，方克竟全功。

此外，在論及聲韻學之前，必須先將有關聲韻學之術語，諸如反切、陰陽、清濁、開合、洪細（等呼）及發送收等，逐一闡明，庶不至茫然無緒。且術語一明，於聲韻一門，思過半矣。依個人思索所得，認爲治聲韻學者，欲明曉每一字之音讀，宜乎以科學之法，去分析該字之聲類、韻類、及陰陽、清濁、開合、洪細、發聲送氣等構成因素。與乎藝文創作不同之處，在於藝文創作乃是主觀的，感性的；而治聲韻之學，須是客觀的，理性的及科學的。以此認知，去研究聲韻之學，方不至誤入歧途。

第二章：反　切

一、何為反切

反切者，乃合二字爲一字之音，即等同於目前國音之拼音方法。據宋邱雍之《禮部韻略》云：「音韻輾轉相協謂之反，兩字相摩以成聲謂之切」。清陳澧《切韻考》卷六《通論》云：「古人音書，但曰讀若某，讀與某同。然或無同音之字，則其法窮；或雖有同音之字，而隱僻難識者，則其法又窮。孫叔然始為反語，以二字為一字之音，而其用不窮，此古人所不及也」。然考反切之法，其用甚早。如《爾雅》：「大祭爲禘」、「不律爲筆」等，已具反切之芻型。馬宗霍之《音韻學通論反切篇》引沈括《夢溪筆談》云：「古語已有二聲合為一字者，『不可為叵』『如是為爾』『而已為耳』『之乎為諸』之類。」又引王觀國《學林》云：「總古今之字，不逃乎音切。固有即音切而知其字之義者：『之乎切為諸』『如是切為爾』『而已切為耳』『不可切為叵』此即因音切而知其字之義也……」又云：「顧炎武乃更考經傳中合音之語，凡數十條，以擴其說。如『蒺藜為茨』『葫蘆為壺』『鞠窮為芎』『奈何為那』『勾瀆為穀』『邾婁為鄒』『明旌為銘』『終葵為椎』『大祭為禘』『蕵蕪為須』『窗籠為聰』『令丁為鈴』『狻猊為獅』是也……是皆反切之濫觴，特有其法而無其名耳！」故近人林景伊（尹）先生於《中國聲韻學通論反切章》云：「謂孫炎取反切以代直音則可，謂反切創自孫炎則不可。」

反切之方便，在於合二字為一字之音，使其法輾轉不窮。正以其方便，故自漢末以來，歷千餘年而不替。即今之國音，其注音之方法，亦仍循其原理，而代之以符號而已。然其名稱，歷代頗有異同。馬宗霍《音韻學通論》引《禮部韻略》云：「音韻輾轉相協謂之反，亦做翻，兩字相摩以成聲謂之切」。又引金韓道昭《五音集韻》序云：「夫切韻者，蓋上切下韻，合而翻之，因號以為名」。又黃公紹《古今韻會》云：「一韻輾轉相協謂之反，一韻之字相摩以成聲謂之切」。又引《玉鑰匙》云：「反切二字，本同一理。反即切也，切即反也，皆可通用」。而《中國聲韻學通論》則綜之如下：

自南北朝以上多謂之反，唐季韻書改言為切。蓋以當時諱反，故避而不用也……反切立法之初，蓋謂之反（正三按：反字平讀音義同翻），不謂之切。其後或言反，或言切，或言翻，或言紐，或言體語，或言反語，或言切音，或言反音，或併言反切。此皆因時代之影響，稱說之習慣，偶舉其名，不覺其不一致。後之學者，不明斯理，穿鑿附會之說，遂因而起。乃有謂反異切，謂切非翻者。師弟相傳，沒身不解。究其名稱，雖有異同，而其義則一也。

二、反切之法

至於反切之法，陳澧於《切韻考》卷一《條例》云：

切語之法，以二字為一字之音，上字與所切之字雙聲，下字與所切字疊韻。上字定其清、濁，下字定其平、上、去、入。上字定清、濁而不論平、上、去、入；下字定平、上、去、入而不論清、濁。如「東」：「德紅」切、「同」：「徒紅」切、「中」：「陟弓」切、「蟲」：「直弓」切，東紅、同紅、中弓、蟲弓皆平也。然同紅皆濁、中弓皆清可也；東清紅濁、蟲濁弓清亦可也。東、同、中、蟲四字在一東韻之首，此四字切語已盡備切語之法。其體例精約，如此蓋陸氏之舊也，今考切語之法，皆由此而明之。

馬宗霍《音韻學通論》亦云：

反切在韻書與字母之前，但取二字譬一字之音，以濟直音之窮。此二字者，上一字與所切之字為雙聲，下一字與所切之字為疊韻，聲韻相切而得一音。表聲者發音相同皆可用，表韻者收音相同皆可用，聲無所謂母，韻無所謂部也。及韻書出而韻有部，字母出而聲有母，於是學者乃依韻書與字母以立反切之法，而四聲七音，清濁洪細併出矣。

民初蘄春黃季剛（侃）先生《音略》一書，於反切之法論之甚晰。而當代聲韻學家陳新雄教授，更就黃君之《音略》證其未詳，補其未備，而撰《音略證補》一書。今迻錄有關反切之論述於下：

反切之理，上一字定其聲理，而不論其何韻；下一字定其韻律，而不論其何聲。質言之：即上一字祇取其發聲，而去其收韻；下一字祇取其收韻，而去其發聲。

故上一字定清濁，下一字定開合。假令上字為清聲，而下字為濁聲，切成之字仍為清聲，不得為濁聲也。假令下一字為合口，上一字為開口，切成之字仍為合口，不得為開口也。

今舉一例：

東：「德紅」切。德為清聲，紅為濁聲，切成之字為「東」，仍隨上字德為清聲，不得隨紅為濁聲；紅為合口，德為開口，切成之字「東」，仍隨下字紅為合口，不得隨德為開口也。

反切上字與切成之字必為雙聲，故凡為雙聲者，皆可為反切上字。如東與德雙聲也，然東與端、都、丁等亦皆為雙聲。故東為「德紅」切可，為「端紅」切，為「都紅」亦無不可。

反切下字與切成之字必為疊韻，故凡為疊韻者，皆可為反切下字。如東與紅疊韻也，然東與翁、烘、工、空等亦皆為疊韻。故東為「德紅」切可，為「德翁」、「德烘」、「德工」「德空」切亦無不可。錯綜言之，左列之音同其效果（正三按：切語雖不同，切成之字皆為「東」音）

德紅　德翁　德烘　德工　德空
端紅　端翁　端烘　端工　端空
都紅　都翁　都烘　都工　都空
當紅　當翁　當烘　當工　當空
丁紅　丁翁　丁烘　丁工　丁空

右設二十五反切，皆同切「東」音。

據以上所列，則用多數字以表明反切上一字，與指定一字以表明反切上一字者，其理無殊，亦與造一字母以表明反切上一字者無殊。然而至今雜用多數者，從習慣也。又據以上所列，則用多數字以表明反切下一字，與指定一字以表明反切下一字者其理無殊，亦與造一字母以表明反切下一字者無殊。然而至今雜用多數者，亦從習慣也。如依吾儕私議，則四十一聲類，即為指定之反切上字，而下字則於韻母中專指一字亦可。如德、端、都、當、丁等字同為「端」母，吾儕但指一「端」字以表明上一字。紅、翁、烘、工、空等字同屬「東」韻，吾儕但指一「翁」字以表明下一字。故東「德紅」切，可改定為「端翁」切，其結果無絲毫不同。

上述爲《音略》一書所論之反切方法。目前坊間所使用之《十五音》《彙音寶鑑》等書，乃是專門提供學習閩南語最重要之工具，其所使用者，即是反切之方法。然因只爲提供學習語言之方便，並非刻意爲詩詞作者而著，故其反切下字每與所收之韻不合。如「坤：去君切」、「奔：頗君切」、「敦：地君切」、「尊：曾君切」、「孫：時君切」、「春：出君切」，其中坤、奔、敦、尊、孫等字，詩韻原在「元」韻，春字原在「真」韻。而《十五音》皆以「君」字爲反切下字，是將其併之於「文」韻之中矣。故詩詞作者，仍應以《廣韻》或《平水韻》等韻書爲正鵠。又因反切之聲紐、韻紐，皆非特定之音值，祇是類別，各隨其方音之不同而異其呼法。故能適用於全世界所有漢文語系之任何語言，及由古迄今之任何語音。

三、反切之聲母與韻母

反切之聲母，據林景伊《中國聲韻學通論》云：

> 反切之聲母，自守溫訂為三十六，宋以後多沿用之。清陳澧以其不能精密，又據「反切上字必與本字雙聲，必分清濁」之理，考《廣韻》切語上字凡四百五十二字，系聯之得四十聲類，即將三十六聲母之「照、穿、牀、審、喻」五類各分為二，得「莊、初、牀、疏（齒音二等）照、穿、神、審（齒音三等）為（喉音三等）喻（喉音四等）」又將「明、微」二類合而為一，共四十聲類，然「明、微」二類今音分別甚明，《廣韻》切語不分者，乃古音之遺，字母家分之，此不泥於古音也，本師黃君（侃）據陳氏所考四十聲類，復析「明、微」為二，得四十一聲紐。」（《廣韻》四十一聲類（紐）及所含之切語上字見附表一）

至於反切之韻母，最初陸法言制《切韻》時，實止一百九十三，而《廣韻》訂爲二百六韻，其原因在於《切韻》乃是將「真、諄」、「寒、桓」、「歌、戈」、「軫、準」、「旱、緩」、「哿、果」、「琰、儼」、「震、稕」、「翰、換」、「箇、過」、「梵、釅」、「質、術」、「末、曷」等開合不同之韻，合而爲一，而《廣韻》則析而爲二之故也。依《廣韻》爲例，其中平聲五十七韻，而上聲僅得五十五韻，蓋因「冬」韻上聲只有三字不另立韻附於「鐘」韻上聲「腫」韻之中，「臻」韻之上聲亦只有三字而附於「殷」韻上聲「隱」韻之中；而去聲共有六十韻，由於多出「祭、泰、夬、廢」四韻，又因「臻」韻之去聲僅有「齔」字，故附於上聲「隱」韻之中，至於入聲則專附於陽聲韻之中，考《廣韻》之陽聲韻計三十五韻，而入聲韻僅有三十四韻者，以「痕」韻之入聲只有五字，故將其附於「魂」韻之入聲「沒」韻之中。茲將《廣韻》二〇六韻及所含之切語下字列表於後（見附表二）

目前詞翰家所通用之平水韻，乃是沿用南宋平水人劉淵所編之《壬子新刊禮部韻略》此書是將《廣韻》二百六韻合併為一百七韻，至元時陰時夫又併「拯」於「迥」，故得一百六韻之數。之所以較之目前閩南語所使用之《彙音寶鑑》《十五音》等韻書多出甚多者，概因平、上、去、入四聲分隸故也。《彙音寶鑑》與《十五音》迺是將相承之上、去、入聲，合併於平聲韻之中，然由於二書所收，文白夾雜，且分韻紊亂，故如用之於語言之學習則可，如用之於詩詞之押韻，則非所宜，此學者不可不知者也。

此外，為使讀者能迅速而準確的掌握切語上下字之音讀，特將《廣韻》切語上下字之音切檢出，列於附表之中，以供參考。讀者按表列之音切，即不難呼出正確之音讀（切語上字之音切見附表三、下字之音切見附表四）

附表一：《廣韻》四十一聲類（紐）切語上字表

發音部位	聲類	閩南擬音	切語上字	清濁	發送收	備註
牙音	見	k	古公過各規姑格詭吉紀几居九俱舉兼佳	全清	發聲	
	溪	kh	康枯空口楷客恪苦窺牽謙去丘祛羌欽墟傾起綺豈區驅詰	次清	送氣	
	群	k	渠強求奇衢其曁具巨臼	全濁		北音送氣、南音發聲
	疑	g	疑魚語宜玉遇虞愚牛擬研危五俄吾	次濁	收聲	
舌頭音	端	t	多德得丁都當冬	全清	發聲	
	透	th	他託土通天台湯吐	次清	送氣	
	定	t	徒同特唐堂田陀地度杜	全濁		北音送氣、南音發聲
	泥	n	奴乃諾內那嬭	次濁	收聲	
舌上音	知	t	知張豬徵中追陟卓竹	全清	發聲	知徹澄娘四母以閩南音讀之，與端透定泥之讀法並無差別。
	徹	th	抽癡褚楮丑恥敕	次清	送氣	
	澄	t	除場池治持遲佇柱丈直宅	全濁		
	娘	n	尼拏女	次濁	收聲	
重脣音	幫	p	邊布補伯百北博巴卑并鄙必彼兵筆陂畀	全清	發聲	
	滂	ph	滂普匹譬披丕	次清	送氣	
	並	p	蒲裴平皮步薄白部傍便弼婢毗	全濁		北音送氣、南音發聲
	明	m	莫慕模謨摸母明彌眉綿靡美	次濁	收聲	（摸音莫）
輕脣音	非	f	方封分府甫（閩南語讀成「曉」母【h】）	全清	發聲	
	敷	f	敷孚妃撫峰拂芳（閩南語讀成「曉」母【h】）	次清	送氣	
	奉	f	房防縛附父浮符苻扶馮（閩南語讀成「匣」母【h】）	全濁		北音送氣、南音發聲
	微	b	巫無武文望亡	次濁	收聲	

發音部位	聲類	閩南擬音	切語上字	清濁	發送收	備註
齒頭音	精	c	子資則茲醉遵祖臧作將即借姊	全清	發聲	
	清	ch	蒼倉雌醋麤此采親遷千青七取麁	次清	送氣	
	從	c	才徂慈藏在前秦情酢自昨漸匠疾	全濁		北音送氣、南音發聲
	心	s	蘇桑思司斯雖素速相辛須胥先悉息寫私	全清	送氣	
	邪	s	辭隨寺似徐祥詳旬夕辭	全濁	送氣	
正齒近齒頭	莊	c	莊爭阻鄒簪側仄	全清	發聲	正齒近齒頭四母（莊系）以閩南漢音讀之，與齒頭音（精系）並無差別。
	初	ch	叉廁初創瘡芻測楚	次清	送氣	
	牀	c	牀查崇鶵鋤鉏豺助俟士仕崱	全濁		
	疏	s	疏山沙砂生色數所史	全清	送氣	
正齒近舌上	照	c	之章征諸支脂止旨職煮正占	全清	發聲	正齒近舌上五母（照系）以閩南漢音讀之，僅神母與從母有所區別，餘皆與齒頭音相同。
	穿	ch	昌春充叱赤尺處	次清	送氣	
	神	s	乘神食實	全濁	送氣	
	審	s	書舒傷商施失詩始釋賞識矢式試	全清	送氣	
	禪	s	時殊嘗常成臣蜀市植殖寔署是氏視	全濁	送氣	
喉音	影	○	烏哀安紆愛握於央一伊依憂煙鷖憶乙謁挹衣	全清	發聲	輕而深
	曉	h	呼荒呵虛馨香羲休興虎火海況朽喜許	次清	送氣	
	匣	h	胡乎侯何黃戶下	全濁	送氣	
	爲	○	于雲云筠爲榮韋王雨羽永有洧薳	次濁	發聲	爲母字與喻母字閩南語讀之並無差別。
	喻	○	余餘予移夷羊營以弋翼與悅	次濁	發聲	
半舌	來	l	來盧郎賴洛落勒力呂良林離里練魯	次濁	收聲	
半齒	日	j	如儒人仍汝兒而耳	次濁	收聲	

（擬音採八十四年教育部推薦臺灣閩南語音標系統，簡稱《TLPA》

附表二：《廣韻》切語下字表（一）

平聲 韻類	切語下字	上聲 韻類	切語下字	去聲 韻類	切語下字	入聲 韻類	切語下字	等呼	擬音 平	擬音 入
東一	公工紅東	董一	動孔揔董蠓	送一	貢弄送凍	屋一	谷祿木卜	獨洪	ong	ok
東二	弓戎中宮終融隆	董韻無三等字		送二	仲眾鳳	屋二	六逐匊宿竹菊福	獨細	iong	iok
冬	宗冬	（上聲字少併入腫韻）		宋	統宋綜	沃	毒沃篤酷	獨洪	ong	ok
鍾	容凶庸鍾恭封	腫	隴勇拱悚冢冗踵奉	用	用訟	燭	玉欲曲足蜀祿	獨細	iong	iok
江	雙江㊀	講	項講㭈	絳	巷絳降	覺	岳角覺	獨洪	ang	ak
支一	移支離知宜羈奇皮㊁㊂	紙一	氏紙此是豸侈爾綺倚俾婢弭靡彼	寘一	義賜豉智寄企避			開細	i (ir)	
支二	爲垂危吹隨規隋㊂	紙二	累委詭捶髓毀	寘二	睡僞恚瑞累			合細	ui	
脂一	夷脂飢尼肌資私眉悲㊁	旨一	雉視矢姊履几美鄙	至一	利四自冀至器二季悸媚備寐祕			開細	i (ir)	
脂二	追綏佳遺維	旨二	誄洧水軌癸壘	至二	類遂萃位醉愧			合細	ui	
之	而之茲持其菑㊂	止	己止紀市里史理擬士	志	吏記志置			獨細	i (ir)	
微一	希衣依㊃	尾一	豈豨	未一	既豙			開細	i	
微二	韋歸微非㊃	尾二	偉鬼匪尾	未二	貴胃畏沸未味			合細	ui	
魚	居魚諸余葅㊄	語	巨舉呂渚與許与	御	倨去據洳預恕署助慮御			獨細	ir	

（擬音採八十四年教育部推薦臺灣閩南語音標系統，簡稱【TLPA】）

平聲韻類	切語下字	上聲韻類	切語下字	去聲韻類	切語下字	入聲韻類	切語下字	等呼	擬音（平）	擬音（入）
虞	俱朱誅隅俞輸逾芻于無夫㈤	麌	矩主庾雨禹羽武甫	遇	具遇句戍注			獨細	u	
模	胡都吳乎姑烏吾孤	姥	古戶杜魯補	暮	故誤暮祚路			獨洪	oo	
齊一	奚雞稽低兮𪇱迷	薺一	禮啓弟米	霽一	詣計戾			開細	e	
齊二	圭攜（攜戶圭切）	薺二		霽二	桂惠			合細	ui	
				祭一	例制罽祭憩袂蔽獘			開細	e	
				祭二	芮銳衛稅劌歲			合細	ue	
				泰一	蓋太艾大帶			開洪	ai	
				泰二	外會最貝			合洪	ue	
佳一	佳膎	蟹一	蟹買	卦一	隘懈賣			開洪	ai	
佳二	蛙緺緺㈥	蟹二	丫（丫借買爲切）	卦二	卦（「畫、卦」等借「固話」爲切）			合洪	ua	
皆一	諧皆	駭	駭楷	怪一	戒介界拜			開洪	ai	
皆二	乖懷淮			怪二	怪壞			合洪	uai	
				夬一	介（蠆借介爲切）			開洪	ai	
				夬二	夬快話邁			合洪	uai	
灰	恢回杯	賄	罪猥賄	隊	內對繢妹佩昧			合洪	ue	
咍	來開哀才哉	海	改亥宰愷紿在	代	愛溉代概耐			開洪	ai	

附表二：《廣韻》切語下字表（二）

平聲韻類	切語下字	上聲韻類	切語下字	去聲韻類	切語下字	入聲韻類	切語下字	等呼	擬音（平）	擬音（入）
				廢	穢肺吠廢			合細	ue	
真	鄰人真珍巾銀賓	軫	忍軫引盡腎敏	震	刃晉遴振印覲	質	栗悉七吉質日一乙叱必畢筆密	開細	in	it
諄	倫綸脣勻遵均迍旬囷筠贇	準	尹準允殞	稕	閏峻順	術	術律聿卹率	合細	un	ut
臻	詵臻		（無切語）	齔	（無切語）	櫛	瑟櫛	開洪	in	it
文	云分文	吻	粉吻	問	運問	物	弗物勿	合細	un	ut
殷	斤欣㊆	隱	謹隱	焮	焮靳	迄	乞迄訖	開細	in	it
元一	言軒	阮一	偃幰	願一	堰建（借万爲切）	月一	訐竭謁歇	開細	ian	iat
元二	袁元煩	阮二	阮遠晚	願二	願怨万販	月二	厥越月伐發	合細	uan	uat
魂	昆尊渾魂奔	混	損衮忖本	慁	困寸悶	沒	骨忽沒勃	合洪	un	ut
痕	根痕恩	很	墾很	恨	艮恨		（無切語）	開洪	irn	irt
寒	安寒干	旱	笴旱但	翰	旰案贊按旦	曷	葛曷割達	開洪	an	at
桓	官丸端潘	緩	管伴滿（借旱爲切）	換	玩段貫筭亂半幔	末	括活栝撥末	合洪	uan	uat
刪一	姦顏	潸一	赧	諫一	晏諫鴈澗	黠一	黠八拔	開洪	an	at
刪二	還關班	潸二	綰板版	諫二	患慣	黠二	滑婠（借八爲切）	合洪	uan	uat
山一	間閑山	產一	簡限	襉一	襉莧	鎋一	瞎轄鎋	開洪	an	at
山二	頑鰥頁	產二	㦃綰（借綰爲切）	襉二	幻（幻借辨爲切）	鎋二	刮頒	合洪	uan	uat

平聲		上聲		去聲		入聲		等呼	擬音	
韻類	切語下字	韻類	切語下字	韻類	切語下字	韻類	切語下字		平	入
先一	前先賢年堅煙田顛	銑一	典殄繭峴	霰一	佃甸電練麵	屑一	結屑蔑	開細	ian	iat
先二	玄涓㊇	銑二	泫畎	霰二	縣絢	屑二	穴決	合細	ian	iat
仙一	然仙延連乾焉	獮一	淺演善輦蹇展翦辨免	線一	箭賤膳扇戰見碾線面	薛一	列熱滅竭薛	開細	ian	iat
仙二	員緣泉權圓專攣宣川全	獮一	轉篆兗緬	線二	絹囀倦掾戀眷釧卷變	薛二	絕悅劣爇雪輟	合細	uan	uat
蕭	彫聊堯幺蕭	篠	鳥了皎皛	嘯	弔叫嘯			開細	iau	
宵	邀宵遙嬌消招霄囂焦昭瀌	小	兆小夭沼矯少表	笑	召肖照笑要廟妙			開細	iau	
肴	交嘲肴茅	巧	絞巧飽	效	教稍孝			開洪	au	
豪	刀勞牢遭曹袍褒毛	皓	老皓道浩早抱	號	到導耗報			開洪	o	
歌	俄何河歌㊈	哿	我可	箇	賀佐箇邏个			開洪	o	
戈一	禾戈和靴波婆㊈	果	火果	過	臥唾過貨			合洪	o	
戈二	迦伽㊈							開細	ia	
戈三	脞（脞借伽爲切）							合細	ia	
麻一	霞加牙巴	馬一	下雅疋賈	禡一	駕亞訝嫁			開洪	a	
麻二	花瓜華	馬二	瓦寡	禡二	化（借「霸」爲切）			合洪	ua	
麻三	遮嗟邪車奢賒	馬三	也者野冶姐	禡三	謝夜			開細	ia	

附表二：《廣韻》切語下字表（三）

平聲韻類	切語下字	上聲韻類	切語下字	去聲韻類	切語下字	入聲韻類	切語下字	等呼	擬音（平）	擬音（入）
陽一	章羊張良陽莊 方	養一	兩獎養掌丈	漾一	亮讓樣向	藥一	灼略若爵虐藥約 雀勺	開細	iong	iok
陽二	王（王借方爲切）	養二	往（往借兩爲切）	漾二	況放訪妄	藥二	钁縛籰㊉	合細	ong	iok
唐一	郎當剛岡	蕩一	朗黨	宕一	浪宕	鐸一	落各	開洪	ong	ok
唐二	光黃旁	蕩二	廣晃	宕二	曠謗	鐸二	穫郭博	合洪	ong	ok
庚一	行庚盲	梗一	杏梗冷打猛詧	敬一	更孟	陌一	格陌伯白	開洪	irng	irk
庚二	觵橫（橫借盲爲切）	梗二	礦（礦借猛爲切）	敬二	蝗（蝗借孟爲切）	陌二	虢（虢借伯爲切）	合洪	ong	ok
庚三	驚卿京	梗三	景影（借丙爲切）	敬三	慶敬	陌三	戟劇郤逆	開細	ieng	iek
庚四	榮兵明	梗四	永憬	敬四	命病	陌四		合細	ieng	iek
耕一	莖耕		幸耿	諍	迸諍	麥一	核革責摘厄戹	開洪	irng	irk
耕二	宏轟萌					麥二	獲摑麥	合洪	ong	ok
清一	情盈貞成征并	靜一	靜郢井整	勁	政姓鄭正盛	昔一	積炙易石辟隻亦 益昔	開細	ieng	iek
清二	營傾	靜二	穎頃			昔二	役（借隻爲切）	合細	ieng	iek
青一	經靈刑丁	迥一	挺鼎涬頂醒剄	徑	定佞徑	錫一	歷擊激狄	開細	ieng	iek
青二	螢扃	迥二	迥熲			錫二	闃鶪狊	合細	ieng	iek
蒸	仍陵蒸矜兢膺 乘冰	拯	無韻切（蒸韻上聲）	證	應證孕餕	職	翼力側職直即極 逼	開細	ieng	iek

平聲韻類	切語下字	上聲韻類	切語下字	去聲韻類	切語下字	入聲韻類	切語下字	等呼	擬音平	擬音入
登一	滕增恆登棱崩朋	等	肯等	嶝	鄧贈亙	德一	則德得黑勒墨北	開洪	irng	irk
登二	弘肱					德二	或國	合洪	ong	ok
尤	求周秋流由尤鳩州謀浮	有	九久酉柳有婦否	宥	就僦咒又祐救溜富			開細	iu	
侯	鉤侯婁	厚	口后斗垢苟厚	候	遘豆候奏漏			開洪	io	
幽	虯烋幽彪	黝	糾黝	幼	幼謬			開細	iu	
侵	林深針淫金心今吟簪尋	寑	稔甚荏錦朕飲枕凜	沁	鴆禁任蔭譖	緝	入立急汲執戢及汁	開細	im	ip
覃	含南男	感	感禫唵	勘	紺暗	合	荅答合閤沓	開洪	am	ap
談	甘三酣談	敢	敢覽	闞	濫瞰蹔暫	盍	盍臘	開洪	am	ap
鹽	廉鹽炎淹占	琰	冉染琰斂漸險儉檢	豔	瞻豔驗窆	葉	涉攝葉接輒	開細	iam	iap
添	兼甜	忝	點忝簟玷		念店	怗	協愜牒頰	開細	iam	iap
咸	讒咸	豏	減斬豏	陷	陷韽賺賺	洽	夾洽	開洪	am	ap
銜	監銜	檻	檻黤	鑑	懺鑑鑒	狎	甲狎	開洪	am	ap
嚴	嚴	儼	掩㽺	釅	欠劍釅	業	怯業劫	開細	iam	iap
凡	凡（凡借咸爲切）	范	犯范錽	梵	梵泛	乏	法乏	合細	uan	uat

註：凡加網底者爲脣音字，又等呼欄中註「開」者爲開口韻，註「合」者爲合口韻，「獨」者爲獨韻（或開或合）註「洪」者爲洪音，「細」者爲細音。

《廣韻》切語下字表註釋

一、「江」韻於《韻鏡》外轉第三註開合，《切韻指南》江攝註「端、精」二系及「來」母等音爲合口，餘作開口。閩南語則全韻皆作開口，考「江」屬獨韻，當無開合之分，故以全韻作開口爲是。《音韻闡微》「江」韻按語謂：「江韻中字，古多與「東、冬」同用，蓋其音相近也，後人讀「江」如「姜」，詞曲家遂爲「江、陽」韻，而《洪武正韻》因之，乃時音非古音也」（按：指元以後之北方音系）

二、《音韻闡微》支韻按語云：「幫、滂、並、明四母之字，《七音略》與《切韻指南》皆屬開口，《洪武正韻》以「丕、眉」二音入灰韻開口（正三按：廣韻屬「咍」韻，又「眉」字閩南語正作此讀），《同文鐸》以「悲、陂、眉、糜」入合口。李榮於《切韻音系》云：「就整個說，脣音字不能憑反切下字以分開合，脣音字無所謂開合，同時又可開可合」。（正三按：如以此觀點來看待脣音字，就脣音字本身，及以脣音字爲反切下字之字，其開口合口宜對照目前讀音，方能得到正確及合理之解釋）

三、陳新雄《等韻述要》云：「《切韻指掌圖》將「支、脂、之」三韻之精系字（精、從、心、邪五母之四等字）列於一等位置，顯示出此三韻韻母已在齒頭聲母後爲聲母同化爲舌尖高元音矣（正三按：目前閩南語將「支、脂、之」三韻之精系字讀成洪音，應即是受《切韻指掌圖》之影響）

四、《音韻闡微》五微按語云：「微與支、脂、之三韻，唐律分爲二而不相通，毛居正等力言其音之相同，《切韻指南》合爲一譜，《洪武正韻》合爲一韻」（正三按：此與閩南語音讀正所契合）

五、《音韻闡微》七虞按：「《洪武正韻》以魚、虞併爲一韻，而模自爲一韻，又將魚、虞內二等正齒數音，與三等輕脣數音，歸於模韻，爲得呼法之正」（正三按：以閩南語呼之「初、蔬、疏、阻、楚、礎、所、助」等魚、語、遇諸韻之二等正齒音，及麌韻之「數」字等字則是也，其餘則未盡然）

六、「佳、皆」二韻之開口音，閩南漢語之呼法相同，而合口音則有別，且自成系統。考諸「佳」韻合口收音爲（ㄨㄚ）如「蝸緺（古蛙切）侉（苦緺切）蛙（烏蝸切）」；「皆」韻合口收音爲（ㄨㄞ）如「乖（古懷切）；咶（呼懷切）懷（戶乖切）崴（乙乖切）」皆秩然不紊。然因「佳」韻合口字少，故《音韻闡微》於今用及借用咸以「皆」韻合口之「乖、歪」等字爲切語下字，致造成讀音之紊亂。

七、《音韻闡微》「殷」韻按語云：「舊本《廣韻》原名二十一『殷』，註曰獨用，宋因避諱，改『殷』爲『欣』，且於『文』韻下註曰同用，此宋韻非唐韻也。按唐詩『殷』多與『真』同用。如杜甫《崔氏東山草堂》詩用『芹』字，《贈王侍御》詩用『勤』與『筋』字，獨孤及《送韋明府》《答李滁州》二詩用『勤』字，陸龜蒙《和襲美懷潤卿博士》詩用『斤』字，《奉和寄懷南陽潤卿》詩用『芹』字，他如此類，不可盡數。總之『真、殷』之通隨舉而有，『文』之通『殷』乃不概見。如依唐人舊法，則『殷』宜與『真』同用，而『文』自爲一韻也，其相承之上、去、入聲亦同（正三按：一般未習過聲韻學者，將「殷」韻之異讀情況，歸之於泉音與漳音之差異，實際上仍是唐音與宋音之別）

八、「先」韻及相承之上、去、入聲，其合口細音之字，大都讀成開口細音，然亦有部分讀成合口洪音，如涓、鵑、蠲、決、訣、抉、玦、缺等。

九、《音韻闡微》五「歌」按語云：「《廣韻》《集韻》皆分『歌』與『戈』爲二韻，而律同用，今詳二韻，『歌』爲開口，『戈』爲合口」。又按「歌、戈二韻所收之字互有出入，宜以合於韻譜者爲正」。又按「戈韻第三類字（細音）《正字通》以爲俗書，因本呼字少，姑存之以備音切」。

十、「陽」韻及相承之上、去、入聲，其合口細音之字，大都讀成開口細音，然亦有部分讀成合口洪音，如匡、框、筐、狂、王、等字及入聲「藥」韻之輕脣數音。

十一、「庚一」類與「庚三」類，理論上自有洪細之分，本書之【TLPA】音標，於洪音作【**irng**】、其入聲字作【**irk**】；細音作【**ieng**】、其入聲字作【**iek**】，然其音值已無法詳細分辨。

十二、庚、耕、清、青、蒸、登（平水韻爲庚、青、蒸）諸韻於閩南語之讀音，已不能辨，故本書之【TLPA】音標將其合而為一，於開口洪音作【irng】、其入聲字作【irk】；開口細音作【ieng】、其入聲字作【iek】；合口洪音作【ong】、其入聲字作【ok】；合口細音則有讀同開口細音者，有讀同合口洪音者。

附表三：《廣韻》切語上字音切表

廣韻切語上字音切表（一）

聲紐	切語上字
見：古電	居：九魚　九：舉有　俱：舉朱　舉：居許　規：居隋　吉：居質　紀：居里　几：居履 兼：古甜　佳：古膎　古：公戶　過：古臥　各：古落　格：古伯　姑：古胡　詭：過委
溪：苦奚	康：苦岡　枯：苦胡　牽：苦堅　空：苦紅　謙：苦兼　口：苦后　楷：苦駭　客：苦格 恪：苦各　苦：康杜　去：丘據　丘：去鳩　袪：去魚　墟：去魚　詰：去吉　窺：去隨 羌：去羊　欽：去金　傾：去營　起：墟里　綺：墟彼　豈：袪豨　區：豈俱　驅：豈俱
群：渠云	渠：強魚　強：巨良　求：巨鳩　巨：其呂　具：其遇　臼：其九　衢：其俱　其：渠之 奇：渠羈　暨：具冀
疑：語其	疑：語其　魚：語居　牛：語求　宜：魚羈　擬：魚紀　危：魚爲　玉：魚欲　五：擬古 俄：五何　研：五堅　遇：牛具　愚：遇俱　虞：遇俱
端：多官	多：得何　德：多則　得：多則　丁：當經　當：都郎　冬：都宗　都：當孤
透：他候	他：託何　託：他各　土：他魯　吐：他魯　通：他紅　天：他前　台：土來　湯：吐郎
定：徒徑	徒：同都　同：徒紅　特：徒得　度：徒故　杜：徒古　唐：徒郎　堂：徒郎　田：徒年 陀：徒何　地：徒四
泥：奴低	奴：乃都　乃：奴亥　諾：奴各　內：奴對　妳：奴禮　那：諾何
知：陟離	知：陟離　張：陟良　豬：陟魚　徵：陟陵　中：陟弓　追：陟隹　陟：竹力　卓：竹角 竹：張六
徹：丑列	抽：丑鳩　癡：丑之　楮：丑呂　褚：丑呂　丑：敕久　恥：敕里　敕：恥力
澄：直陵	除：直魚　場：直良　池：直離　治：直之　持：直之　遲：直尼　佇：直呂　柱：直主 丈：直兩　直：除力　宅：場伯
娘：女良	尼：女夷　拏：女加　女：尼呂

聲類	切語
幫：博旁	邊：布玄　布：博故　補：博古　北：博墨　博：補各　巴：伯加　卑：必移　伯：博陌　并：彼盈　鄙：筆美　必：陂吉　兵：必明　彼：補美　畀：必至　陂：彼移　筆：鄙密
滂：普郎	滂：普郎　普：滂古　匹：譬吉　譬：匹賜　披：滂羈　丕：滂悲
並：蒲迴	蒲：薄胡　步：薄故　裴：薄回　白：傍陌　傍：步光　部：蒲口　平：蒲兵　皮：蒲羈　便：蒲連　毗：蒲脂　弼：蒲密　婢：便俾
明：彌兵	明：彌兵　彌：美移　眉：莫悲　綿：彌延　靡：綿彼　美：綿鄙　莫：慕各　慕：莫各　模：莫胡　謨：莫胡　摸：莫胡　母：莫厚
非：府良	方：府良　分：府文　甫：方矩　府：方矩　封：府容
敷：芳無	敷：芳無　孚：芳無　妃：芳非　撫：芳武　芳：敷方　峰：敷容　拂：敷勿
奉：扶隴	房：符方　防：符方　縛：符钁　附：符遇　符：防無　苻：防無　扶：防無　馮：房戎　浮：縛謀　父：扶雨
微：無非	無：武夫　巫：武夫　武：文甫　亡：武方　文：無分　望：巫放
精：子盈	將：即良　子：即里　資：即夷　即：子力　則：子德　借：子夜　茲：子之　醉：將遂　姊：將几　遵：將倫　祖：則古　臧：則郎　作：則落
清：七情	倉：七岡　蒼：七岡　親：七人　遷：七然　取：七庾　七：親吉　青：倉經　采：倉宰　醋：倉故　麤：倉胡　麄：倉胡　千：蒼先　此：雌氏　雌：此移
從：疾容	才：昨哉　徂：昨胡　在：昨宰　前：昨先　藏：昨郎　昨：在各　酢：在各　疾：秦悉　秦：匠鄰　匠：疾亮　慈：疾之　自：疾二　情：疾盈　漸：慈染
心：息林	蘇：素姑　素：桑故　桑：息郎　速：桑谷　相：息良　悉：息七　思：息茲　司：息茲　斯：息移　私：息夷　雖：息遺　辛：息鄰　息：相即　須：相俞　胥：相居　先：蘇前　寫：息姐

廣韻切語上字音切表（二）

聲紐	切語上字
邪：似嗟	徐：似魚　辭：似茲　似：詳里　旬：詳遵　寺：祥吏　夕：祥易　隨：旬爲　祥：似羊
莊：側羊	莊：側羊　爭：側莖　阻：側呂　鄒：側鳩　簪：側吟　側：阻力　仄：阻力
初：楚居	初：楚居　楚：創舉　創：初良　瘡：初良　測：初力　廁：初吏　叉：初牙　芻：測隅
牀：鋤莊	牀：鋤莊　雛：仕于　鋤：士魚　俟：牀史　鉏：士魚　助：牀攄　豺：鉏皆　崇：鋤弓　崱：鋤力　士：鉏里　仕：鉏里　查：鉏佳
疏：所葅	山：所間　史：疏士　疏：所葅　沙：所佳　砂：所佳　生：所庚　色：所力　所：疏舉　數：所矩
照：之少	之：止而　正：之盛　止：諸市　旨：職雉　章：諸良　占：職廉　征：諸盈　脂：旨移　諸：章魚　煮：章與　支：章移　職：之翼
穿：昌緣	昌：尺良　尺：昌石　赤：昌石　充：昌終　處：昌與　叱：昌栗　春：昌脣
神：食鄰	神：食鄰　乘：食陵　實：神質　食：乘力
審：式任	書：傷魚　識：賞質　舒：傷魚　賞：書兩　傷：式陽　詩：書之　商：式陽　釋：施隻　施：式支　始：詩止　失：式質　矢：式視　試：式吏　式：賞職
禪：市連	時：市之　寔：常職　殊：市朱　署：常恕　常：市羊　臣：植鄰　嘗：市羊　承：署陵　蜀：市玉　是：承紙　市：時止　氏：承紙　植：常職　視：承矢　殖：常職　成：是征
影：於丙	於：央居　乙：於筆　煙：烏前　央：於良　握：於角　鷖：烏奚　衣：於希　謁：於歇　愛：烏代　依：於希　紆：憶俱　憶：於力　挹：伊入　伊：於脂　烏：哀都　憂：於求　哀：烏開　一：於悉　安：烏寒
曉：馨皛	呼：荒烏　興：虛陵　荒：呼光　喜：虛里　馨：呼刑　虛：朽居　火：呼果　朽：許久　海：呼改　羲：許羈　呵：虎何　香：許良　況：許訪　休：許尤　許：虛呂

匣：胡甲	胡：戶吳　乎：戶吳　侯：戶鉤　戶：侯古　下：胡雅　黃：胡光　何：胡歌
爲：云規	于：羽俱　羽：王矩　雨：王矩　云：王分　雲：王分　王：雨方　韋：雨非　永：于憬 有：云久　遠：雲阮　爲：云規　榮：永兵　洧：榮美　筠：爲贇
喻：羊戌	余：以諸　餘：以諸　予：以諸　夷：以脂　以：羊已　羊：與章　翼：與職　弋：與職 與：余呂　營：余傾　移：弋支　悅：弋雪
來：落哀	來：落哀　盧：落胡　賴：落蓋　落：盧各　洛：盧各　勒：盧則　力：林則　林：力尋 呂：力舉　良：呂張　離：呂支　里：良士　郎：魯當　魯：郎古　練：郎甸
日：人質	如：人諸　汝：人渚　儒：人朱　人：如鄰　而：如之　仍：如乘　兒：汝移　耳：而止

附表四：《廣韻》切語下字音切表

廣韻切語下字音切表（平聲一）	
東一	東：德紅 紅：戶公 公：古紅
東二	弓：居戎 戎：如融 中：陟弓 宮：居戎 隆：力中 融：以戎 終：職戎
冬	宗：作冬 冬：都宗
鍾	容：餘封 凶：許容 鍾：職容 庸：餘封 **封**：府容 恭：九容
江	雙：所江 江：古雙
支一	移：弋支 支：章移 離：呂支 知：陟離 宜：魚羈 羈：居宜 奇：渠羈
支二	爲：薳危 垂：是爲 危：魚爲 吹：昌垂 規：居隋 **皮**：蒲羈 隨：旬爲 隋：旬爲
脂一	夷：以脂 脂：旨夷 飢：居夷 尼：女夷 肌：居夷 資：津私 私：息夷
脂二	追：陟隹 綏：息遺 隹：職追 遺：以追 維：以追 **眉**：彌悲 **悲**：必眉
之	而：如之 之：止而 茲：子之 持：直之 其：渠之 菑：側持
微一	希：香衣 衣：於希 依：於希
微二	韋：雨非 歸：舉韋 **微**：無非 **非**：甫微
魚	居：九魚 魚：語居 諸：章魚 余：以諸 葅：側魚
虞	俱：舉朱 朱：章俱 誅：陟輸 隅：遇俱 俞：羊朱 輸：式朱 逾：羊朱 芻：測隅 于：羽俱 **無**：武夫 **夫**：甫無
模	都：當孤 烏：哀都 胡：戶吳 乎：戶吳 吳：五胡 吾：五胡 姑：古胡 孤：古胡
齊一	奚：胡雞 兮：胡雞 雞：古奚 稽：古奚 低：都奚 臡：奴低 **迷**：莫兮
齊二	圭：古攜 攜：戶圭
佳一	佳：古膎 膎：戶佳
佳二	蛙：烏媧 媧：古蛙 緺：古蛙

韻	反切
皆一	諧：戶皆　皆：古諧
皆二	懷：戶乖　淮：戶乖　乖：古懷
灰	恢：苦恢　回：戶恢　杯：布回
咍	來：落哀　開：苦哀　哀：烏開　才：昨哉　哉：祖才
真	鄰：力珍　人：如鄰　真：側鄰　珍：陟鄰　巾：居銀　銀：語斤　賓：必鄰
諄	脣：食倫　勻：羊倫　遵：將倫　均：居勻　迍：陟倫　旬：詳遵　囷：去倫　筠：爲倫 贇：於倫　倫：力迍　綸：力迍
臻	詵：所臻　臻：側詵
文	云：王分　分：府文　文：無分
殷	斤：舉欣　欣：許斤
元一	言：語軒　軒：虛言
元二	袁：雨元　元：愚袁　煩：附袁
魂	昆：古渾　尊：祖昆　渾：戶昆　魂：戶昆　奔：博昆
痕	根：古痕　痕：戶恩　恩：烏痕
寒	安：烏寒　寒：胡安　干：古寒
桓	官：古丸　丸：胡官　端：多官　潘：普官
刪一	姦：古顏　顏：五姦
刪二	還：戶關　關：古還　班：布還
山一	間：古閑　閑：戶間　山：所間
山二	鰥：古頑　頑：五還（「山」韻合口字少，故「頑」字借「刪」韻「還」字爲切）

廣韻切語下字音切表（平聲二）

先一	前：昨仙　先：蘇前　賢：胡田　年：奴顛　堅：古賢　煙：烏前　田：徒年　顛：都年
先二	玄：胡涓　涓：古懸
仙一	然：如延　仙：相然　延：以然　連：力延　乾：渠焉　焉：於乾
仙二	緣：與專　權：巨員　專：職緣　攣：呂員　宣：須緣　川：昌緣　全：疾緣　泉：疾緣 員：余權　圓：余權
蕭	彫：都聊　聊：落蕭　堯：五聊　么：於堯　蕭：蘇彫
宵	邀：於宵　遙：餘昭　嬌：舉喬　囂：許嬌　焦：即消　瀌：必嬌　昭：止遙　招：止遙 霄：相邀　宵：相邀　消：相邀
肴	交：古肴　嘲：陟交　肴：胡茅　茅：莫交
豪	刀：都牢　勞：魯刀　牢：魯刀　遭：作曹　曹：昨勞　袍：薄褒　褒：博毛　毛：莫袍
歌	俄：五何　何：胡歌　河：胡歌　歌：古俄
戈一	禾：戶戈　戈：古禾　和：古禾　波：博禾　婆：薄波　鞾：許戈
戈二	迦：居伽　伽：求迦
戈三	脞：（「脞」借「伽」爲切）
麻一	霞：胡加　加：古牙　牙：五加　巴：伯加
麻二	花：呼瓜　瓜：古華　華：戶花
麻三	遮：正奢　嗟：子邪　邪：以遮　車：尺奢　奢：式車　賒：式車
陽一	章：諸良　羊：與章　張：陟良　良：呂張　莊：側羊　方：府良　陽：與章
陽二	王：雨方（王借「方」爲切、脣音切合口）
唐一	郎：魯當　當：都郎　剛：古郎　岡：古郎
唐二	光：古黃　黃：胡光　旁：步光
庚一	行：戶庚　庚：古行　盲：彌庚
庚二	觥：古橫　橫：胡盲（橫借脣音字「盲」爲切）

韻	反切
庚三	驚：舉卿　卿：去京　京：舉卿
庚四	榮：永兵　兵：卑明　明：彌兵
耕一	莖：戶耕　耕：古莖
耕二	宏：戶萌　轟：呼宏　萌：莫耕
清一	情：疾盈　盈：以成　貞：陟盈　成：是征　征：諸盈　并：卑盈
清二	營：余傾　傾：去營
青一	經：古靈　靈：郎丁　刑：戶經　丁：當經
青二	螢：戶扃　扃：古螢
蒸	仍：如乘　陵：力膺　蒸：煮仍　矜：居陵　兢：居陵　膺：於陵　乘：食陵　冰：筆陵
登一	滕：徒登　增：作滕　恆：胡登　登：都滕　棱：魯登　崩：北滕　朋：步崩
登二	弘：胡肱　肱：古弘
尤	求：巨鳩　秋：七由　流：力求　由：以周　尤：羽求　鳩：居求　浮：縛尤　周：職流　州：職流
侯	鉤：古侯　侯：戶鉤　婁：落侯　謀：莫浮（「謀」字《闡微》歸一等宜作「莫侯」切）
幽	虯：渠幽　烋：許尤　幽：於虯　彪：必幽
侵	林：力尋　深：式鍼　針：職深　淫：餘針　吟：魚金　簪：側吟　尋：徐林　心：息林　今：居吟 金：居吟
覃	含：胡南　南：那含　男：那含
談	甘：古三　三：蘇甘　酣：胡甘　談：徒甘
鹽	廉：力鹽　鹽：余廉　炎：于廉　淹：央炎　占：職廉
添	兼：古甜　甜：徒兼
咸	讒：士咸　咸：胡讒
銜	監：古銜　銜：戶監
嚴	嚴：語鹼　鹼：虛嚴
凡	凡：符咸（「凡」韻字少故借「咸」字爲切）

廣韻切語下字音切表（上聲一）

董一	動：徒總　孔：康董　摠：作孔　董：多動　蠓：莫孔
董二	（「董」韻無三等字）
	（「冬」韻上聲字少併入「腫」韻）
腫	隴：力踵　勇：余隴　拱：居悚　悚：息拱　冢：知隴　冗：而隴　踵：之隴　奉：扶隴
講	項：胡講　講：古項　慃：烏項
紙一	氏：承紙　是：承紙　紙：諸氏　此：雌氏　豸：池爾　侈：尺氏　爾：兒氏　綺：墟彼
	倚：於綺　俾：併弭　婢：便俾　弭：綿婢　靡：明彼　彼：補靡
紙二	委：於詭　詭：過委　捶：之累　髓：息委　毀：許委　累：力委
旨一	雉：值几　視：承矢　矢：式視　姊：將几　履：力几　几：居履　美：明鄙　鄙：補美
旨二	誄：力軌　洧：榮軌　水：式軌　軌：居洧　癸：居誄　壘：力軌
止	己：居理　紀：居理　止：諸市　市：時止　里：良士　理：良士　史：疏士　擬：魚紀
	士：鋤里（士《集韻作「上史」切》）
尾一	豈：祛狶　狶：虛豈
尾二	偉：于鬼　鬼：居偉　匪：府尾　尾：無匪
語	巨：其呂　舉：居許　呂：力舉　渚：章與　與：余呂　許：虛呂　与：於呂
麌	矩：俱雨　主：之庾　庾：以主　雨：王矩　禹：王矩　羽：王矩　武：文甫　甫：方矩
姥	古：公戶　戶：候古　杜：徒古　魯：郎古　補：博古
薺一	禮：盧啓　啓：康禮　弟：徒禮　米：莫禮（薺二無字）
蟹一	蟹：胡買　買：莫蟹
蟹二	丫（「丫」字借「買」爲切）

韻	反切
駭	駭：侯楷　楷：苦駭
賄	罪：徂賄　猥：烏賄　賄：呼罪
海	改：古亥　亥：胡改　宰：作亥　愷：苦亥　紿：徒亥　在：昨宰
軫	忍：而軫　軫：章忍　引：余忍　盡：慈忍　腎：時忍　敏：眉引
準	尹：庾允　準：之尹　允：庾準　殞：于準
	（無切語）
吻	粉：方吻　吻：武粉
隱	謹：居隱　隱：於謹
阮一	偃：於幰　幰：虛偃
阮二	阮：虞遠　遠：雲阮　晚：無遠
混	損：蘇本　袞：古本　忖：倉本　本：布忖
很	墾：康很　很：胡墾
旱	笴：古旱　旱：胡笴　但：徒旱
緩	管：古滿　伴：蒲旱　滿：莫旱（「伴、滿」借「旱」爲切）
潸一	赧：奴板（「板」音同「版」）
潸二	綰：烏板　板：布綰　版：布綰
產一	簡：古限　限：胡簡
產二	㦃：初綰　綰：烏板（「產」韻合口音少，故「㦃」字借「潸」韻「綰」字爲切）
銑一	典：多殄　殄：徒典　繭：古典　峴：胡典
銑二	泫：胡畎　畎：姑泫

廣韻切語下字音切表（上聲二）

韻	切語下字
獮一	淺：七演　演：以淺　善：常演　輦：力展　蹇：九輦　展：知演　翦：即淺　辨：白蹇 免：彌辨
獮二	轉：陟兗　篆：持兗　兗：以轉　緬：彌兗
篠	鳥：奴了　了：盧鳥　皎：古了　皛：胡了
小	兆：治小　小：私兆　夭：於兆　沼：之少　矯：居夭　少：書沼　表：彼小
巧	絞：古巧　巧：苦絞　飽：博巧
晧	老：盧晧　晧：胡老　道：徒晧　浩：胡老　早：子晧　抱：薄晧
哿	我：五可　可：枯我
果	火：呼果　果：古火
馬一	下：胡雅　雅：五下　賈：古疋　疋：五下（疋同雅）
馬二	瓦：五寡　寡：古瓦
馬三	也：羊者　者：章也　野：羊者　冶：羊者　姐：茲野
養一	兩：良獎　獎：即兩　養：餘兩　掌：諸兩　丈：直兩
養二	昉：分罔　往：于兩（「往」字借開口音「兩」字為切）
蕩一	朗：盧黨　黨：多朗
蕩二	廣：古晃　晃：胡廣
梗一	杏：何梗　梗：古杏　𥄳：烏猛　冷：魯打　打：德冷　猛：莫杏
梗二	礦：古猛（「梗」韻合口音少故「礦」字借脣音字「猛」為切）
梗三	景：居影　影：於丙
梗四	永：于憬　憬：俱永

韻	反切
耿	幸：胡耿　耿：古幸
靜一	靜：疾郢　郢：以整　井：子郢　整：之郢
靜二	潁：騂頃　頃：去潁
迥一	挺：徒鼎　鼎：都挺　涬：胡頂　頂：都挺　醒：蘇挺　剄：古挺
迥二	熲：古迥　迥：戶頂（「迥」韻合口音少，故借開口音「頂」字爲切）
拯	（無韻切，爲「蒸」韻上聲）
等	肯：苦等　等：多肯
有	九：舉有　久：舉有　酉：與久　柳：力久　有：云久　婦：房久　否：方久
厚	口：苦后　后：胡口　厚：胡口　斗：當口　垢：古厚　苟：古厚
黝	糾：居黝　黝：於糾
寑	稔：如甚　凜：力稔　荏：如甚　甚：常枕　錦：居飲　朕：直稔　飲：於錦　枕：章荏
感	感：古禫　禫：徒感　唵：烏感
敢	敢：古覽　覽：盧敢
琰	冉：而琰　檢：居奄　染：而琰　琰：以冉　斂：良冉　漸：慈染　險：虛檢　儉：巨險
忝	點：多忝　忝：他玷　簟：徒玷　玷：多忝
豏	減：古斬　斬：側減　豏：下斬
檻	檻：胡黤　黤：於檻
儼	掩：衣儉（「儼」韻字少故借「琰」韻「掩」字爲切）
范	犯：防錽　范：防錽　錽：亡范

廣韻切語下字音切表（去聲一）

送一	貢：古送　弄：盧貢　送：蘇弄　凍：多貢
送二	仲：直眾　眾：之仲　鳳：馮貢
宋	統：他綜　宋：蘇統　綜：子宋
用	用：余頌　頌：似用
絳	巷：胡絳　絳：古巷　降：古巷
寘一	義：宜寄　賜：斯義　豉：是義　智：知義　寄：居義　企：去智　避：平義
寘二	睡：是僞　僞：危睡　恚：於睡　瑞：是僞　累：良僞
至一	利：力至　四：息利　自：疾二　冀：几利　至：脂利　器：去冀　二：而至　媚：明祕 備：平祕　寐：彌二　祕：兵媚
至二	類：力遂　遂：徐醉　萃：秦醉　位：于愧　醉：將遂　愧：俱位　季：居悸　悸：其季
志	吏：力置　記：居吏　志：職吏　置：陟吏
未一	既：居家　家：魚既
未二	貴：居胃　胃：于貴　畏：於胃　沸：方味　未：無沸　味：無沸
御	倨：居御　去：丘倨　據：居御　洳：人恕　預：羊洳　恕：商署　署：常恕　助：牀據 慮：良倨　御：牛倨
遇	具：其遇　遇：牛具　句：九遇　戍：傷遇　注：之戍
暮	故：古暮　誤：五故　暮：莫故　祚：昨誤　路：洛故
霽一	詣：五計　計：古詣　戾：郎計
霽二	桂：古惠　惠：胡桂
祭一	例：力制　制：征例　罽：居例　祭：子例　憩：去例　袂：彌弊　蔽：必袂　弊：必袂
祭二	芮：而銳　銳：以芮　衛：于歲　稅：舒芮　劌：居衛　歲：相銳

韻	反切
泰一	蓋：古太　太：它蓋　艾：五蓋　大：徒蓋　帶：當蓋
泰二	外：五會　會：黃外　最：祖外　貝：博蓋（以開口字切脣音字，宜改成「博會」切）
卦一	隘：烏懈　懈：居隘　賣：莫懈
卦二	卦：古賣（以脣音字切合口）《闡微》借用「固話」爲切可供參考
怪一	戒：古拜　介：古拜　界：古拜　拜：博怪（以合口字切脣音字，宜作「古戒」切）
怪二	怪：古壞　壞：胡怪
夬一	邁：莫話（以合口切脣音）蠆：丑犗（「夬」韻字少「蠆」字借「怪」韻「犗」字爲切）
夬二	夬：古賣（「夬」韻字少借「卦」韻脣音字爲切）快：苦夬　話：戶卦（借「卦」韻合口）
隊	內：奴對　對：都隊　繢：胡對　妹：莫佩　佩：蒲昧　昧：莫佩
代	愛：烏代　溉：古代　代：徒耐　概：古代　耐：奴代
廢	穢：於廢　肺：芳廢　吠：符廢　廢：方肺
震	刃：而振　遴：良刃　振：章刃　印：於刃　覲：渠遴
稕	閏：如順　峻：私閏　順：食閏
齔	（無切語）
問	運：王問　問：亡運
焮	焮：香靳　靳：居焮
願一	堰：於建　建：居萬（以脣音字切開口字，宜作「居健」切）
願二	怨：於願　願：魚怨　万：無販　販：方願
慁	困：苦悶　寸：倉困　悶：莫困
恨	艮：古恨　恨：胡艮
翰	旰：古案　案：烏旰　贊：則旰　按：烏旰　旦：得案
換	玩：五換　換：胡玩　段：徒玩　貫：古玩　筭：蘇貫　亂：郎段　半：博貫　幔：莫半

廣韻切語下字音切表（去聲二）

韻	類	切語
諫	一	諫：古晏　鴈：五晏　晏：烏諫
諫	二	慣：古患　患：胡慣
襉	一	襉：古莧　莧：侯襉　澗：古莧　辨：蒲莧
襉	二	幻：胡辨（幻借「辨」為切，脣音字切合口）
霰	一	佃：堂練　甸：堂練　電：堂練　練：郎甸　麵：莫甸　見：古電
霰	二	絢：許縣　縣：黃練（以開口字切合口）
線	一	箭：子賤　賤：才線　膳：時戰　扇：式戰　戰：之膳　碾：女箭　線：私箭　面：彌箭 變：彼眷（合口切脣音，宜作「彼戰」切）
線	二	絹：吉掾　囀：知戀　倦：渠卷　掾：以絹　戀：力卷　眷：居倦　卷：居倦　釧：尺絹
嘯		弔：多嘯　叫：古弔　嘯：蘇弔
笑		召：直照　肖：私妙　笑：私妙　照：之少　要：於笑　廟：眉召　妙：彌笑
效		教：古效　稍：所教　孝：呼教　皃：莫教
號		到：都導　導：徒到　耗：呼到　報：博耗
箇		賀：胡箇　佐：則箇　箇：古賀　邏：郎佐　个：古賀
過		臥：吾貨　唾：湯臥　過：古臥　貨：呼臥
禡	一	駕：古訝　亞：衣嫁　訝：吾駕　嫁：古訝
禡	二	化：呼霸（以脣音字切合口）
禡	三	謝：辭夜　夜：羊謝
漾	一	亮：力讓　諒：力讓　讓：人樣　樣：餘諒　向：許亮
漾	二	況：許訪　放：甫妄　妄：巫放　訪：敷諒（以開口字切脣音）

韻	反切
宕一	浪：來宕　宕：徒浪
宕二	曠：苦謗　謗：補曠
敬一	更：古孟　孟：莫更
敬二	蝗：戶孟（「蝗」字借脣音字「孟」爲切）
敬三	慶：邱敬　敬：居慶　命：眉病　病：皮命
諍	迸：北諍　諍：側迸
勁	政：之盛　正：之盛　姓：息正　鄭：直正　盛：承正
徑	定：徒徑　佞：乃定　徑：古定
證	應：於證　證：諸應　孕：以證　餕：里甑
嶝	鄧：徒亙　贈：昨亙　亙：居鄧　隥：都鄧
宥	就：疾僦　僦：即就　咒：職救　又：于救　祐：于救　救：居祐　溜：力救　富：方副
候	遘：古候　豆：田候　候：胡遘　奏：則候　漏：盧候
幼	幼：伊謬　謬：靡幼
沁	鴆：直禁　禁：居蔭　任：汝鴆　蔭：於禁　譖：莊蔭
勘	紺：古暗　暗：烏紺
闞	濫：盧瞰　瞰：苦濫　蹔：藏濫　暫：藏濫
豔	贍：時豔　豔：以贍　驗：魚窆　釅：魚窆　窆：補驗
㮇	念：奴店　店：都念
陷	陷：戶韽　韽：於陷　賺：佇陷　賺：佇陷
鑑	懺：楚鑒　鑑：格懺　鑒：格懺
釅	欠：去劍　劍：居欠
梵	梵：扶泛　泛：敷梵

廣韻切語下字音切表（入聲一）

屋一	谷：古祿　祿：盧谷　木：莫卜　卜：博木
屋二	六：力竹　逐：直六　菊：居六　匊：居六　宿：息逐　竹：張六　福：方六
沃	毒：徒沃　沃：烏酷　篤：冬毒　酷：苦沃
燭	玉：魚欲　欲：余蜀　曲：邱玉　足：即玉　蜀：市玉　錄：力玉
覺	岳：五角　角：古岳　覺：古岳
質一	悉：息七　七：親吉　吉：居質　質：之日　日：人質　一：於悉　乙：億姞　叱：昌栗
質二	必：卑吉　畢：卑吉　筆：鄙密　密：美畢
術	術：食聿　律：呂卹　聿：餘律　卹：辛聿　率：所律
櫛	瑟：所櫛　櫛：阻瑟
物	弗：分勿　物：文弗　勿：文弗
迄	乞：去訖　訖：居乞　迄：許訖　乙：於乞
月一	訐：居竭　竭：其謁　歇：許竭　謁：於歇
月二	厥：居月　越：王伐　月：魚厥　伐：房越　發：方伐
沒	骨：古忽　忽：呼骨　沒：莫勃　勃：蒲沒
麧	（無切語）
曷	葛：古達　曷：胡葛　割：古達　達：唐割
末	括：古活　活：戶括　栝：古活　撥：北末　末：莫撥
黠一	黠：胡八　八：博拔　拔：蒲八
黠二	滑：戶八（「滑、婠」等字借脣音「八」字爲切）
鎋一	瞎：許鎋　轄：胡八　鎋：胡八
鎋二	刮：古頒　頒：丑括

廣韻切語下字音切表（入聲二）

韻類	切語
屑 一	結：古屑　屑：先結　蔑：莫結
屑 二	穴：胡決　決：古穴
薛 一	列：良薛　熱：如列　竭：渠列　薛：私列　滅：彌烈
薛 二	絕：子悅　悅：弋雪　劣：力輟　爇：如劣　雪：相絕　輟：陟劣
藥 一	灼：之若　略：離灼　若：而灼　爵：即略　虐：魚約　藥：以灼　約：於略　雀：即略　勺：之若
藥 二	縛：符钁　钁：居縛　籰：王縛
鐸 一	落：盧各　各：古落　博：補各
鐸 二	穫：胡郭　郭：古博
陌 一	格：古伯　陌：莫白　伯：博陌　白：傍陌
陌 二	虢：古伯（借脣音字「伯」爲切）
陌 三	戟：几劇　劇：奇逆　郤：乞逆　逆：宜戟
麥 一	核：下革　革：古核　責：側革　戹：於革　厄：於革　摘：陟革
麥 二	摑：古獲（借「陌」韻字「獲」爲切）
昔 一	積：資昔　炙：之石　隻：之石　易：羊益　亦：羊益　石：常隻　益：伊昔　昔：思積　辟：必益　迹：資昔
昔 二	役：營隻（「昔」韻合口字少故「役」字借「隻」爲切《闡微》「鶪」字借「居郁」爲切）
錫 一	歷：郎擊　擊：古歷　激：古歷　狄：徒歷
錫 二	闃：苦鶪　鶪：古闃　狊：古闃

廣韻切語下字音切表（入聲三）

韻	切語
職	翼：與職　力：林直　側：阻力　職：之翼　直：除力　即：子力　極：渠力　逼：彼側
德一	則：子德　德：多則　得：多則　黑：呼北　勒：盧則　墨：莫北　北：博墨
德二	或：胡國　國：古或
緝	入：人執　立：力入　急：居立　汲：居立　執：之入　汁：之入　戢：阻立　及：其立
合	荅：都合　答：都合　合：侯閤　閤：古沓　沓：他合
盍	盍：胡臘　臘：盧盍
葉	涉：時攝　攝：書涉　葉：與涉　接：即葉　輒：陟葉
怗	協：胡頰　愜：苦協　牒：徒協　頰：古協（「怗」音同「帖」）
洽	夾：古洽　洽：侯夾
狎	甲：古狎　狎：胡甲
業	怯：去劫　業：魚怯　劫：居怯
乏	法：方乏　乏：房法

四、閩南語之反切

以上反切乃綜合各聲韻學家之說，並就《廣韻》切語上下字及其音切詳爲列表，以供讀者參考對照。閩南語亦屬漢語音系的一支，其反切之法與其他漢語語系可謂大同小異，唯所使用之反切上下字，與《廣韻》有所差異，現在就其主要音素分「聲、韻、調」三部分分述於下：

一、「聲」表發音，此西語之所謂「子音」者，古聲韻學家稱之爲「出切」，即切語上字也，早期閩南語聲韻書籍訂聲母爲十五，稱十五音，即「柳、邊、求、去、地，頗、它、曾、入、時，英、門、語、出、喜」，其中用字雖偶有小異，要皆不出該十五音之範疇。八十四年教育部推薦之《閩南語音標系統》則訂爲「柳、邊、求、去、地，頗、它、曾、入、時，英、門、語、出、喜，毛、耐、雅」等十八音，其中帶鼻音之「毛、耐、雅」爲十五音所無。閩南語聲母之所以少於正統之聲韻學甚多者，以其清濁字母不分，及無輕脣、舌上諸音故也。詳析之，即四十一聲類之「群、定、並、從、邪、匣、爲、喻」諸類濁聲母，附於各該聲類之清聲諸母之中；及輕脣音（非、敷、奉、微）諸類附於重脣音（幫、滂、明）諸母之中；舌上音（知、徹、澄、娘）諸母附於舌頭音（端、透、泥）諸母之中；正齒音（莊、初、牀、疏、照、穿、神、審、禪）諸母附於齒頭音（精、清、心）諸母之中。

二、「韻」表收音，此西語之所謂「母音」者，古聲韻學家稱之爲「行韻」，即切語下字也，臺灣閩南語通用之兩大韻書，其中《增補十五音》訂爲三十字祖即「君堅金歸家，干光乖京官；姑嬌稽宮高，皆根姜甘瓜；江蒹交伽魁，葩龜箴璣嚻」。沈富進《彙音寶鑑》則訂爲「君堅金規嘉，干公乖京觀；沽嬌梔恭高，皆巾姜甘瓜；江兼交迦檜，監龜膠居ㄐ；更褌茄薑官，姑光姆糜閒；嘄箴爻驚趔」之所以較《增補十五音》多出十五韻者，以其包含鼻音韻「更褌茄薑官，姑光姆糜閒；嘄箴爻驚趔」故也。《廣韻》訂爲二百六韻，平水韻訂爲一百六韻，之所以較諸臺灣現行韻書多出許多者，以「平、上、去、入」四聲分隸故也。

三、「調」即聲調，閩南語分爲八聲，即「平、上、去、入」四聲又各分清濁，其中一至四聲屬「清」，五至八聲屬「濁」。閩南讀音（漢文）之八個聲調，依全清、全濁、次清、次濁之不同呼法，列於附表五，讀者依表而呼，不難得到正確之聲調。對於每一字之四聲與清濁，務必習得滾瓜爛熟，使各字之聲調，出口即辨，方有益於往後之進階。音之清濁，乃依切語上字而定，此點尤宜切記。其中次濁上聲之讀音與語音，又有所差異，讀者亦應注意，詳細內容可參考第四章《陰陽清濁與發送收》一文。

五、閩南語十五音之呼法

十五音之呼法有二：

一、以韻爲軸心之呼法：

君字韻（按：如無適當之字則以◎爲記，帶□者爲語音或俗音，下同）

柳倫、邊分、求君、去坤、地敦、頗奔、他吞、曾尊、入◎、時孫、英溫、門捫、語◎、出春、喜分。

干字韻：

柳趼、邊班、求干、去刊、地丹、頗扳、他灘、曾繒、入◎、時山、英安、門屘、語◎、出潺、喜頇。

簡字韻：

柳赧、邊板、求簡、去侃、地等、頗闆、他坦、曾盞、入◎、時產、英◎、門挽、語眼、出剷、喜罕。

諫字韻：

柳◎、邊◎、求諫、去看、地旦、頗盼、他歎、曾贊、入◎、時訕、英案、門◎、語熞、出粲、喜漢。

割字韻：

柳鬎、邊八、求葛、去渴、地妲、頗汃、他躂、曾扎、入◎、時殺、英遏、門識、語◎、出察、喜轄。

蘭字韻：

柳蘭、邊瓶、求◎、去◎、地壇、頗◎、他壇、曾殘、入◎、時◎、英閒、門蠻、語顏、出田、喜寒。

但字韻：

柳爛、邊辦、求◎、去◎、地誕、頗◎、他組、曾贈、入◎、時◎、英限、門幔、語岸、出◎、喜汗。

達字韻：

柳刺、邊別、求◎、去◎、地達、頗◎、他◎、曾鯽、入◎、時◎、英◎、門密、語◎、出賊、喜楬。

二、以聲爲軸心之呼法如：

「曾君」切「尊」、「曾堅」切「煎」、「曾金」切「斟」、「曾歸」切「錐」、「曾家」切「查」；

「曾干」切「曾」、「曾光」切「宗」、「曾乖」切「◎」、「曾京」切「爭」、「曾官」切「專」；

「曾姑」切「租」、「曾嬌」切「招」、「曾稽」切「稽」、「曾宮」切「章」、「曾高」切「遭」；

「曾皆」切「栽」、「曾根」切「真」、「曾姜」切「章」、「曾甘」切「簪」、「曾瓜」切「掣」；

「曾江」切「棕」、「曾蒹」切「尖」、「曾交」切「糟」、「曾伽」切「嗟」、「曾魁」切「樶」；

「曾葩」切「◎」、「曾龜」切「朱」、「曾箴」切「針」、「曾璣」切「之」；「曾赹」切「洲」。

以上只是理論上之切法，實際上，十五音中之「去、頗、他、出」等次清聲母，只具「一、二、三、四聲」之聲調；「柳、入、門、語」等次濁聲母只具「五、六、七、八音」之聲調，至少在讀音方面是如此（次濁上聲之讀音，已由第六轉爲第二聲，詳下章《陰陽清濁與發送收》）而目前通行之《十五音》《彙音寶鑑》等韻書，不知「次清無濁聲、次濁無清聲」之理，爲實其八音（聲調）之數，任意以俗字補之，且所收之字文白夾雜，清濁淆混、發聲、送氣不分，韻部紊亂、訓讀之字寖多，乃其一大敗筆之處（詳《工具書之使用》一章）

另外值得一提者，目前之聲韻學者，已將閩南語之聲母訂爲十八，增加「毛（**m**）、耐（**n**）

雅（ng）」等三個鼻音聲母。據周長楫康啓明合著之《台灣閩南語教程》云：

> 台灣閩南話有十八個聲母，七十八個韻母和七個聲調，但並非每個聲母都可跟七十八個韻母拼合，某聲母跟某韻母雖然可以拼合，但非此韻母裏每個聲調都可跟這個聲韻母拼合。所以這麼龐大的聲母、韻母和聲調能拼合組成的音節不是18*78*7的9984個音節，而只能是二千多個音節。根據我們的單字音表，只有兩千三百一十八個音節（有些象聲詞音節尚未計入，還可能遺漏若干音節）。從韻母的類別看，元音韻母和鼻音尾韻母音節最多，鼻化韻母次之，帶-p、-t、-k尾的入聲韻母再次之，帶-h尾的入聲韻母為倒數第二位，鼻化入聲韻母最少。

此外，許極燉《台灣語概論》則云：

> 台語的音節數有二、二一七個之多，其中舒聲有一、七五九個，促聲有四五八個。

二家所論雖略有出入，然較諸《廣韻》三、八七五個韻紐；《音韻闡微》三、八八四個韻紐；《切韻》三、四〇六個韻紐；《集韻》四、四七三個韻紐（參考《空大文字學聲韻篇》）實少卻許多。此概因閩南語於「東冬」、「支脂之微」、「庚青蒸」……諸韻未有劃分之故也。

六、台灣方音符號

民初，國民政府訂定「ㄅ、ㄆ、ㄇ、ㄈ……」為國音注音符號，其醞釀過程，據潘重規陳紹棠合著之《中國聲韻學》云：「民國初年，國民政府改倡以音符代反切注音者，以王照與盧戇章二氏最力。尤以王照主張以北京話為標準音，而又不主張廢除漢字之見解為最力。創注音符號之動機，即肇于此，然其時議論紛紜，見解不一。章太炎先生于一九〇八年發表有名之《駁中國用萬國新語》說。以見中國文字不可廢，主張取古文篆籀徑省之形，以代舊譜（按：即等韻卅六字母，及二百零六韻），合為紐文（聲符）卅六，韻文（即韻符）二十二。章先生之意見，以為其所定之紐文及韻文乃為「切音之用，只在箋識字端，令本音畫然可曉，非廢本字而以切音代之。」此即注音之法，然章先生並不認為漢字有改為拼音之需要。章先生謂「又其惑者，乃謂本字可廢，惟以切音成文，斯則同音而殊訓者，又無以為別也。」章先生之意見，頗切合于中國國情，故後來由政府成立之讀音統一會，大部承用其主張，而擬定注音符號，僅將篆文之筆勢改為楷書，又根據實際語音而將章先生之聲符及韻符略加省改，遂成為今日所應用之注音符號。而反切之改良，至此已差可臻于完善之域」。

民國八年四月十六日，教育部公布「注音符號音類次序」爲：㈠ㄅ、ㄆ、ㄇ、ㄈ、ㄪ，㈡ㄉ、ㄊ、ㄋ、ㄌ，㈢ㄍ、ㄎ、ㄫ、ㄏ，㈣ㄐ、ㄑ、ㄬ、ㄒ，㈤ㄓ、ㄔ、ㄕ、ㄖ，㈥ㄗ、ㄘ、ㄙ，㈦ㄧ、ㄨ、ㄩ，㈧ㄚ、ㄛ、ㄝ，㈨ㄞ、ㄟ、ㄠ、ㄡ，㈩ㄢ、ㄣ、ㄤ、ㄥ，⑪ㄦ。十五年五月二十日，另制「ㄜ」字，同年增修《國音字典》將「ㄪ、ㄫ、ㄬ」三聲廢除。另「ㄗ、ㄘ、ㄙ」三聲母不拼「ㄧ、ㄩ」介音，而將之併入「ㄐ、ㄑ、ㄒ」三聲母。又入聲悉依北京語調分配在陰平、陽平、上聲、去聲裡。民國十七年九月廿六日，公布國語羅馬字拼音法式

（本節參考《空大文字學聲韻篇》）

抗戰勝利後，國府接管統治台灣，乃將該注音符號引進台灣，以利推行國語。而朱兆祥即根據這種符號，略加增刪改造，而設計出所謂《方音符號》，用以標注台灣語音。這套《台灣方音符號》，除應用於幾種課本教材外，吳守禮纂修的《台灣省通志稿卷二人民志語言篇》及《綜合閩南台灣語基本字典》亦均予採用。然由於符號過於複雜，尤其是：

一、鼻音化的符號和濁音化符號不好寫。不美觀，數量也太多，難怪缺乏實用性，不為民間所用。

二、聲調符號中的入聲符號分別用三個聲子（ㄅ、ㄉ、ㄎ）和一個記號（ㄏ），它們都是一個音節的符號用來作入聲的標幟，既不貼切，沒統一，標法更不美觀，書寫也不方便。

三、這類符號是一字一音節，表音欠精密，亦沒法整體認讀，用於注字音已經不易音讀，若用於綴音必更難辨認。

四、聲符用二十二個，單韻母（母音）用十三個。又用上複韻母符號十三個，形同疊牀架屋徒增冗繁，降低效率。按複韻母係由母音和母音，或母音跟子音組合的，既有子音、母音兩種符號無須再有兩種音標複合的韻符（以上參考許極燉《台灣語概論》）

據個人所知，目前本省各地，仍多有使用該《台灣方音符號》者，唯如無法自電腦上輸出，則將造成往後應用之困擾，此乃當前最宜急切解決者。

附表五：漢文（閩南）讀音聲調表

韻＼調	平聲字	平聲反切	上聲字	上聲反切	去聲字	去聲反切	入聲字	入聲反切	清濁	備註
東	東	德紅	董	多動	凍	多貢	啄	丁木	全清	
東	同	徒紅	動	徒摠	洞	徒弄	獨	徒谷	全濁	
寒	單	都寒	亶	多旱	旦	得案	怛	當割	全清	
寒	壇	徒干	但	徒旱	憚	徒旦	達	唐割	全濁	
寒	端	多官	短	都管	鍛	都亂	掇	多括	全清	
寒	團	度官	斷	徒管	段	徒玩	奪	徒活	全濁	
先	顛	都賢	典	多繭	殿	都見	窒	丁結	全清	
先	田	徒賢	殄	徒典	電	徒見	姪	徒結	全濁	
庚	精	子清	井	子郢	精	子性	積	資亦	全清	
庚	情	疾盈	靜	疾郢	淨	疾政	籍	秦昔	全濁	
陽	湯	他郎	儻	他朗	蕩	他浪	託	他各	次清	次清無相對之濁聲，其平、上、去、入在閩南語為一、二、三、四聲。
庚	清	七情	請	七靜	清	七政	磧	七跡	次清	
陽	良	呂張	兩	良獎	諒	力讓	略	離灼	次濁	次濁無相對之清聲，其平、上、去、入在閩南語原為五、六、七、八聲，然其上聲字於讀音皆讀成第二聲，唯語音尚保留濁聲調（讀第六聲）如兩、遠、飯、餌、卵等。
元	袁	雨元	遠	雲阮	遠	于願	越	王伐	次濁	
鹽	廉	力鹽	斂	良冉	殮	力驗	獵	良涉	次濁	
侵	臨	力尋	廩	力稔	臨	良鴆	立	力入	次濁	

第三章：陰陽清濁與發送收

一、陰　陽

在聲韻學上，對於字之陰陽與清濁，皆各有專指。清濁定於聲而不定於韻；陰陽定於韻而不定於聲。近代之某些聲韻學者昧而不察，將清濁與陰陽混為一談。究其因，實導源於元人周德清之《中原音韻》一書。近人王文濤先生於《實用聲韻學》中云：

前人討論字音，又有所謂「陰、陽」之分。這個「陰、陽」，和元周德清《中原音韻》裡平聲的分陰陽性質不同。陰陽平聲的區別，在於聲調之高低，而這個「陰、陽」是由讀字收音時（按即韻）是否帶有鼻音而定。清戴震說：「陽聲猶擊金成聲，陰聲猶擊石成聲」。所謂陽，就是韻出於鼻，帶有鼻音。如東（ㄨㄥ）、陽（ㄧㄤ）、先（ㄧㄢ）等；所謂陰，就是韻出於口，不附鼻音。如支（ㄓ）、歌（ㄜ）、麻（ㄚ）、灰（ㄨㄟ）等。章太炎把古音分為三類，在其《小學類說》裡說：「孔子（指孔廣森）《詩聲類》列上下兩行，為陽聲與陰聲，其陽聲即收鼻音，陰聲非鼻音也」（按另一類為入聲）

上論即陰聲與陽聲之分別，如以目前通行之平水韻為例，其平聲（相承之上、去、入聲亦同）收陰聲者爲支、微、魚、虞、齊、佳、灰、蕭、肴、豪、歌、麻、尤諸韻；收陽聲者爲東、冬、江、真、文、元、寒、刪、先、陽、庚、青、蒸、侵、覃、鹽、咸諸韻。

二、清濁

至於聲之清濁，據林景伊《中國聲韻學通論》云：

> 清濁之別，蓋因發聲之用力輕重不同者也。發聲時用力輕而氣上升者謂之清；用力重而氣下沉者謂之濁。故在語言學上濁聲謂之帶音，清聲謂之不帶音。帶音者發聲時聲帶受摩擦而震動也，此理至易明瞭，昔人因不明發音原理之故，乃至謬誤百出，後人遂每與帶鼻音之陽聲，不帶鼻音之陰聲相混淆，而誤以陰陽即清濁，清濁即陰陽者，此不可不察也。

又據陳澧《切韻考》卷六《通論》云：

> 四聲各有清濁，孫愐之論最為明確。江慎修《音學辨微》云：「平有清濁，上、去、入皆有清濁，合之凡八聲」。桐城方以智以「啌、嘡、上、去、入」為五聲，誤矣！蓋上、去、入之濁，方氏不能辨也。澧謂上、去、入之清濁不能辨者甚多，不獨方氏為然，皆由其方音如此，不可以口舌爭，但使目驗陸氏之切語，則了然明白……切語以上字定清濁，不知上、去、入各有清濁，則遇切語上字用上、去、入者，不辨所切為何音（按指清濁）。如東字「德紅」切，不知德為清音，則疑「德紅」切為東之濁音矣！隆字「力中」切，不知力字為濁音，則疑「力

中」切為隆之清音矣！洪字「戶工」切，不知戶字為濁音，則疑「戶工」切為烘字矣！衡字「尺容」切，不知尺字為清音，則疑「尺容」切為濁音矣。此上、去、入之清濁不可不知也（按時下未諳聲韻之學而以切語呼音者正患此病）江慎修《音學辨微》云：「上一字不論四聲，下一字不論清濁。清濁定於上一字不論下一字也」，如「德紅」切東，東清而紅濁；「戶工」切紅，紅濁而工清，俱可任取。後人韻書，有嫌其清濁不類難以轉紐者，下一字必須以清切清，以濁切濁，固為親切，然明者觀之，正不必如此。儻譏前人之切為誤，則不知切法者也」。江氏此說最為明確，讀者可以了然。

以上爲《切韻考》之論清濁，而馬宗霍之《音韻學通論》之論清濁亦云：

> 清濁之辨，本非甚難，通清同濁，天清田濁，此人人能分者也。昔人多以陰陽擬之，陰陽之義，頗近玄深，反增迷惘」。勞乃宣亦曰：「古人清濁分於母不分於聲，清母有清母之四聲，濁母有濁母之四聲。合而言之，則平、上、去、入各有清濁，而為八聲矣」。

又有主分七聲者，馬宗霍引於毛先舒《韻學通指》云：

> 毛氏謂「平、去、入皆有陰陽（按當以清濁為是），惟上聲無陰陽。如該、箋、腰陰平聲也，篷、培、全、潮陽平聲也，貢、玠、霰、釣陰去聲也，鳳、賣、電、廟陽去聲也，穀、七、妾、鴨陰入聲也，孰、亦、藝、獵陽入聲也」。此則由其上聲陰陽，口不能辨，非真平、去、入皆具而上獨無也，考上聲清濁之混，其由來已久，邵子《皇極經世》以濁上列入清母，劉鑑

《切韻指南》謂濁上當讀如去（按《切韻指南》自序云：時忍切腎字，其蹇切件字，其兩切強字，皆當呼如去聲。陳澧謂此劉鑑能知腎、件、強三字為上聲之濁，然謂呼如去聲則非也，上聲之濁仍是上聲非去也）是宋元時濁上之聲已鮮能發，宜毛氏有七聲之說矣。蓋清濁之辨，平聲最易，各地皆能。上、去、入則或能辨，或不能辨，大抵長江流域，差能發七聲。黃河流域，僅能發五聲。故周德清中原音韻，以入聲派入平、上、去三聲，謂陰陽字平聲有之，上、去俱無，上、去各只一聲，乃若八聲能全發者，更不一二見也……而江永於聲之清濁，辨之特詳。謂上聲逢最濁位，有轉音方音似去而非去者，如呼動似凍，呼簿似布，呼弟似帝，呼舅似究之類，或以去聲讀之則謬矣。勞乃宣則曰：「今南方之音，於去、入之清濁，大率能辨，而濁上非混入去聲，即讀做清上，惟湖洲獨有濁上聲，如短為清上，斷為濁上；鍛為清去，段為濁去；補為清上，簿為濁上；布為清去，步為濁去之類，皆分別較然，確切不移。次則嘉興紹興，亦稍能辨之。故欲考清濁八聲之全，必參合諸方之音，乃能備也。

前述爲各家對陰陽與清濁之析論，然某些近於學理之說法，如非稍有聲韻學常識者，讀來仍茫然不得其解。不若以閩南語之聲調來辨別清濁，最爲直截而明瞭，蓋閩南語之聲調凡八，其一至四聲爲清之「平、上、去、入」，五至八聲爲濁之「平、上、去、入」。以此證諸江氏之論，正所契合。《切韻考》亦云：「清濁最易分者也，天清田濁，人人能分」。觀乎此，則聲之清濁明矣。然而歷代之等韻圖如《韻鏡》《七音略》《切韻指南》《切韻指掌圖》等，其所使用之三十六字母（聲類），又細分清濁爲全清、次清、全濁、次濁。以《切韻指掌圖》爲例，圖中「見、端、知、幫、非、精、照、影、心、審」十母爲全清；「溪、透、徹、滂、敷、清、穿、曉」八母爲次清；「群、定、澄、並、奉、從、牀、匣」八母爲全濁；「疑、泥、娘、明、微、喻、來、日」八母爲不清不濁（按即次濁）；「斜、禪」爲半清半濁（正三按：如以閩南語證之，則「斜、禪」歸於全濁爲是）若兼具「發聲」、「送氣」、「收聲」而論之，大體發聲之清爲「全清」，送氣之清爲「次清」，送氣之濁爲「全濁」（按全濁讀成送氣之濁乃北方音系，目前通行之國音承之；閩南語則讀成發聲之濁），收聲之濁爲「次濁」（又稱清濁、半清半濁或不清不濁）獨喉音發聲之濁爲「濁」而不稱「全濁」或「次濁」；送氣之清爲「清」而不稱「次清」（發送收留待下節討論）

至於目前聲韻學界所共認定之《廣韻四十一聲類》乃民初黃侃先生據陳澧所考《廣韻四十聲類》，並析「明微」爲二，而得四十一之數（按即三十六字母加莊、初、神、疏、爲等五母）其各紐之清濁，及所用反切上字，可參閱第二章之附表一，學者據反切上字查出附表所示之清濁，即可得其機杼，如仍未了然，亦可對照陳澧之《切韻考》，該書卷四及卷五，乃是將《廣韻》各韻中代表字之清濁，分別列表（例見附表二）讀者據此以求，可謂萬無一失。

綜上所論爲中古音正確之清濁，亦足以證明其與陰陽聲之不同。然而語言歷經數千百年之演進，其中難免產生若干變化，此在古今中外莫不皆然。閩南語尚屬變化較少之一系，不過在聲調上亦已產生三大變化，即「次濁上聲讀成清上之聲調」；「全濁上聲誤植於濁去之位置」；「去聲之清濁聲調混而為一」。現分述於下：

一：次濁上聲讀成清上之聲調：即「疑、泥、娘、明、微、喻、來、日」諸母之上聲字，本應讀成第六聲，而習慣上皆讀成第二聲。其演化過程，筆者尚未考出，唯知其清化時期，最遲當不出唐季。蓋至宋時已接近完成。如前述邵雍（堯夫）之《皇極經世書》已將濁上列入清母（正三按：指次濁上聲言之，全濁上聲則未也）且丁度等修撰《集韻》時，於次濁上聲所用之反切上字，已全然改用同類（次濁上聲）之字。不似《廣韻》雜用平、入聲之字，以免讀者誤切。如：

「語」字《廣韻》作「魚巨」切；《集韻》作「偶舉」切

「勇」字《廣韻》作「余隴」切；《集韻》作「尹竦」切

「隴」字《廣韻》作「力踵」切；《集韻》作「魯勇」切

「擬」字《廣韻》作「魚紀」切；《集韻》作「偶起」切

「里」字《廣韻》作「良士」切；《集韻》作「兩耳」切

「矣」字《廣韻》作「于紀」切；《集韻》作「羽己」切

「耳」字《廣韻》作「而止」切；《集韻》作「忍止」切

考諸《集韻》修撰之動機，實導源於當時宋祁等，以陳彭年重修之《廣韻》多用舊文，未能徹底革新，已有部分切語，與當時之音讀有顯著之差異。故向仁宗皇帝建請重修。遂敕命宋祁、丁度等重行修撰。對於自隋陸法言《切韻》以來，迄於《廣韻》數百年間所造成之音變，諸如：「脣音類隔」、「舌音類隔」、「齒音類隔」及「次濁上聲清化」等，作一次總修訂，以期合於當時之音讀。至於時下之「次濁上聲」，欲求其讀成濁聲之痕跡，則只有自語音中去求證。讀者試將「蟻、耳、餌、呂、雨、五、午、怒、遠、卯、咬、老、網、藕……」等字，用閩南之語音呼之，即可得其機杼。此亦可證出大部分閩南之語音，實較讀音爲古老也。復觀目前之國音，雖無清濁異調之情形，然於次濁上聲之字，未隨全濁上聲之字讀成去聲，即可得知矣。與丁度等同時而稍後之邵康節（雍），在其《皇極經世書》中，亦將濁上列入清母（按：即將第六聲中次濁上聲之字讀成第二聲）

二：全濁上聲誤植於濁去之位置：歷代之聲韻學家，於濁上、濁去等聲調之見解，最見分歧。劉鑑《切韻指南》謂濁上當讀如去；毛先舒《韻學通指》謂平、去、入皆有陰陽（按：當指清濁），惟上聲無陰陽，可謂言人人殊。其中劉鑑之說，陳澧於《切韻考》一書中已證其非。然自元代以來之北方音系，以迄目前之國音，莫不以此爲準。故聲韻學上有所謂「全濁上歸去」之說，唯如以之證諸目前之國音則是也，如以《廣韻》《集韻》等較之則未然。如：動、奉、棒、蚌、項、技、妓、痔、婢、似、士、市、祀、涘、是、氏、視、巨、佇、序、敘、墅、豎、杜、部、戶、祜、怙、蟹、亥、匯、甚、販、飯、笨、混、但、誕、限、件、善、趙、紹、道、浩、皓、灝、顥、墮、禍、下、夏、社、像、象、橡、杏、幸、舅、臼、咎、紂、婦、負、朕、頷、菡、漸等字，以國音讀之，當屬去聲字，而正統之韻書如：《廣韻》《集韻》《詩韻全璧》等，一仍歸於濁上。考諸目前國音之所以讀成去聲，實乃受周德清《中原音韻》之影響。（換言之，目前國音之「全濁上歸去」之音調，實係承繼此一北音系統之韻書）其特點如下：

〈一〉入聲調消失：原入聲之字併入「平、上、去」三聲之中。

〈二〉只有平聲字分清濁（《中原音韻》稱之爲陰陽，現行國音承之）上、去不分。

〈三〉全濁上聲讀成去聲（受《中原音韻》與《切韻指南》之影響）

〈四〉濁音平聲讀成送氣音（下節「發送收」中討論）

〈五〉「知、徹、澄」與「照、穿、牀」等聲紐讀成同音，「泥、娘」二紐讀成同音。

三：去聲之清濁聲調混而爲一：江慎修云：「平聲有清濁，上、去、入皆有清濁，合之凡八聲。」據此則去聲之有清濁明矣。然而目前之閩南語，無論讀音或語音，其清去與濁去皆混成同一聲調，只有少部分讀成濁上聲調，如：鳳、備、鼻、寺、示、侍、豉、吏、二、事、利、被、味、胃、慮、懼、務、霧、墓、暮、慕、募、護、互、路、露、賂、第、例、儷、厲、勵、柰、害、外、會、代、岱、韻、順、運、遁、悶、賤、練、鍊、煉、妙、廟、廖、鬧、貌、帽、賀、座、夜、浪、命、盛、令、定、豆、貿、茂、漏、賃、任、纜、濫、站等等，乍讀之，有似濁上之聲調者，考其原因約有數端：

〈一〉部分文字之讀音濁上與濁去兩收（無論同義或異義）如洞、被、視、詎、聚、怒、樹、弟、在、解、遠、伴、旱、坐、仗、杖、首、守、狩、綬、壽、甚、飪、妊、淡、儋、霮、澹、瀲、斂、餞、膳、炫、泫、掉、窕、惰、上、厚、後、后、簟……

〈二〉濁上與濁去之調值相差極微，習者不察造成誤讀。

〈三〉閩南語不論其爲讀音或語音，如兩字連讀，除最後一字外，皆須變調，故而造成誤讀。

上述乃歷來閩南語變化之較爲顯著者，以下再就上去聲調詳爲商榷。

三、閩南語上去聲調之商榷

細考目前所通行閩南漢文讀音之聲調，於平、入二聲之清濁，秩然不紊，而上、去聲之清聲調，亦甚明顯，唯於去聲之清濁聲調則混而爲一，此在前節第三條經已敘明。至於濁上聲之聲調，則發生分化之情況，其中全濁上聲之聲調，不論讀音或語音，皆維持一貫之聲調（第六聲）至於次濁上聲於讀音則轉讀清上（第二聲）而於語音則乃保持濁上（第六聲）之聲調，如「蟻、耳、餌、呂、雨、五、午、努、遠、卵、咬、老、網、藕……」等字，讀者試將上述文字，用語音呼出，而與「動、奉、棒、蚌、項、技、妓、痔、婢、似、士、市、祀、涘、是、氏、視、巨、佇、序、敘、墅、豎、杜、部、戶、祜、怙、蟹、亥、匯、甚、販、飯、笨、混、但、誕、限、件、善、趙、紹、道、浩、皓、灝、顥、墮、禍、下、夏、社、像、象、橡、杏、幸、舅、臼、咎、紂、婦、負、朕、領、菡」等全濁上聲字之讀音作一比較，即可見出端倪。

然則歷來之閩南語韻書，於八個聲調之呼法，卻頗為分歧，於今試將其中主要之韻書呼法，略述如下：

清人黃謙之《彙音妙悟》，其呼法為「方訪放福，防奉鳳伏」，以筆者研究所得，該呼法應屬較為正確，其在「陽」韻全濁上聲雖因無字而以「東」韻之「奉」字為替，然聲調大底無誤；又如「真軫晉質，秦盡進疾」之濁去聲亦因無字而以清去聲「進」字為替（理論上「進」與「晉」之音切皆為「即刃」切，可以說是同聲母、同韻母之同音字）不過，閩南語雖號稱八個聲調，實際只有七聲。其中去聲雖有清濁之分，然因調值相同（三、七同聲），故黃書雖以清代濁，原則上可行；再如「英影映益，榮郢詠亦」，其中清上之「影」字、與濁上之「郢」字，理論上雖分清濁，然其調值亦已無異，其原因乃是閩南語之讀音已將次濁上聲之讀音，讀成清上之聲調。

又《拍掌知音》之呼法為「鞭匾變鱉，便辨遍別」。其中濁去聲「遍」字，《廣韻》作「布見」切，《集韻》作「卑見」皆屬清聲，故應用「弁」（「皮變」切）字為正，該書之用「遍」字為替，亦可證明去聲之調值已合而為一。

至於梅山沈富進之《彙音寶鑑》，其呼法為「君滾棍骨，群滾郡滑」、「東董凍篤，同董洞毒」、「經景徑格，熒景勁極」乃是將上聲之濁聲字，與清聲字混一而讀成清上之聲調（第二聲）此在次濁上聲固然正確，然如以全濁上聲而論，則並非如此（仍讀第六聲）而《彙音寶鑑》將全濁上聲（讀第六聲）之字置於全濁去聲之位置，與全濁去聲相互混淆，則是一大失誤。此點或許是受聲韻學上「濁上歸去」之說所誤導，要知道聲韻學上雖有「濁上歸去」之論，原是針對「上、去、入」不分清濁之北方音系而論，且實際上也只有全濁上聲而已，於次濁上聲則仍未改讀，此在國音之「蟻、耳、餌、呂、雨、五、午……」等字之讀第三聲可證。而閩南語之「平、上、去、入」各分清濁（一稱陰陽，其實在聲韻學上，陰陽另有所指）如上述「動、棒、蚌、項、技、妓、痔、婢、似、士、市、祀……」等字，以國音讀之，當似去聲字，然而正統之韻書如《廣韻》《集韻》《詩韻全璧》等，一仍歸於濁上，在閩南語中，如將此全濁上聲定位於濁去，則不知要如何看待次濁上聲之語音（因爲次濁上聲之語音與全濁上聲之讀音、語音皆屬同一調值）而沈書將其歸入濁去聲位置（調值依舊，唯歸類錯誤）又將濁去聲之字併入，造成聲調之紊亂（上去聲不分）實際上，上聲仍是上聲，非去聲也。由於該書風行甚廣，影響頗爲深遠，目前本省從事閩南語研究與教學之方家，有不求甚解者，悉從其論，而部分對聲韻學稍有研究者之士，雖知其誤，率皆不敢與予正謬，亦有囿於風氣既成，積習難改者。嗟乎！元音不作，瓦釜雷鳴，將之奈何？於今特爲揭出，後之研究聲韻之學而能通者，當知余言之不謬也。

另據洪惟仁於《臺灣河佬語聲調研究》一書中云：

河佬話中，大部分地區上聲都有陰陽（按即清濁）二類，泉州也有陽上，只有漳州陰陽不分。廈門台灣陽上喪失，乃受到漳州音之影響……海南澄邁一帶屬漳州腔，上聲陰陽仍分得很清楚，可見漳州陽上的喪失，必是在移民海南之後，移民廈門、台灣之前……

洪氏又云：

臺語陽上的喪失實在是一件可惜的事，因為陽上派入陰上、陽去，甚至其他各聲中，致使反切的切語碰到下字是全濁上聲變為陽去聲的字時，很容易誤以為是去聲字而切錯音。

此論正反應出目前閩南語上、去聲調紊亂之形成緣由，實在值得治聲韻學者，及從事母語傳承工作者去深思。

論及目前閩南語正確之聲調，應就全清、全濁、次清、次濁分別論之，全清及次清之平、上、去、入屬一至四聲；全濁之平、上、去、入屬五至八聲，其中三、七聲雖亦分清濁，然調值已合而爲一，至於次濁之平、上、去、入，在語音方面仍保持五、六、七、八之聲調，而讀音則轉讀五、二、七、八之聲調（參照第二章附表五之《漢文閩南讀音聲調表》）

此外，閩南語之連讀變調情形，亦應注意，大底在於整句連讀時之位置，如「種樹之樹，所在之在，倚杖之杖，清淡之淡」等，其在連讀之最下字讀成本調（濁上聲）又如「樹木之樹，樹立之樹，在明明德之在，在親民之在，在止於至善之在，杖頭之杖，杖藜之杖，淡水之淡，淡中有味之淡」等，在連讀之上字，則讀爲去聲。其他如：

運動、動作　事項、項目　人士、士女　街市、市場　順序、序文　總部、部位
外匯、匯款　時限、限時　會社、社會　萬幸、幸福　夫婦、婦女　脾胃、胃腸
龍鳳、鳳凰　表示、示威　軍事、事理　財利、利害　趣味、味覺　公務、務本
保護、護理　道路、路線　開會、會同　歷代、代表　平順、順利　波浪、浪濤

等等，亦皆相同。然而單字呼音時，濁上、濁去則又分別甚明。

綜合以上諸點，作一歸納，覈之目前通行漢文之語音與讀音之八個聲調，仍以上聲之清濁異調，而去聲之清濁同調如《彙音妙悟》《拍掌知音》及當今中興大學教授王仁祿之「東、董、凍、啄、同、動、洞、獨」等八聲之調值最爲正確（閩南語讀音聲調表參照第二章附表五）

聲調之演變既如上述，吾人研究聲韻之學，析而明之，自可收事半功倍之效。竊以學問之鑽研，乃導源於心有所疑，不得其解，而叩之於師，叩之於書。復須慎思明辨而知所取捨，方爲治學之正確途徑。且一旦豁然貫通，則其樂可知也，如以囫圇吞棗之心態去追求，而不加以慎思明辨，則非治學之道。故古人有皓首窮經，而沒身不得其解者。願吾儕協力同心，共爲振興鄉土語言而努力。

四、發送收

聲韻學上有「發、送、收」之分類，所謂「發」者，乃指不送氣之塞音與塞擦音，如：「見、端、幫、影、莊、精、照」等；「送」者乃指送氣之塞音、塞擦音與擦音，如「溪、透、滂、穿、初、清、曉、匣、審、神、禪、疏、心、邪、非、敷」等；收聲則包含鼻聲、邊聲及半元音，如「明、微、泥、娘、疑、來、喻、爲」等，至於「群、定、澄、並、奉、從、牀」等則北音之平聲字讀成送氣聲，仄聲字讀成不送氣聲；南音則一律讀成不送氣聲。據馬宗霍先生於《音韻學通論》云：

發、送、收之名，首見於方以智之《通雅》，自云於波梵摩得發、送、收三聲，其法係以聲母發聲之狀態而定。故定發、送、收為橫三，蓋自梵書中來也。江永、錢大昕、戴震、洪榜、陳澧諸人皆承用之，而微有異同。陳澧於《切韻考》一書中云：『發、送、收之分別最善，發聲者，不用力而出者也，送氣者，用力而出者也，收聲者，其氣收斂者也……』。陳氏因製成三十六字母圖，並加以有音無字者共五十位，縱列清濁，橫列發、送、收，以明兩兩相配之理，而又不妄填有音無字之位。其次第則仍依字母家七音之舊，唯列心、邪、審、禪四母於收聲，來、日二母於發聲，似有未合……

故馬氏別製一表，並附說明云：

其發聲之濁，除喻母（含為母）外，舊皆以為有音無字，惟李光地《等韻辨疑》於群下注曰『北方為溪濁聲，南方為見濁聲，定、澄、並、從、牀諸字準此……』而江永甚非之，謂牙音、舌頭、舌上、重脣、輕脣、齒頭、正齒七句，皆以第三字為最濁，實第二字之濁聲，並無第一字濁聲之說，而各方不同，隨其所稟，呼之有輕重，則呼第三字似第一字濁聲者有之矣，然不可以南北限也。陳澧亦曰：『見有清無濁，溪群一清一濁，疑有濁無清，端、透、定、泥、知、徹、澄、娘、幫、滂、並、明、非、敷、奉、微皆仿此，精有清無濁，清、從一清一濁，心、邪一清一濁，照、穿、牀、審、禪仿此，影、喻一清一濁，曉、匣一清一濁，皆了然易明。按江氏（永）所言，雖亦成理，然李氏分注南北之音，自云觀歷代韻書，多從南音，所以知者，以上、去、入三聲叶之可見也。則知李氏實有所據，亦非漫出己意者。章太炎先生曰：『自來言字母者，皆以「群」為「溪」之濁，「定」為「透」之濁，而「見、端」無濁音，反觀梵文，五字為行，二清二濁，一為收聲，而中土獨二清一濁一收，何以不相比類？蓋「群、定」等字，揚氣呼之為「溪、透」之濁，抑氣呼之為「見、端」之濁，今北音多揚，南音多抑，又北音平、去亦有抑揚之異，如呼「群」揚如「溪」之濁，呼「郡」則抑如「見」矣；呼「亭」皆揚如「透」之濁，呼「定」則抑如「端」矣。同此一母，而平、去異貫，則知曩日作字母者，本以「群」承「見溪」，「定」承「端透」，非謂「群」專為「溪」之濁，「定」專為「透」之濁也』。此論最為精確，可與李氏相發明。故表一遵之，特李氏於奉微二母，以奉為非之濁聲，微為敷之濁聲，既與重脣四母失其相對之序，且亦自亂其例，故今仍以奉母兼承非敷，而列微母於收聲，使成一貫，至若勞乃宣等韻一得，專以群、定、澄、從、並、奉配見、端、知、精、照、幫、非，則又偏主南音，亦不可從也。

就李氏、章氏及馬氏以上所論觀之，其分法略同於清濁之畫分（按馬氏之表，個人則將其稍事整理，並將李光地《等韻辨疑》按語加於備註欄中，製成附表一以供參考）證諸目前國音與閩南語音正合符契，於今試舉「群」母字爲例如下：

平聲字：窮「渠弓切」，蛩、笻、邛「渠容切」，奇、騎、琦「渠羈切」，其、期、旗、麒「渠之切」，祁、岐「巨支切」，逵、馗、葵「渠追切」，旂、祈「渠希切」，渠、璩「強魚切」，劬、衢、瞿「其俱切」，群、裙「渠云切」，勤、懃「巨斤切」，虔、乾「渠焉切」，權、拳、顴「巨員切」，橋、僑、喬「巨嬌切」，翹「渠遙切」，強「巨良切」，擎、檠「渠京切」，求、球「巨鳩切」，琴、禽、擒「巨金切」，箝、黔、鉗、鈐「巨淹切」……此類字以國音呼之，其聲母皆爲「ㄑ」，是乃溪（古音讀「ㄑ」）母（送氣）之濁，而閩南語則讀「ㄐ」音，乃見母（發聲）之濁也。

仄聲字：技、妓「渠綺切」，跪「渠委切」，揆「求癸切」，巨、拒、距、鉅「其呂切」，窘、菌「渠殞切」，近「其謹切」，鍵「其偃切」，卷「求晚切」，臼、舅、咎「其九切」，儉「巨險切」，共「渠用切」，忌、芰「奇寄切」，暨「具冀切」，匱、簣「求位切」，悸「其季切（合）」，遽、醵、詎「其據切」，懼、具、颶「其遇切」，覲、瑾、饉「渠遴切」，郡「渠運切」，健、鍵、腱「渠建切」，倦「渠卷切」，競、檠「渠敬切」……仄聲字不論國音或閩南語，皆讀「見」母之濁。

上述為「群」母之例，其他定、澄、並、奉、從、邪、神、禪、匣諸母亦同。換言之，在閩南語中，凡群、定、澄、並、奉、從、邪、神、禪、匣諸母皆應讀成發聲（見、端、知、精、照、莊、幫、非）諸母之濁，之所以讀成送氣（溪、透、徹、清、穿、滂、初、敷）諸母之濁者，應是受北方音系影響而產生之聲變。

五、閩南語聲母之發送收

於今且就閩南語十八個聲母之發送收歸納如下：

發（不送氣之塞音、塞擦音）：邊、地、求、曾。

送（送氣之塞音、塞擦音、擦音）：頗、他、去、出、時、喜。

收（鼻音、邊音、零聲母）：毛、耐、雅、柳、入、語。

閩南語十八個聲母之清濁歸納如下：

清聲：邊、地、求、曾、時、喜、英。

次清聲：頗、他、去、出。次濁聲：毛、耐、雅、柳、入、語。

其中應注意者，以聲韻學論之，閩南語在原則上，於次清無濁聲、次濁無清聲，如有者，則屬俗音或訛讀。

附表一：四十一聲類之清濁與發送收

發音部位	清濁	發聲	送氣	收聲	李光地《等韻辨疑》之論點
喉音	清	影	曉		
	濁	喻、爲	匣		
牙音	清	見	溪	疑之清無字	群母字：北音平聲爲溪之濁（送氣），仄聲爲見之濁（發聲）；南音爲見之濁（發聲）。
	濁	群（南音）	群（北音）	疑	
舌頭	清	端	透	泥來之清無字	定母字：北音平聲爲透之濁（送氣），仄聲爲端之濁（發聲）；南音爲端之濁（發聲）。
	濁	定（南音）	定（北音）	泥來	
舌上	清	知	徹	娘日之清無字	澄母字：北音平聲爲徹之濁（送氣），仄聲爲知之濁（發聲）；南音爲知之濁（發聲）。
	濁	澄（南音）	澄（北音）	娘日	
齒頭	清	精	清心		從母字：北音平聲爲清之濁（送氣），仄聲爲精之濁（發聲）；南音爲精之濁（發聲）。
	濁	從邪（南音）	從邪（北音）		
正齒	清	莊照	初穿疏審		牀母字：北音平聲爲穿之濁（送氣），仄聲爲莊之濁（發聲）；南音爲照之濁（發聲）。
	濁	牀神禪（南音）	牀禪神（北音）		
重脣	清	幫	滂	明之清無字	並母字：北音平聲爲滂之濁（送氣），仄聲爲幫之濁（發聲）；南音爲幫之濁（發聲）。
	濁	並（南音）	並（北音）	明	
輕脣	清	非	敷	微之清無字	奉母字：北音平聲爲敷之濁（送氣），仄聲爲非之濁（發聲）；南音爲非之濁（發聲）。
	濁	奉（南音）	奉（北音）	微	

附表二：陳澧《切韻考》中清濁例之一

樓落侯婁音同　頭度侯　齵五婁　剽徂鉤　裒薄侯　呣亾侯

塿郎斗　䄻徒口　藕五口　部蒲口　母莫厚　鯫仕垢

陋盧候漏音同　豆田候　偶五遘　剽才奏　腤蒲候　茂莫候

右濁聲

謳烏侯　涑速侯

歐烏后　叜蘇后

漚烏候　瘶蘇奏

彄格侯　齁呼侯　鯫子侯　偷託侯　鉤古侯　兜當侯　誰千侯

口苦后　吼呼后　走子苟　黈天口　苟古厚垢音同　斗當口　趣倉苟　探方垢　剖普后

寇苦候　蔻呼漏　奏側候　透他候　遘古候　鬥都豆　輳倉奏　仆匹候

右清聲

附表二：陳澧《切韻考》中清濁例之二

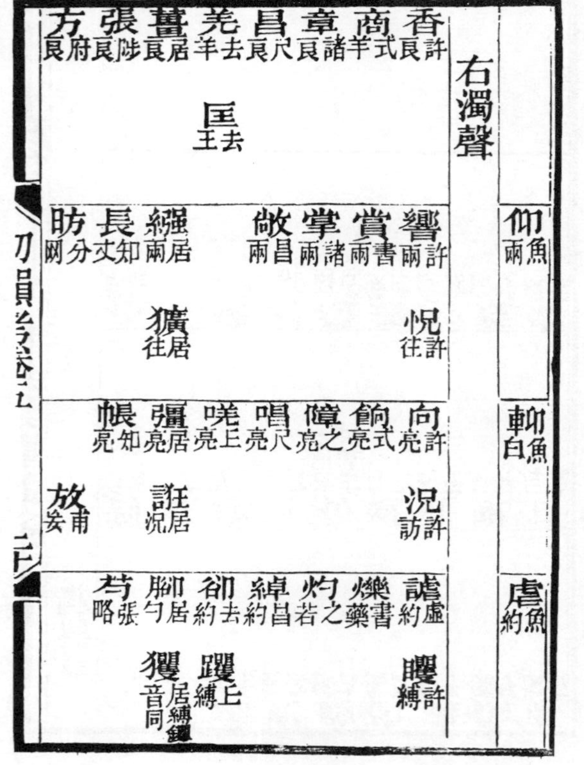
香 許良　商 式羊　章 諸良　昌 尺良　羌 去羊　薑 居良　張 陟良　方 府良
匡 去王
響 許兩　賞 書兩　掌 諸兩　敞 昌兩　繈 居兩　長 知丈　昉 分罔
怳 許往　獷 居往
向 許亮　餉 式亮　障 之亮　唱 尺亮　唴 丘亮　彊 居亮　悵 知亮
況 許訪　誑 居況　放 甫妄
謔 虛約　爍 書藥　灼 之若　綽 昌約　卻 去約　腳 居勺　芍 張略
矍 許縛　躩 丘縛　玃 居縛 音同钁

右濁聲
仰 魚兩
軻 魚白
虐 魚約

房 符方　長 直良　穰 汝陽　亾 武方　孃 女良　牀 士莊　常 市羊　牆 在良　強 巨良
王 雨方　狂 巨王
驪 毗養　丈 直兩　壤 如兩　罔 文兩　上 時掌　勥 其兩
往 于兩　俇 求往
仗 直亮　讓 人㨾　釀 女亮　狀 鋤亮　尚 時亮　匠 疾亮　弶 其亮
防 符況　妄 巫放　迋 于放　狂 渠放
著 直略　若 而灼　逽 女略　妁 市若 音同勺　嚼 在爵　噱 其虐
縛 符钁　䨥 王縛　戄 其钁

第四章：等　韻

一、等韻圖之作用

前面三章於反切之法，及音之陰陽、清濁與發送收等，已約略述明，然欲求得正確之音讀，光靠切語上下字之拼合仍然不夠，尚須佐以等韻學之知識。勞乃宣《等韻一得》云：「古今之韻，得反切而後易明；反切之理，得等韻而後易解；則等韻又古韻、今韻之階梯矣」。高明先生於《等韻研究導言》（小學論叢267頁）云：

今音之表現工具為反切，然而反切非成於一人之手，亦非定於一時一地，同一字音，反切上下字往往不同，故掌握極為不易，於是善審音者，乃思得一以簡馭繁之法，即以三十字母之聲，與二百零六部之韻，配合而成圖，使每一字音均有其位置，此即所謂「韻圖」是也。「韻圖」中開口呼、合口呼各分四等，故有等韻之名。其實等韻不僅言韻之等別，實為每一字音之全部分析，如聲之部位、清濁，韻之開合、洪細（即等別），及調之平、上、去、入等，無不辨別明晰，檢圖而可知。

本師陳新雄教授於《等韻述要》亦云：

等韻乃古代近一步說明反切之法，主要表現為韻圖，宋、元兩代之韻圖乃專據《切韻》《唐韻》《廣韻》《集韻》等韻書之反切而作。由於我國文字非屬拼音字母，於每字之音讀乃是以二字連讀拼成一字之法，讀音不易正確掌握。故歷代等韻學家受佛經轉唱影響，神襲其意而成韻圖……比較各韻之異同而分為四等，然後更依四等與四聲之關係，合若干韻母以為一圖，將聲母、韻母、聲調、清濁、開合、洪細等作有系統之歸納，然後橫列字母，縱分四等，作成若干圖表，將韻書中字分別填入其中，使韻書中所有字音，均可於縱橫交錯中求得，此種圖表，稱為等韻圖。等韻圖之作者，以為只須熟悉圖中每一音節之讀法，再據反切上下字之位置以求，則每一字皆可求出正確之讀音。

此外韻書中反切之上下字如有錯誤，亦須借助韻圖以爲校正。如：

★東韻「豐」字，《廣韻》作「敷空」切。然據《韻鏡》及《切韻指掌圖》等皆歸「敷」母三等，而「空」字屬一等字，即可知《廣韻》以「空」字爲切語下字乃是誤切（按所謂以洪切細者也）又如：

★支韻「卑」字，《廣韻》作「府移」切。然如據《韻鏡》乃歸於「幫」母四等，而「府」字屬「非」母三等，以是知「卑」字以「府」爲反切上字，亦須校正。（按：即所謂「類隔」反切，因「卑」字屬重脣音，而「府」字屬輕脣音也。此蓋因隋時陸法言著《切韻》時，輕重脣尚未劃分，爾後脣音字發生變化，大部分三等脣音字轉爲輕脣音。如：分、房、浮、馮、富、芳、縫、符、婦等，《廣韻》依陸氏舊切未曾改訂，以致造成類隔）又如：

★支韻「爲」字，《廣韻》作「薳支」切。（薳：韋偉切，屬「爲」母「紙」韻）《韻鏡》等將其歸之於合口，而《廣韻》以「支」字做爲反切下字，乃是以開切合之誤切。（「支」字開口「爲」字合口）又如：

★脂韻「尸」字，《廣韻》作「式之」切，然「之」字在「之」韻，而《切三》《王二》《全王》諸本則作「式脂切」，似此情況，可參照等韻圖以求之，考「尸」字於《韻鏡》歸於內轉第六之「脂」韻「審」母三等之位置，即可證出《廣韻》乃是誤切。又如：

★耕韻「崢」字，《廣韻》作「七耕」切，然《韻鏡》外轉第三十五圖則將「崢」字歸於「牀」母二等，考「七」字之聲母屬齒音「清」母，而「耕」韻又有「琤」字「楚耕」切，兩字同一位置，此與陳澧「同音之字不作兩切語」之《切韻》條例未洽，又據《切三》殘本作「士耕切」，即可知《廣韻》切語「七耕」乃是「士耕」之誤。又如：

★齊韻「齏」字，《廣韻》作「相稽」切，而《韻鏡》則將「齏」字歸之於精母四等，設若反切上字果爲「相」字，則當歸於心母，而不應置於「精」母位置，於此可證該字亦爲誤切。（按「相」當作「祖」，作「相」字乃是書寫錯誤所致）

諸如此類錯誤之反切，亦皆有賴等韻圖作爲校正之準繩。

二、韻圖之種類

據以上諸例，則等韻圖之重要性可知也。且等韻既明，則字之聲調、清濁、開合、洪細無不了然。至於如何使用等韻圖？縱觀目前仍存於世之宋元等韻圖，有《韻鏡》《通志七音略》《四聲等子》《切韻指掌圖》《經史正音切韻指南》等。而大別之可分爲三系，其中《通志七音略》與《韻鏡》爲一系；《四聲等子》與《經史正音切韻指南》爲一系；《切韻指掌圖》爲一系。現就筆者手邊所有，各附一圖以爲代表，第一系以《韻鏡》爲代表，如附圖一；第二系以《經史正音切韻指南》（簡稱《切韻指南》）爲代表，如附圖二；第三系以《切韻指掌圖》爲代表，如附圖三。陳師於《等韻述要》云：

綜此三系體制各殊，故未容軒輊。然求其盡括《廣韻》音紐而絕少遺漏，且推跡原型，足為構擬隋唐舊音之參證者，則前一系故較後二系為勝也。且今傳最早之等韻圖，亦為此系中之《韻鏡》與《七音略》也。

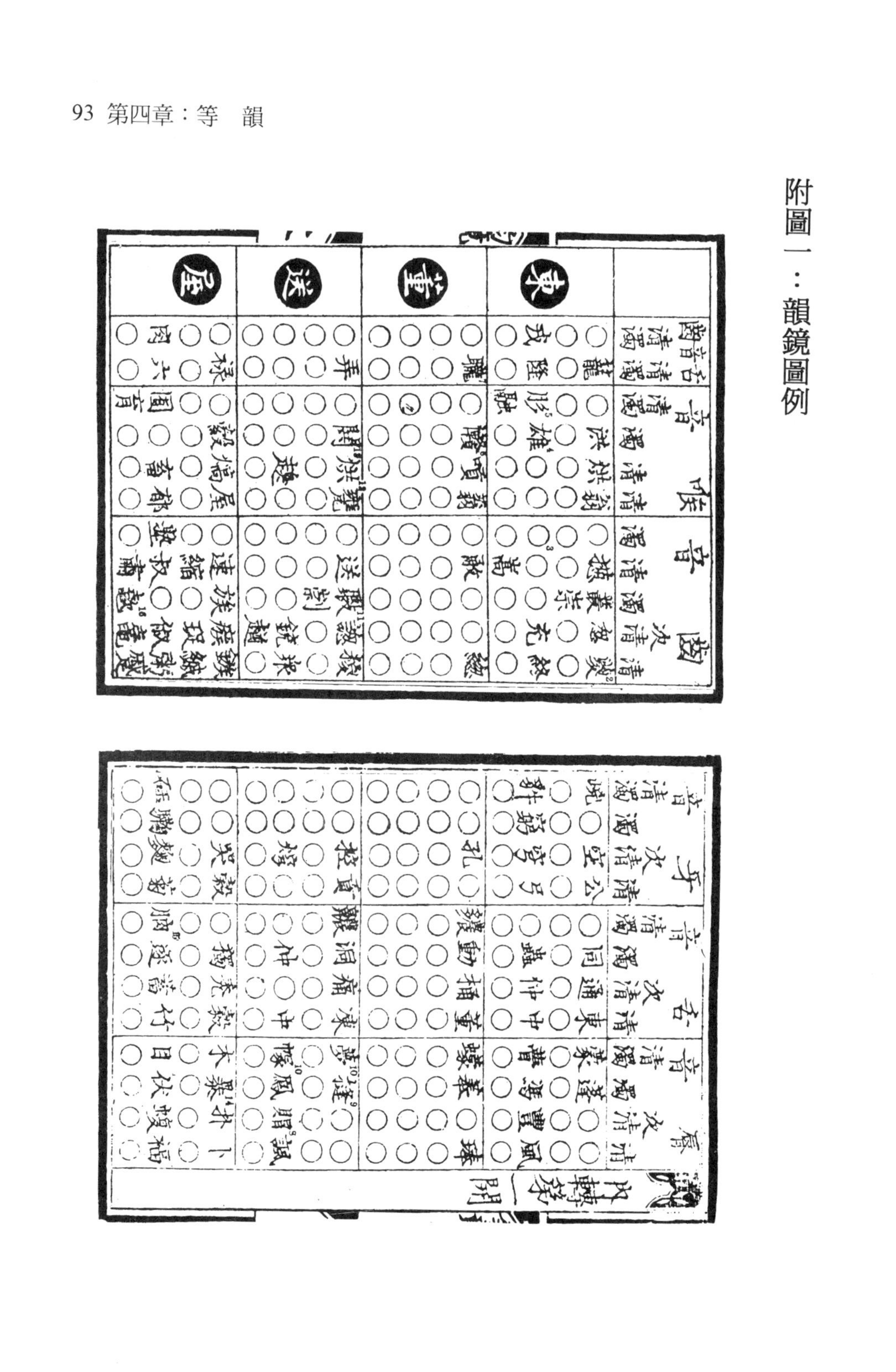

附圖一：韻鏡圖例

附圖二：經史正音切韻指南圖例

附圖三：切韻指掌圖圖例

徹	澄	娘	幫	滂	並	明	非	敷	奉
○ 癡	○ 持	○ 尼	○ ○ ○ ○	○ ○ ○ ○	○ ○ ○ ○	○ ○ ○ ○	○	○	○
○ 褫	○ 豸	○ 狔	○ ○ ○ ○	○ ○ ○ ○	○ ○ ○ ○	○ ○ ○ ○	○	○	○
○ 眙	○ 值	○ 膩	○ ○ ○ ○	○ ○ ○ ○	○ ○ ○ ○	○ ○ ○ ○	○	○	○
○ 抶	○ 秩	○ 暱	○ ○ ○ ○	○ ○ ○ ○	○ ○ ○ ○	○ ○ ○ ○	○	○	○

微	精	清	從	心	斜	照	穿	牀	審
○	茲 齎	雌 妻	慈 齊	思 西	詞 ○	菑 之	差 眵	茬 ○	師 詩
○	紫 濟	此 泚	○ 薺	死 枲	兕 ○	滓 紙	剗 齒	士 ○	釃 弛
○	恣 濟	載 砌	自 嚌	笥 細	寺 ○	胾 志	廁 熾	事 ○	駛 試
○	則 唧	墄 七	賊 疾	塞 悉	○ ○	櫛 質	[illegible] 叱	齜 ○	瑟 失

三、等呼

在瞭解等韻圖之使用方法以前，首須明瞭何爲「等呼」。古人云：「音之洪細者謂之等，脣之開合者謂之呼」。換言之，「等」即是表示音之洪細，「呼」即是表示脣之開合。馬宗霍《音韻學通論》云：

開合之分，首見於《切韻指掌圖》，而《四聲等子》與《切韻指南》皆承用之……今《廣韻》所有切語，大抵承漢魏以來之舊，觀其切語下字，分別開合甚明。故陳澧曰：『開口合口名目，古人雖無之，然甚精當。蓋開口者吻不聚，合口者吻聚，此本聲氣出口自然之呼，其名古今或不同，其理宜無不同也』。呼有開合，而開合之音，又各有洪細。戴震曰：『鄭樵內外轉圖及劉鑑《切韻指南》，皆以音聲洪細別之為一、二、三、四等，故稱等韻』。

考諸歷代等韻圖書，皆分四等。有以四等統四聲者：如《四聲等子》與《切韻指南》等皆屬之，有以四聲統四等者：如《韻鏡》《七音略》與《切韻指掌圖》等屬之。至其使用之法，則大同而小異。

四、洪細之分

陳新雄教授於《等韻述要》云：

等韻之分四等，人皆知之。然四等之區分何在？則言之不一。江氏永《四聲切韻表凡例》云：「音有四等，一等洪大，二等次大，三四皆細，而四等尤細，學者不易辨也」。江氏既云學者未易辨，故洪大、次大及細與尤細之間，尚難明也。直至瑞典學者高本漢博士撰《中國音韻學研究》，始假定一、二等無「一（i）」介音或主要元音，故同為洪音。然一等元音較後較低，故洪大，二等元音較前較淺故為次大。三、四等均有「一（i）」介音，故同為細音，但三等元音較四等略後略低，故四等尤細（正三按：國音符號細音之介音或主要元音為「一」，如：天「ㄊ一ㄢ」、宵「ㄒ一ㄠ」、金「ㄐ一ㄣ」等）……然若《廣韻》一書非有二百六部不同之音讀，則高氏之擬音失其依據。王了一氏嘗謂：「韻圖所反映的四等韻，只是歷史的陳跡罷了」。韻圖之四等既為歷史的陳跡，自非實際語音系統，則其四等之別，恐難依江氏之說。江氏之說即不可從，然等韻四等之別當何據？蘄春黃季剛先生嘗云：「分等者，大概以本韻之洪為一等，變韻之洪為二等；本韻之細為四等，變韻之細為三等」。今揆其意，蓋謂韻圖之分等，實兼賅古今之音、開合之圖各為四格。一、二兩等皆洪音，三、四兩等皆細音，但一、四兩等為古本音之洪細，二、三兩等為今變音之洪細耳！韻圖既為歷史之陳跡，黃君之說，覈之《廣韻》古本韻之理又若合符節，則其說自屬可信。

以上所論，乃是韻之分等，考之《廣韻》或平水韻，其中有一韻而兼二等者，如「東」韻即含「一等」與「三等」字，（東韻之二等與四等字，係受韻圖編排所影響而安置於該處，所謂假二等與假四等者也。原則上仍屬三等字，此類頗多，讀者可參閱陳教授所著《等韻述要》頁14或本書第五章附表一）有一韻而只有一等之字者，試以《廣韻》爲例，如：冬、模、泰、灰、咍、魂、痕、寒、桓、豪、歌、唐、登、侯、覃、談諸韻只有一等韻字；江、佳、皆、夬、臻、刪、山、肴、耕、咸、銜諸韻只有二等韻字；鍾、支、脂、之、微、魚、虞、祭、廢、真、諄、文、殷、元、仙、宵、陽、清、尤、侵、鹽、嚴、凡諸韻，只有三等韻字；齊、先、蕭、青、幽、添等韻，只有四等韻字。此外一韻而含一、三等字者有東、戈諸韻，含二、三等字者有痲、庚諸韻，然絕無一韻而兼具四等之字者。

五、開合之辨

至於開合之辨，據陳澧《切韻考》外篇云：

開口合口名目，古人雖無之，然甚精當。《廣韻》切語下字，分別開合甚明。如羈（「居宜」切開口），嬀（「居為」切合口）；攲（「去奇」切開口），虧（「去為」切合口）；耆（「渠脂」切開口），逵（「渠追」切合口）；宜（「魚羈」切開口），危（「魚為」切開口），下字兩兩不同，是開合以下字定之也。上字兩兩相同，是開合不以上字定之也。

如以現行之國音論之，則是以介音或主要元音之有無含「ㄨ（u）」而定。如甘「ㄍㄢ」、山「ㄕㄢ」、高「ㄍㄠ」、剛「ㄍㄤ」、庚「ㄍㄥ」、安「ㄢ」等字，其介音或主要元音因爲不含「ㄨ（u）」，故全爲開口；而威「ㄨㄟ」、灰「ㄏㄨㄟ」、觥「ㄍㄨㄥ」、官「ㄍㄨㄢ」、瓜「ㄍㄨㄚ」、歡「ㄏㄨㄢ」、爲「ㄨㄟ」等字，因其介音或主要元音含「ㄨ（u）」，故屬合口。

韻之開合既如上述，而在《廣韻》一書裡，其一韻之中單具開口或合口者謂之獨韻。獨韻之中如：江、之、咍、真、臻、殷、痕、寒、蕭、宵、肴、豪、歌、蒸、尤、侯、幽、侵、覃、談、鹽、添、咸、銜、嚴諸韻爲開口；東，冬、鍾、魚、虞、模、灰、諄、文、魂、桓、凡諸韻爲合口；而開合未分者謂之開合韻如：支、脂、微、齊、祭、泰、佳、皆、夬、元、刪、山、先、仙、戈、麻、陽、唐、庚、耕、清、青、登諸韻。何以知其爲開合未分之韻？乃依據陳澧《切韻考條例》所考證之「《廣韻》同音之字，不分兩切語」一條證之，如「支」韻「見」母三等字，「居宜」切「羈」；「居爲」切「嬀」，既同韻、同聲、同等，而又分兩切語者，此即表示該韻兼具開合。又如「齊」韻「見」母四等字，「古奚」切「雞」；「古攜」切「圭」，亦乃開合之分也（「雞」開「圭」合）又如「元」韻「疑」母三等字，「語軒」切「言」；「愚袁」切「元」，是亦開合之分也。又如「仙（先）」韻「精」母四等字，「子仙」切「煎」；又「子泉」切「鐫」，是亦開合之分也。此在《音韻闡微》及《切韻考》（見附圖四之例）皆標註甚明，且《韻鏡》四十三轉圖中，凡開合同韻者必分立兩圖，讀者據前述諸書以查，一目可知矣。

又有部分韻目，於《廣韻》之中原爲獨韻，而平水韻中卻將之併爲一韻，如《廣韻》「十五灰」合口；「十六咍」開口，平水韻則將其併於「灰」韻；又「二十五寒」開口；「二十六桓」合口，平水韻則將其併於「寒」韻，造成開合同韻，讀者如未詳查，勢必造成誤讀之情形。

至於獨韻之中，開合之辨則頗見分歧，如：「東」韻於《韻鏡》作開口，而《切韻指掌圖》則作合口；又如「寒」韻之單、彈、壇、檀、看、乾、肝、寒等字，現行國音與閩南之讀音皆作開口，而閩南之語音則作合口。故凡獨韻之開合，毋須強爲定位。蓋有於此地作開口，而於彼地作合口者；或於彼地作開口，而於此地作合口者；又有於讀音作開口，而語音作合口者；或語音作開口，而讀音作合口者。故劉鑑於《切韻指南》中辨開合不倫一章云：

諸韻切法皆有定式，唯開合一門絕無憑據，直須於開合兩處韻中較訂，始見分明。如「蒲干」切「槃」，「下沒」切「紇」，「俱萬」切「建」之類是也。

此外，自歷代以來，於開合韻中之開口與合口，其讀法頗見混淆者，如「庚」韻中之「觥、橫、諻」等合口洪音字，時下之閩南語音，皆讀成開口；又如「先」韻之「捐、涓、淵、玄、旋……」等字，原爲合口細音，時下之國音仍見保存，而閩南讀音於「捐、涓、旋」等字，轉爲合口洪音；「淵、玄」等字，則轉爲開口細音矣！近人董同龢先生於《漢語音韻學》中曾云：

廈門話（按即閩南語）沒有撮口韻（合口細音），一如客家話。可是他並不同客家話一樣，把官話的【y】都併入【i】，而是差不多把他併入【u】。

換言之，目前之閩南語即是將合口細音之字，一大部分讀成合口洪音，如：

龜、規、虧、窺、巋、逵、葵、危、追、槌、鎚、雖、綏、隨、隋、錐、吹、炊、誰、垂、麾、逶、爲、闈、維、惟、唯、羸、纍、蕤、歸、巍、非、飛、扉、緋、霏、肥、暉、揮、徽、威、葳、韋、違、圍、闈、元、原、源、黿、藩、翻、番、煩、繁、蕃、樊、蘩、萱、暄、諼、冤、鴛、鵷、宛、園、媛、鵑、圈、眷、權、拳、蜷、傳、椽、詮、痊、痊、佺、銓、筌、宣、瑄、全、泉、璿、專、顓、穿、川、船、栓、員、匡、筐、狂、王……

另一少部分則讀成開口細音如：

攜、蠵、畦、觿、鑴、玄、懸、緣、沿、鉛、眩、泫、淵、鳶、瓊、煢、兄、縈、滎、榮、蠑、嶸、扃、坰、駉……

至於「齊」韻之合口細音，如「閨、圭、睽、奎」等字，較無定式，有讀成開口，亦有讀成合口者。考諸合口細音造成音讀紊亂之原因，約有數端如：

一、昔賢於音之開合未曾詳考，造成誤讀，影響久之，演變爲積非成是。

二、韻中合口音之字較少，以致無法找出適切之反切下字，甚或只有一音者。如《廣韻》去聲「諍」韻合口唯「轟」字一音，不得已借「迸」字爲切（「迸」字爲脣音字，其開合於下節討論）又去聲「勁」韻合口亦唯「敻」字一音，不得不借用開口之「正」字爲切；又如去聲「徑」韻合口字亦唯「鎣」字一音，故只有借用開口之「定」字爲切。後之學者如未經考證，即率爾讀成開口。訛誤相師，欲求其古音之不變者幾稀矣！

三、目前本省各大詩壇，於吟唱教學時，爲求其叶韻，率將合口音如灰、回、徊、雷、堆、推、杯、培、陪、徘、裴、梅、媒、催、崔、摧、全、宣、旋、穿、川、船、泉、詮、拳、權、宏、翃等讀成開口。後之學者亦不求甚解，輾轉相師，反不知另有合口一音矣。更由於時下詞壇所舉辦之詩詞吟唱比賽，其評審者之推波助瀾，使三數年後，將無法聆聽到何者正確之讀音矣！愚意以爲開口合口，雖有介音之不同，究其韻母（主要元音）實無二致，吟唱時正不必如此。

六、開齊合撮

近代之聲韻學者，於「開、合、洪、細」之外，又有「開、齊、合、撮」之說，竺家寧於《聲韻學》一書云：

開、齊、合、撮」之名，初起於萬曆年間梅氏《字彙》中的《韻法直圖》但含混不清，是以康熙以後，論四呼者，皆以潘耒為宗……古音未有撮口呼，國語的撮口呼，是由古代的合口細音經「脣化作用」而產生。所以用近世才產生的「開、齊、合、撮」去描繪古音並不恰當……「開、合、洪、細」通常是描寫中古音之術語，「開、齊、合、撮」是描寫近代官話的用語，兩者不同……讀者宜善自明辨之。

七、脣音字之開合

原則上開合之分，乃是以切語下字爲界定，然如遇上切語下字（韻母）爲脣音字者，其開合應另行考慮。近人李榮於《切韻音系》一書云：

大體上說，開合韻中，開合之對立，限於非脣音聲母，對脣音聲母講，開合韻也是獨韻，即脣音字沒有開合之對立，拿陽韻做例子，如：

	開口	脣音	合口
幫		方：府長反	
滂		芳：敷方反	
並		房：符方反	
明		亡：武方反	
澄	長：直娘反		
溪	羌：去良反		匡：去王反
群	強：巨良反		狂：渠王反
為			王：雨方反

其中「長、羌、強」是開口沒有問題，「匡、狂、王」是合口也沒有問題。脣音字則無所

謂開合口，如果脣音字也要分開合，麻煩就多了。如「方：府長反」，長字開口，所以「方」字也是開口。「王：雨方反」，王字也是開口。匡、狂都拿「王」字作切韻下字，也是開口。單純系聯反切下字以定開合之法顯然行不通，可行之辦法是將脣音字跟別的字分開，脣音字可開可合，不分開合。所以脣音字可以拿開口字或合口字做反切下字，開口字跟合口字都可以拿脣音字做反切下字。有時反切上下字完全相同，被切字卻有開合之不同。如：

	開口	合口
宋跋本、項跋本	芥：古邁反	夬：古邁反
宋跋本	行：胡孟反	蝗：胡孟反
切三	格：古陌反	虢：古陌反
唐韻（廣韻同）	格：古伯反	虢：古伯反
廣韻	企：丘弭切	跬：丘弭切
廣韻	棧：士免切	撰：士免切

《切韻音系》將反切上下字對於開合口之關係分成下列七項：

〈一〉反切上字開口，下字開口，被切字開口。

〈二〉反切上字開口，下字合口，被切字合口。例外：騂「息營反」，營字合口，騂字開口。

〈三〉反切上字合口，下字開口，這種情形一共只有九個小韻，其中七個小韻（為、偽、位、會、縣、往、役）是合口，兩個（昬、講）是開口。

〈四〉反切上字合口，下字合口，被切字合口。

〈五〉反切上字開口，下字脣音，被切字合口。

〈六〉反切上字獨韻，下字開口，被切字開口。例外：媧、曠、荒、潢、敻、滎、泂、扃、熒、鎣十個小韻合口。

〈七〉反切上字獨韻，下字合口，被切字合口。

有人喜歡簡單而又容易記憶的說法。我們可以說，開合韻如非脣音字，只要反切上下字當中有一個是合口，就是合口字，例外者只有騂、昬、講三個小韻。

八、輕脣音

脣音字於唐時分化爲輕脣、重脣二系；而產生所謂類隔。詳細一點說明，即三等脣音字，有部分於唐時轉變爲輕脣音，即《廣韻》之「東、鍾、微、虞、廢、文、元、陽、尤、凡」諸韻及其相承之上去入聲字亦同。《經史正音切韻指南》附錄《輕脣十韻》歌訣云：

輕韻東鍾微與元，凡虞文廢亦同然；更有陽尤皆一體，不該十韻重中編。

意謂凡反切上字爲重脣音，下字屬三等之「東、鍾、微、虞、廢、文、元、陽、尤、凡」十韻，則所切之字應讀輕脣音。

等呼之辨既明，再去研究各種韻，即容易進入情況，欲知端的，容於下章繼續分解。

附圖四：《切韻考》開口合口分別排列之例

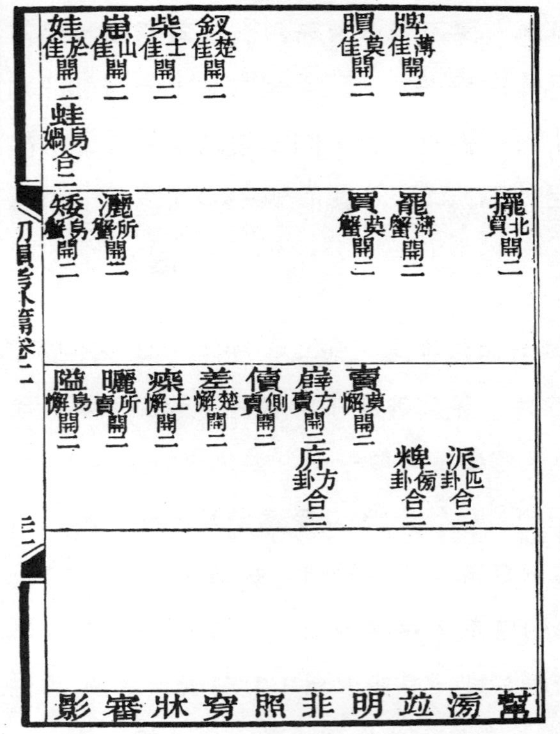

韻	來	見	溪	羣	疑	泥	知	徹	澄
佳第十三		佳 古膎 開二　媧 古蛙 合二	咼 苦緺 合二		崖 五佳 開二	親 妳佳 開二		扠 丑佳 開二	
蟹第十二		解 佳買 開二	芎 苦蟹 開二	箉 求蟹 開二		嬭 奴蟹 開二			豸 宅買 開二
卦第十五	顂 盧蓋 開一　酹 郎外 合一	懈 古隘 開二　卦 古賣 合二	[illegible] 苦賣 開二		睚 五懈 開二		膪 竹賣 開二		

韻	幫	滂	並	明	非	照	穿	牀	審	影
佳第十三			牌 薄佳 開二	膭 莫佳 開二			釵 楚佳 開二	柴 士佳 開二	崽 山佳 開二	娃 於佳 開二　蛙 烏媧 合二
蟹第十二	擺 北買 開二		罷 薄蟹 開二	買 莫蟹 開二					灑 所蟹 開二	矮 烏蟹 開二
卦第十五		派 匹卦 合二	粺 傍卦 合二	賣 莫懈 開二	[illegible] 方賣 開二　庍 方卦 合二	債 側賣 開二	差 楚懈 開二	[illegible] 士懈 開二	曬 所賣 開二	隘 烏懈 開二

第五章：韻　鏡

由於等韻圖例繁多，無法一一列舉，現僅就《韻鏡》略作闡述，讀者可以隅反。至若欲進一步研究，則可參閱以上之等韻書籍及韻圖等，或各聲韻學家之著述。

《韻鏡》之作者佚名，據推測應在晚唐五代之間成書。目前所知，最早之刊本爲南宋紹興辛巳（一一六一）由張麟之所刊。其主要作用，乃是將《廣韻》中之各韻作一歸類，分成四等，進而依四等與四聲之關係，合若干韻母以爲一轉。全書共四十三轉，然後橫列七音與清濁爲二十三行（不標字母），輕脣、舌上、正齒諸音，附於重脣、舌頭、齒頭之中。縱分四聲爲四大格，每格之中又分四等，作成圖表。將韻書中代表各音之字分別填入，使所有字音，皆能於縱橫交錯之關係中去求得。完整而忠實地保存《廣韻》一書之音韻系統。韻書中不同音切之字，在韻圖中不致混淆，亦不致遺漏。所以確爲「正韻書之失，與補韻書之不足」之最佳資料。陳師伯元於《等韻述要》云：

> 《韻鏡》一書之組成，實將韻書平、上、去、入各韻配合，合四聲四等併二百六韻以為四十三轉，後舉平以賅上、去、入。列《韻鏡》四十三轉各等字之韻目以明《韻鏡》分等歸轉及與韻書各韻之關係。

於今將《廣韻》之各韻於《韻鏡》四十三轉中之編排狀況，諸如轉次、等第等，列表於左：

轉次＼等第	一	二	三	四
第一	東	(東)①	東	(東)①
第四 ②五	◎	(支)	支	(支)
第九 第十	◎	◎	③微(廢)	◎
十三 十四	哈灰②	③皆(夬)	哈齊④(祭)	齊
十九 二十	◎	◎	欣文	◎
廿五	豪	肴	宵	蕭
廿八	戈	◎	戈	◎
卅三 卅四	◎	庚	庚	(清)
卅八	◎	(侵)	侵	(侵)
四一	◎	◎	凡	◎
第二	冬	(鍾)	鍾	(鍾)
第六 ②七	◎	(脂)	脂	(脂)
十一	◎	(魚)	魚	(魚)
十五 十六	泰	佳	◎	(祭)
廿一 廿二	◎	山	元	(仙)
廿六	◎	◎	◎	(宵)
廿九 三十	◎	麻	麻	(麻)
卅五 卅六	◎	耕	清	青
卅九	覃	咸	鹽	添
四二 四三	登	(蒸)	蒸	(蒸)
第三	◎	江	◎	◎
第八	◎	(之)	之	(之)
十二	模	(虞)	虞	(虞)
十七 十八	魂痕	臻	諄真	(諄)(真)
廿三 廿四	寒桓	刪	仙	先
廿七	歌	◎	◎	◎
卅一 卅二	唐	(陽)	陽	(陽)
卅七	侯	(尤)	尤	(尤)⑤(幽)
四十	談	銜	嚴	(鹽)

附　註

一、凡二等與四等之韻目外加（）者，表示原則上該韻該處無字，今有字者，乃受韻圖編排之影響而安插於此者。

二、一韻之字分見兩轉者，爲開合之不同。凡並列之二韻，亦表示係開合之關係而分隸兩轉。

三、去聲「祭、泰、夬、廢」四韻，無與相配之平、上、入韻，韻鏡以「祭」韻字插入十三、十四兩轉空缺處，「泰」韻插入十五、十六兩轉空缺處，「夬、廢」兩韻無處安插，只得將「廢」韻置於九、十兩轉入聲地位，「夬」韻置於十三、十四兩轉入聲地位，而註明『去聲寄此』。

四、第十三轉三等「咍、齊」兩韻僅平上聲有字，故「祭」韻得插入去聲，十四轉三等僅有「祭」韻字。

五、第三十七轉四等「尤」韻僅有齒頭及「喻」母字，餘均爲「幽」韻字。

一、《韻鏡》之檢法

《韻鏡》之檢法依其歸字例云：

★歸釋音字，一如檢禮部韻，且如得「芳弓」反，先就十陽韻求「芳」字，知屬脣音次清第三位，卻歸一東韻尋下「弓」字，便就脣音次清第三位取之，乃知為「豐」字，蓋「芳」字是同音（聲母）之定位；「弓」字是同韻之對映，歸字之訣大概如是。又如「息中反」，

「息」字係仄聲職韻，齒音第二清第四位，亦隨「中」字歸一東韻，尋齒音第二清第四位取之，即得「嵩」字，餘並準之。

★「祖紅反」歸成「騣」字，雖韻鏡中有洪無紅，檢反切之例，上下二字或取同音，不必正體。

★「慈陵」反「繒」，慈字屬齒音第一濁第四位，就「蒸」韻歸成「繒」字，而「陵」字又不相映，蓋逐韻屬單行字母者，上下聯續二位只同一音，此第四圍亦「陵」字音也（正三按：半舌音一至四等同屬來母，而三四等皆是細音，故三等音「陵」四等亦音「陵」）餘皆準此。

★「先侯」反「涑」，「先」字屬第四歸成「涑」字，又在第一，蓋逐韻齒音中間二位屬照穿牀審禪字母（按：齒音二等字，近代字母家將其歸之於莊初牀疏），上下二位屬精清從心邪字母，侯字韻列第一行，故隨本韻定音也，餘亦準此。

★「諸氏」反、「莫蟹」反、「奴罪」反、「弭盡」反之類，聲雖去音，字歸上韻，並當從禮部韻就上聲歸字（正三按：此類全濁上聲之字，國音將其讀成去聲，即所謂「濁上變去」者也，實際上乃屬上聲，詳細內容可參照下節《上聲去音字》及第三章《上去聲調之商榷》一節）

★凡歸難字，橫音即所屬音四聲內任意取一字橫轉便得之矣。今如「千竹」反「龞」也，若取「嵩」字橫呼，則知平聲次清是為「樅」字，又以「樅」字呼下入聲則知「𪓐」為「促」音。但以二「冬」韻同音處觀之可也。

另據伯元師《等韻述要》云：

韻鏡查音之法，首先應查出切語上下字屬於何圖，《韻鏡》分韻之次序與《廣韻》極為接近，唯將蒸、登二韻置於最後，略有不同而已。能知切語上下字屬於何圖之後，次一步驟則易知矣。例如《詩鄭風溱洧》：『士與女，方秉蕑兮』。釋文：『蕑：古顏反』。吾人先從《韻鏡》查出「古」字，知其屬見紐，再從第廿三圖查出「顏」字，知其在平聲第二格，然後于廿三圖見紐平聲第二格查出「姦」字，則可知「蕑」當讀同「姦」音。此古人稱為『橫推直看』。反切下字必與所求之字讀音同圖同一橫行，反切上字必與所求之字同一直行，但未必同圖，此種『橫推直看』法，古人謂之『歸字』。

歸字之結果，可能查出生僻字，例如《詩衛風•淇奧》：「赫兮咺兮」。釋文：「咺，況晚反」，吾人自《韻鏡》卅二圖查出「況」字，知其屬曉紐，再自廿二圖查出「晚」字，知其屬上聲第三格，然後于廿二圖曉母上聲第三格找出「咺」字，此字仍生僻不易識，然而同一平聲第三格有「喧」字，吾人可推「咺」字即讀「喧」字之上聲。有時亦可能所查出之字即所切之本字，例如《詩衛風氓》：「士貳其行」。釋文「行，下孟反」，吾人自《韻鏡》廿九圖查出「下」字，知其屬匣紐，再自卅三圖查出「孟」字，知其在去聲第二格，然後在卅三圖匣母去聲第二格查出「行」字，此亦非白費工夫，因為同一直行上聲第二格「杏」字，則「行」讀成「杏」字之去聲即可。古人反切用字並不一致，有時不同反切亦可切出相同之讀音，例如《詩邶風日月》：「乃如之人兮，逝不相好」。釋文「好，呼報反」，吾人從《韻鏡》十二圖查出「呼」字，知其屬曉紐，再自廿五圖查出「報」字，知其在去聲之第一格，然後在曉母去聲第一格查出「耗」字，不僅「呼報反」可查出「耗」字，即《廣韻》「呼到切」，《集韻》「虛到切」，亦皆可查出「耗」字之音。此種歸字法看似極笨，卻極可靠，故邵光祖謂之『萬不一失』。

韻鏡所據者為守溫三十六字母，但其書不標字母，僅橫列脣音四行，舌音四行，牙音四行，齒音五行，喉音四行及舌齒音二行，共二十三行。每音之中，又細分清、次清、濁、清濁等類，其分四聲與字母之關係，可參考《韻鏡》第五頁。

由於書籍之流傳既久，歷經抄寫及翻刻，難免產生訛誤之情形，且該書中土自宋以來即亡佚，至清末黎庶昌出使日本，始與楊守敬重行購得，久留異域之結果，造成訛誤益甚，故近人龍宇純氏即曾重新校注出版（藝文書局）讀者可以參閱。

二、上聲去音字

《韻鏡》一書，於《上聲去音字》一條中云：

凡以平側（仄）呼字至上聲多相犯，如「東、同」皆繼以董聲；「刀、陶」皆繼以禱聲之類，古人制韻，間取去聲字參入上聲者，正欲使其清濁有所辨耳！如一董韻有「動」字；三十皓韻有「道」字之類矣。或者不知，徒泥韻策，分為四聲，至上聲多例作第二側讀之，此殊不知變也，若果為然，則以「士」為「史」、以「上」為「賞」、以「道」為「禱」、以父母之「父」為「甫」可乎？今逐韻上聲濁位並當呼為去聲，觀者熟思，乃知古人制韻端有深旨。

此蓋因作者於濁上之聲不能辨別之故，考上聲清濁之混，由來已久，馬宗霍於《音韻學通論》一書云：

邵子《皇極經世》以濁上列入清母，劉鑑《切韻指南》謂濁上當讀如去，是宋元時濁上之聲已鮮能發，蓋清濁之辨，平聲最易，各地皆能。上、去、入則或能辨，或不能辨，大抵長江流域，差能發七聲。黃河流域，僅能發五聲。故周德清中原音韻，以入聲派入平、上、去三聲，謂陰陽字平聲有之，上、去俱無，上、去各只一聲，乃若八聲能全發者，更不一二見也。而江永於聲之清濁，辨之特詳。謂上聲逢最濁位，有轉音方音似去而非去者，如呼動似凍，呼簿似布，呼弟似帝，呼舅似究之類，或以去聲讀之則謬矣。勞乃宣則曰：「今南方之音，於去、入之清濁，大率能辨，而濁上非混入去聲，即讀做清上，惟湖洲獨有濁上聲，如短為清上，斷為濁上；鍛為清去，段為濁去；補為清上，簿為濁上；布為清去，步為濁去之類，皆分別較然，確切不移。次則嘉興紹興，亦稍能辨之。故欲考清濁八聲之全，必參合諸方之音，乃能備也」。又云「古人清濁分於母不分於聲，清母有清母之四聲，濁母有濁母之四聲。合而言之，則平、上、去、入各有清濁，而為八聲矣」

筆者之所以再三致意，拳拳於斯者，蓋因欲導正時下之學閩南語者，因受「濁上變去」觀念及《彙音寶鑑》聲調之影響，將全濁上聲誤植於去聲位置之誤也（請參照第三章《清濁》一條）另外，歷代之聲韻學家，將三十六字母之清濁及等第等，皆編成歌訣，以便記憶，如：

三、分五音歌訣

劉鑑《經史正音切韻指南》將守溫三十六字母作成《分五音歌訣》：

見溪群疑是牙音，端透定泥舌頭音；知徹澄娘舌上音，幫滂並明重脣音；
非敷奉微輕脣音，精清從心斜齒頭；照穿牀審禪正齒，影曉匣喻是喉音；
來日半舌半齒音，後習學者自明分。

四、辨字母清濁歌

明邵光祖《切韻指掌圖檢例》中《辨字母清濁歌》：

橫篇第一是全清，第二次清總易明；第三全濁聲自穩，不清不濁四中成；
齒中第四全清取，第五從來類濁聲；唯有來日兩箇母，半商半徵濁清平。

該歌訣係以守溫之三十六字母製成表格，而將清濁之辨別方法，用歌訣方式呈現，使習者易於記憶，筆者本表則更加入目前聲韻學界通用之廣韻四十一聲類以供參考對照（見下表）

附表：守溫之三十六字母暨《廣韻》四十一聲類表

守溫三十六字母分類表

發音部位					
牙音	見	溪	群	疑	
舌頭音	端	透	定	泥	
舌上音	知	徹	澄	娘	
重脣音	幫	滂	並	明	
輕脣音	非	敷	奉	微	
齒頭音	精	清	從	心	邪
正齒音	照	穿	神	審	禪
喉音	影	曉	匣	喻	
半舌音				來	
半齒音				日	

廣韻四十一聲類表

發音部位					
牙音	見	溪	群	疑	
舌頭音	端	透	定	泥	
舌上音	知	徹	澄	娘	
重脣音	幫	滂	並	明	
輕脣音	非	敷	奉	微	
齒頭音	精	清	從	心	邪
正齒音（近舌）	莊	初	牀	疏	
正齒音（近齒）	照	穿	神	審	禪
喉音	影	曉	匣	喻	
半舌音				來	
半齒音				日	

註：江慎修氏謂心審屬次清，斜禪屬次濁。（正三按：以全濁上歸去之理證之，斜禪當以全濁爲是）斜母字：像、象、橡、似、祀、巳；禪母字：受、授、壽、社、紹、善、繕、樹等。

五、辨分韻等第歌

《切韻指掌圖檢例》中《辨分韻等第歌》：

見溪群疑四等連，端透定泥居兩邊；知徹澄娘中心納，幫滂四等亦俱全；

更有非敷三等數，中間照審義幽玄；精清兩頭為真的，影曉雙飛亦四全；

來居四等都收後，日應三上是根源。

由於《廣韻》中各聲類與各韻部在等韻圖中並非四等具足，本歌訣即是揭出各聲類（字母）在四等中所居位置（如左表）

部位／等第	牙音				舌音				脣音				齒音					喉音				半舌	半齒
一	見	溪	○	疑	端	透	定	泥	幫	滂	並	明	精	清	從	心	○	影	曉	匣	○	來	○
二	見	溪	○	疑	知	徹	澄	娘	幫	滂	並	明	莊	初	牀	疏	○	影	曉	匣	○	來	○
三	見	溪	群	疑	知	徹	澄	娘	幫 非	滂 敷	並 奉	明 微	照	穿	神	審	禪	影	曉	○	爲	來	日
四	見	溪	群	疑	端	透	定	泥	幫	滂	並	明	精	清	從	心	邪	影	曉	匣	喻	來	○

註一：陳新雄教授謂「群」母唯三等字。

註二：脣音三等字除「東、冬、微、虞、廢、文、元、陽、尤、凡」十韻及其相承之上、去、入聲讀輕脣外，餘皆讀重脣。

註三：現行國音雖有舌頭「端、透、定、泥」舌上「知、徹、澄、娘」之分，閩南漢語之讀音、一仍讀成舌頭音。

註四：閩南語之讀音於「莊系」與「照系」之讀音，仍讀同「精系」，唯三等「神」母例外。

第六章：平水韻平聲三十韻之解析

對於有志修習聲韻之學者，如能兼具古典詩學之根基，大底較易於進入情況。蓋因古典詩作者，對於韻部率皆有較爲深刻之體認，尤以平水韻之平聲三十韻，可說是爛熟於胸。本章就平水韻之平聲三十韻中各韻之讀音與語音作一解析，並舉平聲以賅上、去、入，則百六韻之平水韻皆可了然於指掌矣！逐韻析列於下：

一、上平聲十五韻

一　東（洪 ong，細 iong）（洪入 ok，細入 iok）

平水韻之「一東」韻自分洪細，中古讀音讀成合口，其中一等洪音十七音；三等十六音，唯非系（輕脣音）三等讀成洪音，其餘十三音皆讀細音。

「東」韻於《韻鏡》內轉第一註「開」，是否上古音讀成開口？細考閩南之語音正作此讀。其中一等讀成開口收**【ang】**，三等細音有部分讀成收**【ieng】**，如「弓、宮、窮、雄」等。「東」韻相承之上聲爲「董」韻，去聲爲「送」韻，入聲爲「屋」收**【ok】**韻。

上聲字讀音之清濁，有異於平、去、入三聲者：平聲字之全清、次清屬第一聲，全濁、次濁屬第五聲；去聲字之全清、次清屬第三聲，全濁、次濁屬第七聲，然此二聲之調值如今已合而爲一；入聲字之全清、次清屬第四聲，全濁、次濁屬第八聲；而上聲字之全清、次清及次濁皆讀第二聲，此種變化，在各上聲韻皆同，以下不再贅述。吾人如欲自次濁上聲之字求出讀成第六聲之痕跡，可從語音中去尋找，讀者試將「蟻、耳、餌、呂、雨、五、午、怒、遠、卵、咬、老、網、藕……」等字，用閩南之語音呼之，即可見出端倪。此亦可證出大部分閩南之語音，實較讀音爲古老也。復觀目前之國音，雖無清濁異調之情形，然於次濁上聲之字，未隨全濁上聲之字讀成去聲（仍讀第三聲）即可得知。宋時邵康節在其《皇極經世書》中，亦將次濁上列入清母（按：即將第六聲讀成第二聲）故上聲字之讀音，唯有全濁讀成第六聲。時下從事閩南語之研究與教學者，將第六聲濁上之聲調置於濁去之位置（調值依舊，唯歸類錯誤）並將全濁去聲混入，造成所謂「濁上歸去」之論，遂以之認定無濁上之聲調，乃是一大訛誤，實際上，上聲仍是上聲非去聲也（詳見本書第三章《陰陽清濁與發送收》）

二　冬（洪 ong，細 iong）（洪入 ok，細入 iok）

「二冬」韻在《廣韻》爲「二冬」與「三鍾」二韻之合併，其中「二冬」韻之十音爲一等洪音收【ong】，「三鍾」韻二十四音爲合口細音，閩南讀音於「三鍾」韻讀成細音【iong】，唯輕脣數音讀成洪音，而語音有部分讀成收【ieng】者，如松、鍾、舂、胸、邕、癰、龍等。

「冬」韻之上聲爲「腫」韻（洪音字少併入「腫」韻），去聲爲「宋」韻，入聲爲「沃」韻。《音韻闡微》於「二冬」韻之切語有協用「一東」韻者，如「冬」字協用「都翁」切、「攻」字協用「姑翁」切，可證其音已不分，語音部分亦同。

三 江 韻（舒聲 ang）（入 ak）

「三江」韻全韻十七音皆二等開口洪音，國音有讀成細音者如「江、腔、降」等；有讀成合口洪音者，如「雙、窗、淙」等字，此或緣於《切韻指掌圖》及《切韻指南》二書，將之歸於合口之故。然閩南之讀音或語音皆一仍其舊，於此亦可證閩南漢語之古於現行國音。

「江」韻相承之上聲「講」爲韻，去聲爲「絳」韻，入聲爲「覺」收（【ak】）韻。

《切韻指掌圖》將「三江」韻與「七陽」韻置於同圖（第十四圖）其與北方音系較爲契合，如閡之閩南語則有未洽，又《切韻指南》「江」攝一圖，將舌音「知、徹、澄、娘」、正齒音「照、穿、牀、審、禪」喉音「影、曉、匣、喻」及舌齒音「來、日」諸母之字，歸於合口音，此與國音相契，以閩南語覈之則未也，考「江」屬獨韻，應無半開半合之情況，時下國音之呼法，或是訛變之結果。

四 支（開洪 ir，開細 i，合 ui）

平水韻之「四支」，乃合併《廣韻》之「五支、六脂、七之」三韻而成，其中「支、脂」二韻各分開合，「之」韻無合口，相承之上聲為「紙」韻，去聲為「寘」韻。

李光地、王蘭生合編之《音韻闡微》按語云：

《廣韻》《集韻》皆分「五支、六脂、七之」為三韻，而律同用，宋劉淵《禮部韻略》併為四支，《五音集韻》《韻會》《韻鑰》等書，遂按母以併其音，今詳三韻之譜，其呼法無異，等第又同，鄭樵與明世子載堉，雖細為區別，然終不能指其分韻之確據，故今亦將三韻併列之，以便按母檢字，而韻名與音切，仍分註於各音首字之下，以存其舊。

林語堂《語言學論叢》云：

「支、知、之」三韻讀音之別，前人都甚茫昧，連段玉裁分出此三部之人，也說不開交，今證廈門土話，確有分別，「支」為【ia】如『騎、寄、崎、屐、蟻』等；「脂」為【ai】如「師、獅、眉、梨、篩、私（私己）」等；「之」為【i】借此可以明白古韻所以「脂、微、齊、皆、灰」為一部，而「支、佳」為一部，及「支、歌」互相通借之現象。

張世祿《廣韻研究》引黃季剛云：

「支」之本音在「齊」韻收【ia】，當讀如「鞮」；「脂」之本音在「灰」韻，收【ui】，當

> 讀如「堆（都回切）」；（「脂」韻古皆合口，前人已多論及）「之」之本韻在「咍」收【ai】韻，當讀如「臺（徒哀切）」，陸氏《切韻》立「支、脂、之」三部，必因當時音讀有所不同，是可斷言也。

以上二說，於「支」韻大底相類，然「脂、之」二韻，則頗為歧異，唯如就閩南語證之，當以林說為是。《音韻闡微》又云：

> 邦、滂、並、明四母之字，《七音略》與《切韻指南》皆屬開口呼，《洪武正韻》以『丕、眉』入合口，然終以屬開口為是。

然而個人以為李榮於《切韻音系》一書所闡述「脣音字可開可合」之論，應是較為合理之解釋（見第四章《脣音字之開合》）

「支」韻原無一等字，宋時《切韻指掌圖》將四等精系（齒頭音）數音置於一等位置，遂與二等莊系（正齒音）數音皆讀成洪音收【ir】，如：「資、咨、姿、貲、茲、滋、孜、髭、粢、孳、耔、鎡、猜、鼒、紫、子、梓、秭、茈、呰、子、恣」（以上精四）；「雌、鄑、趑、此、泚、跐、玼、次、佽、刺、莿、朿、截」（以上清四）；「慈、磁、鶿、疵、骴、飺、瓷、自、漬、眥、字」（以上從四）；「斯、廝、澌、虒、蟴、榹、鷉、思、颸、緦、鷥、司、死、徙、璽、蓰、枲、諰、四、肆、泗、伺、駟、笥、賜」（以上心四）；「詞、辭、祠、柌、似、巳、祀、姒、耜、兕、寺、嗣、飼」（以上邪四）等。二等字有「輜、輜、菑、錙、鶅、滓、笫、胏、剚、胾」（莊系）；

「差、齹」（初系）；「茬、㦽、事、俟、涘、士、仕」（牀系）；「師、篩、獅、史、蓰、漇、釃、使、駛、灑」（疏系）

齒音二等（莊系），清時雖未另立字母，然《音韻闡微》已將其別於三等之外，蓋因洪細音之分也，至民國林景伊（尹）氏則另立「莊」系以居之。

陸法言著《切韻》時，輕重脣未判，宋時《廣韻》因之，故切語上字輕、重脣互用，以致造成所謂之「類隔反切」，至於丁度等著《集韻》爲遷就時音，已將切語上字全部改成同類（音和）矣。

本韻開口三十一音，閩南語於二等「莊系」（正齒音）三音仍未別出，「精系」實有二十八音，輕脣音讀成開口，合口則有一十九音。

五 微（開 i，合 ui）

「五微」韻於《廣韻》爲「八微」，全韻屬三等字，其中開口五音、合口十音。含三等合口音及輕脣音，皆讀成合口洪音。本韻之讀音與語音，仍頗一致，未有區分，唯「幾」字屬開口音，語音卻讀成合口。

「微」韻相承之上聲爲「尾」韻，去聲爲「未」韻。

《音韻闡微》「五微」按語云：

《廣韻》《集韻》皆「八微」，宋劉淵改為「五微」，又「微」與「支、脂、之」，唐律分為二而不相通，毛居正力言其音之相同，《切韻指南》合為一譜，《洪武正韻》合於一韻」。

正三按：「以目前閩南讀音呼之，亦已難於分辨」。

六 魚（ir）

「六魚」韻於《廣韻》爲「九魚」，全韻含二、三、四等共二十四音，《音韻闡微》歸於合口。其相承之上聲爲「語」韻，去聲爲「御」韻。該韻之語音，泉州腔讀成收【ɯ】，漳州腔則收【i】，然終以收【ir】爲是。

《音韻闡微》按語云：

「魚」與「虞」唐律分為二而不相通，《五音集韻》與《洪武正韻》俱合為一韻，《洪武正韻》又將「魚」韻二等正齒數音，及「虞」韻三等輕脣數音，歸於「模」韻（相承之上、去聲亦同）為得呼法之正。

閩南之讀音與語音則有改讀者，有未改者，其改讀者如：莊二「魚」韻「菹」（側魚切）；初二「魚」韻「初」（楚居切）；疏二「魚」韻「疏、蔬、綀」（所菹切）；莊二「語」韻「阻、俎、詛」（側呂切）；初二「語」韻「楚、礎」（創舉切）；牀二「語」韻「鉏、齟、岨」（牀呂切）；疏二「語」韻「所、糈」（疏舉切）；初二「御」韻「楚」（瘡據切）；牀二「御」韻「助、耡、璽」(牀據切);疏二「御」韻「疏」(所去切)。

七 虞(虞 u,模 oo)

平水韻之「七虞」韻乃合併《廣韻》之「十虞」與「十一模」二韻而成,其中「虞」韻含二、三、四等,共二十六音;而「模」韻唯一等字,共十九音,全韻合口。

「虞」韻相承之上聲爲「麌」韻,去聲爲「遇」韻。

《音韻闡微》按語云:

「魚」與「虞」,唐律分為二而不相通,鄭樵謂「魚」重而「虞」輕。《五音集韻》與《洪武正韻》俱合為一韻,又「虞」與「模」,律雖同用,而呼法與等第不同,其字宜分列之……《洪武正韻》以「魚、虞」併為一韻,而「模」自為一韻。

《音韻闡微》又將「魚、虞」韻內之二等正齒數音,及「虞」韻三等輕脣數音,歸於「模」韻(相承之上、去聲亦同)謂『得呼法之正』。核之閩南之讀音與語音,則有改讀者,有未改者,其改讀者如「數、藪、籔(所矩切,疏二『麌』韻)」,則讀音語音皆改;「扶」字(甫無切,奉三『虞』韻)、「無」字(武夫切,微三『虞』韻)則語音改讀,而讀音未改。

八 齊(齊開 e,合 ui)(祭開 e,合 ue)(泰開 ai,合 ue)

「八齊」韻於《廣韻》爲「十二齊」，全韻屬四等字，自分開合。開口細音十九，合口細音四。由於合口字少，常受開口音之所類化，如「閨、圭、奎、刲」等，有讀成開口細音者，相沿成習，致造成開合紊亂之情形。於語音方面，則開口音有呼成合口者，如「雞、溪、題、提、批、齊、犁、濟、洗、契、替、第、細」等是。

「齊」韻相承之上聲爲「薺」韻，去聲爲「霽」韻。

《廣韻》去聲之「祭、泰」二韻皆併於此，其呼法「祭」與「霽」韻同；而「泰」韻開口收【ai】合口收【ue】。又「泰」韻開口之語音有呼成收【ua】者，如「蓋、帶、大、賴、蔡」等，合口「外」字之語音亦收【ua】。

九　佳（開 ai，佳合 ua，皆合 uai）（怪、夬開口 ai，合口 uai）

平水韻之「九佳」乃合併《廣韻》之「十三佳、十四皆」二韻而成，全韻皆二等字，其中開口十一音收【ai】，二韻之讀法皆同；合口六音，二韻之讀法頗爲歧異，「佳」韻收【ua】如「媧、蝸、蛙」等字，此蓋因「媧、蝸、蛙」等字，於「六痳」之合口韻亦收之故；「皆」韻之合口則收【uai】如「乖、懷、淮、槐、崴」等是。

「佳」韻相承之上聲爲「蟹」韻，去聲爲「卦」韻。

《廣韻》去聲「怪」曁「夬」韻皆併於此，其呼法開口收【ai】；合口收【uai】。

語音方面，「佳、柴」等字收【a】「街、挨、解、買、蟹、界」等字收【ere】，「債、寨」等字則收【e】。

十　灰（灰 ue，咍 ai）

平水韻之「十灰」韻乃合併《廣韻》之「十五灰」與「十六咍」二韻而成，全韻皆屬一等洪音，其中「灰」韻爲合口，共十九音；「咍」韻爲開口，共十四音，兩不相紊。

「灰」韻相承之上聲爲「賄」韻，去聲爲「隊」韻。

時下之詩詞吟唱者，不知音有開合，一律以開口音吟之，乃極大之謬誤。長此以往，影響所及，將使後之學者，茫然不知有合口一音，亟宜正之。

語音方面，「開、瑰、頹、錐、推、梅、摧、催、雷、畏、腿、餒、每、磊、對、隊、碎」等常用字收【ɯi】與讀音不類：「杯、醅、培、陪、回、迴、灰、恢、倍、佩、配、廢」等字收【ue】與讀音無異。

十一真（真 in，諄 un，臻 en）（真入 it，諄入 ut，臻入 et）

平水韻之「十一真」韻乃合併《廣韻》之「十七真、十八諄、十九臻」三韻而成，其中「真」韻爲開口三、四等字，共二十五音；「諄」韻爲合口三、四等字，共十六音；「臻」韻爲開口二等字，共三音。

「真」韻相承之上聲爲「軫」韻，去聲爲「震」韻，入聲爲「質」韻。

語音方面，「真」韻之「巾、銀、垠」及「殷」韻（含相承之上去聲）之「斤、殷、慇、勤、近、隱」等字，泉音收【irn】與讀音相異；漳音則收【in】與讀音無異。

十二文（文 un，殷 in）（文入 ut，殷入 it）

平水韻之「十二文」韻乃合併《廣韻》之「二十文」與「二十一殷」二韻而成，其中「文」韻九音皆屬合口三等字，閩南語讀成合口洪音，「殷」韻五音屬三等開口細音。

「文」韻相承之上聲爲「吻」韻，去聲爲「問」韻，入聲爲「物」（收【ut】）韻。

「文」韻之語音與讀音無異。

《音韻闡微》按語云：

「文」韻之音與「真」韻撮口呼（「諄」韻）之音同，故《切韻指南》合為一譜，《洪武正韻》合為一韻」……「殷」韻於舊本《廣韻》原名二十一『殷』，註曰獨用，宋因避諱，改『殷』為『欣』，且於『文』韻下註曰同用，此宋韻非唐韻也。按唐詩『殷』多與『真』同用。如杜甫《崔氏東山草堂》詩用『芹』字；《贈王侍御》詩用『勤』與『筋』字；獨孤及《送韋明府》《答李滁州》二詩用『勤』字；陸龜蒙《和襲美懷潤卿博士》詩用『斤』字；《奉和寄懷南陽潤卿》詩用『芹』字，他如此類，不可盡數。總之『真、殷』之通，隨舉而有，『文』之通『殷』，乃不概見。如依唐人舊法，則『殷』宜與『真』同用，而『文』自為一韻也。

正三按：「一般未習過聲韻學者，將『殷』韻之異讀情況，歸之於泉音與漳音之差別，實際上仍是唐韻與宋韻之別」（相承之上、去、入聲皆同）

十三元（元開 ian、入 iat，元合 uan、入 uat，魂 un、入 ut，痕 irn、入 irt）

平水韻之「十三元」韻乃合併《廣韻》之「二十二元、二十三魂、二十四痕」三韻而成，「元」韻自具開合，開口六音收【ian】、合口八音收【uan】；「魂」韻全韻一等合口共十九音收【un】；「痕」韻全韻一等開口共五音收【irn】，開合洪細秩然不紊。

「元」韻相承之上聲爲「阮」韻，去聲爲「願」韻，入聲爲「月」韻。

語音方面，大抵與讀音無異，唯「門、飯、遠」等字收【ng】，又「痕」韻（含相承之上、去聲）之「跟、根、吞、痕、恩、墾、懇、很、艮、恨」等，因字少而受「魂」韻類化，讀成合口音收【un】，雅宜正之。

《音韻闡微》按云：

今詳「元」韻，自分齊齒、撮口二呼，其音與「寒、刪、先」為一類，而「痕」為開口呼、「魂」為合口呼，其音與「真、文」為一類，律詩乃合而用之者，以「元」與「魂、痕」三韻之字，皆收聲於舌抵顎音，原有可以同用之理，故自唐以前，凡古詩詞賦用韻，多將「真、文、元、寒、刪、先」合為一韻，則唐律用韻雖嚴，猶存古韻之遺意。由此推之，凡古韻中「歌」之通「麻」；「支、微」之通「齊、佳、灰」；「虞、魚」之通「蕭、肴、豪、尤」；「東、冬、江」之通「陽、庚、青、蒸」；「侵」之通「覃、鹽、咸」，皆因其收聲之同，有可通之理，宜悉以「元」與「魂、痕」同用之律求之也。

十四寒（寒 an，桓 uan）（寒入 at，桓入 uat）

平水韻之「十四寒」韻乃合併《廣韻》之「二十五寒」與「二十六桓」二韻而成，全韻皆爲一等字。而「寒」韻屬開口收【an】共十四音，「桓」韻屬合口收【uan】共十八音。

「寒」韻相承之上聲爲「旱」韻，去聲爲「翰」韻，入聲爲「曷」韻。

閩南之語音，於「寒」韻收【uann】如「乾、干、肝、看、單、攤、檀、壇、彈、寒、鞍、憚、旱、懶、岸、旦、炭、彈、爛、散」等；而「桓」韻之字亦收【uann】如「官、寬、端、般、潘、盤、瞞、鑾、歡、伴、碗、貫、田、段、半、判、換」等是。

十五刪（開 an、入 at；合 uan、入 uat）

平水韻之「十五刪」韻乃合併《廣韻》之「二十七刪」與「二十八山」二韻而成，全韻皆屬二等字而各具開合。

「刪」韻相承之上聲爲「潸」韻，去聲爲「諫」韻，入聲爲「黠」韻。

《音韻闡微》按語云：

> 「刪、山」二韻，其呼法無異，等第又同，《五音集韻》《洪武正韻》與《韻會》《韻鑰》諸書，俱合為一韻。

「刪」韻開口九音，合口十音，語音方面，「山、扮、醆、盞、晏」等字收【uann】歸於合口，其中脣音字「班、斑、攀、蠻、板、版、辦、慢、縵、瓣、盼、扮」等，閩南之讀音與語音皆讀成開口，入聲字「八」讀開口、而「拔」字則讀合口。

二、下平聲十五韻

一　先（開 **ian**，合 **uan**）（開入 **iat**，合入 **uat**）

平水韻之「一先」韻乃合併《廣韻》之「一先、二仙」二韻而成，其呼法與等第相同，故合爲一音。《韻鏡》二十三外轉開口及二十四外轉合口皆含「寒、刪、仙、先」諸韻。考「寒、刪」與「先、仙」之別，只在於洪細，其收聲皆爲【an】。

「先」韻唯四等字而自具開合，其合口字「涓、鵑、蠲、狷、睊、蜎（見四）」時下皆讀成合口洪音（收【uan】）；而「玄、懸、眩、泫、玹（匣四）淵、蜎、鼘、蜵（影四）」等字則讀成開口細音（收【ian】），上聲之字「畎、犬、泫、鉉、鞙」；去聲之字「駽、眩、衒、炫、泫、贙」等亦同。入聲字「血、穴」等字亦皆讀成開口細音（收【iat】），唯「決、玦、訣、抉、觖、譎、蚗、駃、鱖、鈌、芵」等字則讀成合口洪音收（【uat】）。

「仙韻」含二、三、四等，並自具開合，其合口細音之字，時下皆讀成合口洪音【uan】，唯「影四」之「娟」字、「喻四」之「緣、沿、鉛、鳶、櫞、蝝、捐」等字讀成開口細音，「澄三」之「椽」字讀成開口細音收【ian】，而同聲同等之「傳」字則讀合口洪音收【uan】。相承之上、去、入聲字大部亦收合口，唯上聲「兗、沇」，去聲「院、瑗、媛、掾、緣、援」等字讀成開口細音收【ian】，入聲「悅、閱」等字亦讀成開口細音收【iat】。

「先」韻相承之上聲爲「銑」韻，去聲爲「霰」韻，入聲爲「屑」韻。

《音韻闡微》定開口三十一音、合口二十二音，依目前之讀法，其中仍有相同者，故實際之音更少（開口知系三音、照系四音、合口莊系二音、照系四音實際上仍與他音相同，故本韻開合共只四十音）

語音部分，「先」韻之「天、年、纏、邊、篇、綿（平聲）扁（上聲）見、片、硯、燕」等字收【inn】，另「千、前、先」等字收【ieng】；「獮」韻之「船」字收【un】；「囝、件」等字收【iann】；「扇、箭」語音收【inn】；「線」語音收【uann】。入聲字「說、雪」語音收【erh】；

「熱」字語音收【uah】。

二　蕭（iau）

平水韻之「二蕭」韻乃合併《廣韻》之「三蕭、四宵」二韻而成，其呼法與等第相同，故皆合爲一音。其中「蕭」韻唯四等字，而「宵」韻含三、四等，本韻皆屬開口細音《音韻闡微》定爲二十八音，其中知系三音、照系三音實際上仍與他音相同，故本韻實只二十二音。

「蕭」韻相承之上聲爲「篠」韻，去聲爲「嘯」韻。

「蕭」韻之語音有讀成收【iou】者，如「橋、轎、挑、標、飆、薸、鏢、椒、蕉、招、燒、么、腰、搖、窯（平聲）趙、表、小（上聲）叫、釣、耀、尿、廟、醮、笑、鞘、照（去聲）」。

三　肴（au）

平水韻之「三肴」於《廣韻》作「五肴」，全韻十八音皆二等開口字。國音有讀成開口細音者如「交、敲、嘐、淆」等，然閩南語唯讀洪音。

「肴」韻相承之上聲爲「巧」韻，去聲爲「效」韻。其語音有讀成收【a】者，如「膠、鉸、茭、教、骹、脬、拋、泡、貓（平聲）絞、攪、巧、咬、飽（上聲）教、酵、校、敲、罩、豹、鮑、孝」（去聲）等。

四　豪（○）

平水韻之「四豪」，於《廣韻》作「六豪」，全韻十九音皆一等開口字。在等韻圖上，「蕭、宵、肴、豪」四韻皆置於同圖，蓋因皆同爲開口字，僅有洪細之別，且其等第皆不相紊。「豪」韻相承之上聲爲「晧」韻，去聲爲「號」韻。且其讀音與語音大抵一致。

五　歌（○）

平水韻之「五歌」韻乃合併《廣韻》之「七歌、八戈」二韻而成，其「歌」韻十四音爲開口，「戈韻」十八音爲合口，二韻皆一等字。然時下已讀成開合同音，收【o】。

《音韻闡微》按語云：

> **《廣韻》《集韻》於『歌、戈』二韻所收之字，互有出入，宜以合於韻譜者為正。**

「歌」韻相承之上聲爲「哿」韻，去聲爲「箇」韻。《韻鏡》於「歌」韻作合口，龍宇純《韻鏡校注》云：

> **合當作開，《七音略》謂重中重可證。**

戈韻開口字，見三「迦」字、溪三「佉」字、群三「茄、伽、枷」等字，據《切韻指南》乃與「遮、車」合譜而借「遮、耶」爲切。合口字群三「瘸」字、曉三「鞾」字及溪三、影三、來三諸字，《正字通》謂爲俗書，因本呼字少，姑存之以備音切。

閩南語音於「歌」系之字多呼成收【ua】如「歌、柯、阿、籮（平聲）可、我、那、蠹、大（上聲）」等。「戈」韻之字亦有收【ua】者，如「磨、簸」等是。汪榮寶《歌戈魚虞模古讀考》云：

依余研究之結果，唐宋以上，凡『歌、戈』韻之字皆讀【a】音，不讀【o】音；凡『魚、虞、模』韻之字，亦皆讀【a】音，不讀【u】音或【ü】音。

姜亮夫《中國聲韻學》云：

歌韻之字，上古原從【a】來，由【a】變為【ua】。王力云「漢代到六朝，初期韻文中常見『歌、麻』合韻之現象，那時之『歌』部和上古音差不多。上古『魚』部中的『麻』韻跟『歌』部中的『麻』韻已經合流」。『歌』韻古讀為【a】，『支』一定讀為【ia】（與『之、脂』不同），凡古齊齒呼『阿』音【ia】，到唐朝變為【i】。凡開口呼『阿』音，無論如何不能轉入『伊』音，如『可、歌、何』今日不能讀『伊』音，而『奇、倚、騎、寄』今日已讀『伊』音；『我、俄、蛾』仍讀『歌』音，而『義、儀』已讀『伊』音……『歌、戈』長【a】音，證據甚明，汪君（榮寶）所舉梵語對譯，其證一也；日本、高麗、安南及廈門所存方音仍為【a】，其證二也；『歌』部於周秦時代與『支』部在用韻上都常糾纏不清。而『支』古音為【ia】如『奇、倚、騎、蟻、寄』，則『歌』韻不得不讀為【a】其證三也；如《羔羊》篇以『皮』韻『蛇』、《東山》以『儀』

韻『何』，《君子偕老》之『珈、河、宜、何』，《破斧》篇之『錡、嘉、吪』。又書《太甲》傳：『阿：倚也』，疏謂『古人所讀阿（歌韻）倚（紙韻）同音』又宋時等韻家以『歌、麻』同攝，『歌』為一等，『麻』為二、三等，其證四也。

六　麻（開洪 a，合洪 ua，細 ia）

平水韻之「六麻」，於《廣韻》作「九麻」，自分開合與洪細，其二等開口者有十八音，合口者七音，三、四等十一音皆開口細音，合計三十六音。《音韻闡微》按語云：《廣韻》《集韻》「遮、車」等字，原與「嘉、麻」同韻，而呼法不同，《洪武正韻》將「遮、車」等字別為一韻。

「麻」韻相承之上聲爲「馬」韻，去聲爲「禡」韻。其二等開口之字，閩南之語音有讀成細音收【e】者，如「家、加、枷、牙、芽、衙、茶、鈀、叉、紗、裟、蝦、鰕（平聲）假、雅、馬、下、夏、廈、啞（上聲）架、價、嫁、爸、罵、嚇（去聲）」等。二等合口語音讀成收【ue】者，如「瓜、花」等。至於開口細音則讀音與語音尙稱一致。

華梵對照：迦【ka】、伽【ga】、呿【kha】、車【cha】、吒【ta】、多【ta】、他【tha】、陀【da】、波【pa】、摩【ma】、羅【ra】、沙【sa】、呵【ha】、揭【kia】。

七　陽（唐 ong，陽開 iong，陽合 ong；唐入 ok，陽入 iok）

平水韻之「七陽」，乃合《廣韻》之「十陽」及「十一唐」二韻而成，其中「唐韻」爲一等字，開口音十九，合口音有五，該韻形式上雖分開合，然實際讀音已難分辨。「陽」韻含二、三、四等，開口音二十九，其中齒音二等（莊系）四音「莊、瘡、牀、霜」及輕脣四音「方、芳、房、亡」，實際讀成合口洪音，合口細音（匡、狂、王）等亦同。

「陽」韻相承之上聲爲「養」韻，去聲爲「漾」韻，入聲爲「藥」韻。

「唐」韻之「康、糠、當、湯、唐、堂、唐、塘、糖、倉、榔」及「陽」韻之「裝、莊、妝、瘡、牀、霜、秧、央、光、荒、黃」等，閩南之語音收【ng】，「榜（上聲）鋼、當（去聲）」亦同。「陽」系開口細音，閩南之語音收【iunn】如「薑、羌、張、場、娘、槍、牆、箱、鑲、章、鯧、傷、香、鴦、羊、洋、量、糧、樑、粱、梁（平聲）長、丈、蔣、槳、搶、想、像、象、橡、掌、廠、賞、癢、養、兩（上聲）帳、漲、脹、仗、匠、醬、相、唱、讓（去聲）」等。

「唐」韻入聲字，其語音有收【oh】者，如「各、閣、粕、薄、箔、魄、昨、索、落」等。

八：庚（開洪 irng，開細 ieng；合洪 ong，合細 ieng；入開洪 irk，合洪 ok，入細 iek）

平水韻之「八庚」，乃合《廣韻》之「十二庚、十三耕、十四清」而成，其中「庚」韻字具二、三等；「清」韻字具三、四等；而「耕」韻但有二等字。二等開口音十九，合口音四，三、四等開口音二十，合口音七，唯閩南語皆讀成開口細音。

「庚」韻相承之上聲爲「梗」韻，去聲爲「敬」韻，入聲爲「陌」韻。「耕」韻相承之上、去、入聲韻爲「耿、諍、陌」韻；「清」韻相承之上、去、入聲韻爲「靜、勁、昔」韻。

「庚」韻閩南之語音有讀成收【inn】者，如「庚、更、阬、橕、彭、澎、棚、盲、爭、生、平、坪、枰、精、晶（平聲）井（上聲）鄭、柄、病、姓（以上去聲）」等；有讀成收【iann】者，如「京、驚、擎、檠、迎、程、精、名、正、成、城、贏、兄、營（以上平聲）丙、餅、請、影、領、嶺（上聲）命、正、聖（以上去聲）」等。

「陌」韻（「庚」韻入聲字）之語音有呼成收【eh】者，如「格、骼、隔、客、宅、伯、百、柏、白、帛、厄」等是；有呼成收【iah】者，如「摘、拆、屐、迹、赤、脊、刺、射、驛、亦、役、疫」等是。

《音韻闡微》按語云：

「庚」韻古多與「陽」同用，以字旁求之，凡「庚」韻中字，從亢、從堂、從長、從方、從旁、從亡、從倉、從當、從卬、從央、從黃、從光者，皆「陽」韻中字，其聲必與「陽」韻近；惟從平、從生者，古多與「耕、清」韻通押，其聲宜與「耕、清」近也，「耕、清」二韻中字，從巠、從丁、從寍、從冥、從青、從令者，皆「青」韻中字，其聲必與「青」相近；然亦有從登、從曾、從朋、從弘者，又「蒸」韻中字，其聲亦宜與「蒸」韻相近也。是故論收聲之理，「東、冬、江、陽、庚、青、蒸」皆收鼻音，則皆可以相通。若細分之，則「東、冬、江」為一類，「陽」為一類，「耕、清」與「青」為一類，「蒸、登」為一類，而「庚」字半入「陽」，半入「青」。論韻者或分為四韻，與古詩賦所用亦多合焉。惟唐律以「庚」與「耕、清」合為一韻，而「陽」與「青」皆獨用，則與古韻不合耳。

九青（舒聲 ieng，入 iek）

平水韻之「九青」，於《廣韻》作「十五青」，全韻具屬四等字，其中開口十四音，合口三音亦讀成開口細音。

「青」韻相承之上聲爲「迥」韻，去聲爲「徑」韻，入聲爲「錫」【iek】韻。

《音韻闡微》按語云：

「青」與「清」呼法無異，等第亦同，故《洪武正韻》合為一韻。今雖依唐律分列之，而其音實無以辨」。

「青」系之閩南語音有讀成收【inn】者，如「經、青、冥、瞑、星、醒」等。入聲「錫」韻之語音則有讀成收【iah】者，如「摘、摘、壁、錫」等字。

十蒸（蒸 ieng，登開 irng，登合 ong；蒸入 iek，登開入 irk，合入 ok）

平水韻之「十蒸」，乃合《廣韻》之「十六蒸、十七登」二韻而成，其中「登」韻唯有一等字，自具開合，開口十七音，合口五音。合口音讀如「東」韻，故《音韻闡微》於「肱」字音切協用「姑翁」切；「蒸」韻含二、三、四等，唯開口字。「登、蒸」二韻之開口音，閩南語之讀法相同。

「蒸」韻相承之上聲爲「拯」韻，去聲爲「證」韻，入聲爲「職」（【開 iek 合 ok】）韻。其讀音與語音大抵相同，少部分語音收【in】「秤、稱、賸、認（去聲）」等。入聲「德」韻之語音有收【ak】者如「北、匐、墨」等。

《音韻闡微》按語云：

> 「蒸」與「庚、青」，諸韻書分用而不相通，惟《洪武正韻》合為一韻，今不能辨。

可證「蒸」與「庚、青」諸韻，最遲於明季初期既已讀成同音。

十一尤（尤 iu，幽 iu，侯 io 或 oo）

平水韻之「十一尤」，乃合《廣韻》之「十八尤」、「十九侯」及「二十幽」三韻而成，全韻皆爲開口音。其中「侯」韻十七音爲一等字，「幽」韻爲四等字，而「尤」韻則兼二、三、四等。二等四音「鄒、搊、愁、搜」因《廣韻》借「鳩」（三等字）爲切，故時下皆讀成細音。

「尤」韻相承之上聲爲「有」韻，去聲爲「宥」韻。

「侯」韻及其相承之上去聲，有部分語音收【au】如「溝、鉤、鬮、摳、兜、偷、頭、投、骰、侯、猴、喉、甌、歐、鷗、樓（平聲）狗、垢、口、扣、叩、藕、斗、走、漏、吼、後、毆（上聲）鬥、豆、脰、奏、嗽、候、厚、黌（去聲）」；有部分語音收【oo】如「部、牡、某（上聲）茂、懋、楙、戊、貿（去聲）」。

「尤」韻之語音有部分收【u】者如「邱、區、牛、浮（平聲）久、韭、臼、舅、婦、負、阜、有（上聲）舊、富、副（去聲）」等；有部分收【au】似「侯」韻者，如「劉、流、留（平聲）九、絡（上聲）晝、臭（去聲）」等。

「謀」字《韻鏡》及《切韻指南》皆作三等字，如此則應歸「微」母，作「文浮」切方確，《音韻闡微》歸於「明」母一等，則須改成「莫侯」切。

十二侵（舒聲 im，入 ip）

平水韻之「十二侵」，於《廣韻》則爲「二十一侵」，全韻開口，具二、三、四等。其中「莊」系二等字「簪、參、岑、森」四音，因「簪」字借「吟」爲切，故皆讀成細音。就本韻論，洪細之分以國音較爲精確。

「侵」韻相承之上聲爲「寑」韻，去聲爲「沁」韻，入聲爲「緝」（收【ip】）韻。

「侵」系於《韻鏡》原作合口，然龍校本及林尹先生皆謂當作開口，《音韻闡微》亦同，考諸國音及閩南漢語皆含【i】介音，故當以開口爲是，其韻尾則收閉口鼻音。又「覃、鹽、咸」諸韻，亦皆屬開口韻之閉口鼻音，非屬合口韻，讀者雅宜辨之。

「侵」系之讀音與語音仍頗一致，未有差異。

十三覃（舒聲 am，入 ap）

平水韻之「十三覃」，乃合《廣韻》之「二十二覃」及「二十三談」而成，二韻之呼法與等第相同。全韻十六音皆屬一等開口韻之閉口鼻音。其相承之上聲爲「感」韻，去聲爲「勘」韻，全系之讀音與語音仍頗一致。入聲爲「合」韻（收【ap】）。

「合」韻之閩南語音有讀成收【ah】者，如「搭、榻、塔、蹋、踏、合、盒」等字。

十四鹽（舒聲 iam，入 iap）

平水韻之「十四鹽」，乃合併《廣韻》之「二十四鹽、二十五沾、二十六嚴」三韻而成，其中「鹽」韻含三、四等，「沾」韻唯四等字，「嚴」韻唯三等字，共二十八音，同屬齊齒之閉口鼻音，故其音已無差別。相承之上、去、入聲「琰、豔、葉」諸韻亦同。

「鹽」系之讀音與語音仍頗一致，未有差異。入聲爲「葉」【iap】韻，其二等（莊系）數音「插、磼、歃」讀成洪音收【ap】與「洽」韻無異，且「洽」韻亦收，實已無從分辨。

十五咸（咸、銜舒聲 am，入 ap，凡 uan，入 uat）

平水韻之「十五咸」，乃合併《廣韻》之「二十七咸、二十八銜」及「二十九凡」三韻而成，其中「咸、銜」二韻共十一音，屬二等開口韻之閉口鼻音，其呼法與等第相同，故讀音已無從分辨，相承之上、去、入聲「豏、陷、洽」諸韻亦同。

另「凡韻」三音為三等合口，有別於「咸、銜」二韻之開口，故宜單獨列出。又「凡韻」字之所以造成訛讀，乃因該韻字少，借「咸」為切之故。

「咸」系之讀音與語音仍頗一致，未有差異。入聲為「洽」韻（收【ap】）而「洽、狎」二韻之入聲字，據周長楫《漢字古今音表》謂「讀成收【ap】者為讀音，收【ah】者為語音，如「夾、袷、甲、胛、插、呷」等。

以上為各韻部之大略解析，讀者如欲詳細研究，可參考《音韻闡微》一書。

第七章：工具書之使用

論及目前治聲韻之工具書，主要除《切韻》《廣韻》及等韻諸書外，其他聲韻學之參考書籍如《音韻闡微》《切韻考》等，更是不可或缺。而研究閩南語者，其特有之韻書如《增補十五音》《彙音寶鑑》亦在必備之列。至於治文史者，其主要之工具書有《康熙字典》《辭海》《辭源》《中華字典》等。由於此類工具書，率皆以反切爲音注，吾人欲檢字查音，則須具備使用工具書之基本常識。本篇就《康熙字典》《辭海》《辭源》《音韻闡微》《切韻考》《彙音寶鑑》等，及詞翰家依據之平水韻書籍《詩韻全璧》逐一介紹於下，以供讀者參考。

一、《康熙字典》

詞翰家及聲韻學者之工具書，其中當以《康熙字典》爲主要之參考書，該書大底沿自明代梅膺祚之《字彙》及張自烈之《正字通》，採二一四個部首爲分類，爲現代字典編排之典範。因該書於字音之蒐羅繁富，舉凡歷代之韻書如孫愐之《唐韻》，宋陳彭年（永年）之《廣韻》，丁度（公雅）等之《集韻》，吳棫（才老）之《韻補》，毛晃之《增韻》（增修禮部韻略），黃公紹（直翁）之《韻會》，梁顧野王（希馮）之《玉篇》，金韓道昭（伯暉）之《五音集韻》，韓孝彥之《五音篇海》，遼僧行均之《龍龕手鏡》，明樂韶鳳等之《洪武正韻》，張自列（爾公）之《正字通》，梅膺祚（誕生）之《字彙》等書無不徵引，且其中一字而有數音者，如數音而同義，則數音並列，如數音而異義，則數音分列，而詳析其義，又叶音與異讀亦皆羅列。字意方面，除採《說文》《玉篇》《廣韻》《集韻》《韻會》諸書之義訓外，兼採經、史、子、集之音釋，故實爲一部蒐羅繁富之文史工具書。《康熙字典》雖博採群書，然引書則時有錯誤，王引之寫《字典考證》一書，改正原書錯誤即達二千五百多條。

現行之《康熙字典》版本有二，一爲早期之舊版，如文化圖書公司出版者即是；一爲近人高樹藩重修之啓業書局版。於此試較其優劣，舊版之《康熙字典》因古時紙張價昂，爲省篇幅，故編排頗爲繁密，閱讀極不方便，尤以高齡眼花者爲甚。而高版之好處，在於編排整齊而清晰，翻檢極爲方便，對於高齡讀者，更是一大福音。唯因直音之標注及收韻情形，謬誤之處極多，故對於治聲韻學者，或以中古音爲基礎之古典詩詞家，造成極大困擾。試舉其例如下：

一：直音標注謬誤者如：

★律：《唐韻》作「呂戌」切，其直音舊本作「嵂」爲正，高版作「綠」則誤。

★徹：《廣韻》作「直列」切，其直音舊本作「轍」爲正，高版作「折」則誤。

★心：《唐韻》作「息林」切，舊本未曾標注直音，高版作「欣」則誤。

★揭：《廣韻》作「居謁」切，其直音舊本作「訐」爲正，高版作「街」則誤。

★擎：《唐韻》作「渠京」切，其直音舊本作「鯨」爲正，高版作「情」則誤。

★擘：《唐韻》作「博厄」切，其直音舊本作「蘗」爲正，高版作「播」則誤。
★攄：《集韻》作「抽居」切，其直音舊本作「樗」爲正，高版作「舒」則誤。
★斬：《集韻》作「阻減」切，其直音舊本作「蔪」爲正，高版作「展」則誤。
★旃：《唐韻》作「諸延」切，其直音舊本作「饘」爲正，高版作「占」則誤。
★昳：《正韻》作「杜結」切，其直音舊本作「耋」爲正，高版作「蝶」則誤。
★朝：《唐韻》作「陟遙」切，其直音於舊本及高版皆作「昭」，則是兩者皆誤。
★橡：《集韻》作「似兩」切，舊本未曾標注直音，高版作「向」則誤。
★江：《唐韻》作「古雙」切，其直音舊本作「杠」爲正，高版作「姜」則誤。
★津：《集韻》作「資辛」切，其直音舊本作「蓁」爲正，高版作「今」則誤。
★澆：《集韻》作「堅堯」切，其直音舊本作「驍」爲正，高版作「焦」則誤。
★灰：《集韻》作「呼回」切，其直音舊本作「虺」爲正，高版作「揮」則誤。
★煦：《唐韻》作「香句」切，其直音舊本作「姁」爲正，高版作「序」則誤。
★筆：《廣韻》作「鄙密」切，其直音舊本作「必」爲正，高版作「比」則誤。

據以上諸例，可以看出張氏乃是將直音以目前國音之同音字標之，然而既有注音符號，而又將直音以國音字標之，實係多此一舉，甚且對翻檢者產生誤導。

二：收韻謬誤之例如：

★⿱竹迮：《集韻》作「側格」切音則，藥韻。依「反切下字與切成之字必為疊韻」之原則，應屬照二「陌」韻。而高版訛誤之處有二，其一為直音「則」字，考「則」字在精一「職」韻，與「⿱竹迮」字不合；其二為收韻部分，蓋因反切下字為「格」字屬「陌」韻，而高版之《康熙字典》則歸於「藥」韻，亦其疏失之處。

★糲：《廣韻》作「落蓋」切音賴，高版將其歸之於「曷」韻。依「反切下字與切成之字必為疊韻」之原則，應屬來一「泰」韻，此其誤也。《廣韻》另音作「力達」切，音辣，高版將其歸之於「泰」韻。依「反切下字與切成之字必為疊韻」之原則，應屬來一「曷」韻，於此亦誤也。考其究竟，宜將兩音之收韻相互對調。

★紘：《正韻》作「胡盲」切，音橫，高版收於「真」韻。考盲、橫二字皆在「庚」韻。依「反切下字與切成之字必為疊韻」之原則，「紘」字亦應屬「庚」韻，而高版歸於「真」韻，亦其疏失之處。

★緄：《集韻》作「胡昆」切，音魂，依「反切下字與切成之字必為疊韻」之原則，應屬「魂」韻。而高版則歸之於「先」韻，亦其疏失之處。

★鶱：《廣韻》作「丘乾」切，音愆，應屬「仙」韻，高版則歸於「願」韻，乃其誤也。又《五音集韻》作「怯建」切，宜在「願」韻，而高版則歸之於「銑」韻，亦其疏失之處。

★⿰高几：《篇海》作「苦弔」切音竅，宜在「嘯」韻。而高版之《康熙字典》則歸於「蕭」韻，亦其疏失之處。

★鮌：《玉篇》作「五交」切，而高版之《康熙字典》則歸於「蕭」韻音「堯」。依「反切下字與切成之字必爲疊韻」之原則，應屬「肴」韻，音聱。此其收韻與直音，亦皆訛誤也。

似此收韻訛誤情形，極其普遍，故讀者如使用高版之《康熙字典》，於此應再細究，以免爲其誤導。如能避此二病，則高版不失爲檢字查音之良好工具書。

二、《辭源》《辭海》

此外，商務印書館出版之《辭源》及中華書局出版之《辭海》，亦皆以反切爲標音之法，頗適於中古聲韻之查檢。唯所採用之反切上下字，並非根據《廣韻》《集韻》等韻書原用之反切上下字，而是依據清李光地、王蘭生等所著之《音韻闡微》之「合聲」、「今用」或「協用」等之反切上下字，與《廣韻》《集韻》等韻書微有出入，然並無礙其反切呼法之正。唯其本屬辭書，偏重於辭義之釋例，非以字爲主，故所收單字只約萬餘，不敷專門治文史者之使用，又其給與治文史者最大之困擾，乃是一字多音或多義者，其收錄稍嫌不足，試舉例如下：

★籲：據《康熙字典》引《字彙補》共收二音，其一爲「俞戍」切；音「預」（按：直音作「預」誤，應屬「喻」四「遇」韻，作「裕」爲正）其二爲「以灼」切，音藥。而《辭源》《辭海》二書，則僅收「羽遽」切音「裕」一音，至於另一音切則付闕如。

★翛：據《康熙字典》共收四音，其一爲「蘇彫」切音「蕭」；其二爲「以九」切音「酉」；其三爲「式竹」切音「叔」；其四爲「余六」切音「毓」。而《辭源》僅收「西腰」切音「宵」（按以「腰」爲切語下字，及直音「宵」字亦誤，蓋二字皆屬「宵」韻，而翛在「蕭」韻）及「以九」切音「酉」二音；而《辭海》更是只收「西腰」切音「消」一音而已。

★繐：據《康熙字典》共收三音，其一爲「胡桂」切音「慧」；其二爲「相銳」切音「歲」；其三爲「旋芮」切音「彗」。而《辭源》僅收「戶桂」切音「慧」一音；至於《辭海》亦僅收「戶桂」切音「慧」及「須銳」切音「歲」二音。

★耽：據《康熙字典》共收四音，其一爲「丁含」切音「酖」；其二爲「徒含」切音「覃」；其三爲「都感」切音「黕」；其四爲「徒感」切音「禫」。而《辭源》及《辭海》僅收「多庵」切音「酖」一音。

★軒：據《康熙字典》共收四音，其一爲「虛言」切音「掀」；其二爲「許建」切音「憲」；其三爲「居言」切音「鞬」；其四爲「呼旱」切音「罕」。而《辭源》及《辭海》僅收「希焉」切音「掀」及「喜堰」音「憲」二音。

據以上諸例，即可知二書所收之音頗嫌不足，故查音者尚應參考其他字書或韻書，方不至誤切誤讀。又如：

★必：其義據《康熙字典》於「璧吉」切音「畢」一音之中所訓，即有七義：

〈一〉《說文》：分極也，從八弋，弋亦聲。趙宧光箋：「弋猶表識也，分極猶疆界也，故從八弋」（按此爲正義，又依我國文字形成三要素以論，即爲目前閩南語「裂開」之義）

〈二〉定辭也。《詩齊風》：取妻如之何？必告父母。

〈三〉專也。揚子《太玄經》：赤石不奪，節士之必。註：石不可奪堅，丹不可奪赤，猶節士之必專也。

〈四〉期必也。《論語》子絕四，毋意，毋必。

〈五〉審也。《後漢劉陶傳》：所與交友，必也同志。

〈六〉果也。《後漢先帝紀贊》：孝宣之治，信賞必罰。

〈七〉必育：人名，燧人氏之佐也。

而據《辭源》之義訓只有四義，即

〈一〉定辭也。《詩》：必告父母。

〈二〉期必也。《論語》：毋意，毋必。

〈三〉果也。《漢書》：信賞必罰。

〈四〉組也。《周禮》：天子圭中必。謂以組約圭之中央，以備失墜也。按此義於《康熙字典》引《古今字考》作「并列」切音「鱉」，屬幫四「薛」韻。

又而據《辭海》之義訓亦唯四義，爲：

〈一〉決定辭。《論語顏淵篇》：必也使無頌乎。

〈二〉專執也。《論語子罕篇》：毋意，毋必。

〈三〉果也。《漢書宣帝紀贊》：信賞必罰。

〈四〉通縪。以組約圭也。《考工記玉人篇》：天子圭中必。

考「必」字之本義，應以《說文》：分極也，從八弋，弋亦聲，爲正義，而《辭源》、《辭海》二書已將本義漏失，唯存轉訓之義。

★亞：據《康熙字典》作「衣駕」切「鴉」去聲，其義有四：

〈一〉《說文》：醜也，象人局背之形。

〈二〉《爾雅釋詁》：次也。《蜀志》：諸葛亮管蕭之亞。

〈三〉《增韻》：少也。《廣韻》：就也。

〈四〉姻亞：婿之父曰姻，兩婿相謂曰亞。《詩小雅》：瑣鎖姻亞，則無膴仕。

而《辭源》之義訓有五：

〈一〉次也。

〈二〉兩婿相謂曰亞。《詩》：瑣鎖姻亞，則無膴仕（又作婭）

〈三〉洲名，見亞細亞條。

〈四〉古器之紋，有做亞字形者。《紹興古器評》：凡器之有亞者，皆爲廟器，蓋亞字形所以象廟器耳。

〈五〉與「壓」通。《杜甫詩》：花亞欲移竹。

考其與《康熙字典》相異之處有三：

〈一〉《說文》之本義訓爲「醜也，象人局背之形」；《增韻》訓爲「少也」；《廣韻》則訓爲「就也」，而《辭源》則未收。

〈二〉增入新詞：即「洲名，見亞細亞條」。又「古器之紋，有做亞字形者，《紹興古器評》：『凡器之有亞者，皆爲廟器，蓋亞字形所以象廟器耳』」。

〈三〉「與「壓」通。《杜甫詩》：『花亞欲移竹』」一詞，《康熙字典》歸之於「烏落切（音惡，鐸韻）一音。

而《辭海》之義訓亦有五：

〈一〉次也，見《爾雅釋言》，按「亞父、亞卿、亞聖」皆次之意。

〈二〉兩婿相謂爲亞，見《爾雅釋親》。按《釋名釋親屬》云：「兩婿相謂曰亞，言一人取姊，一人取妹，相亞次也」。

〈三〉亞細亞洲之略稱，詳亞細亞洲條。

〈四〉通壓，杜甫《上巳宴集詩》：花蕊亞枝紅。

〈五〉通惡、滹，詳亞駝條。

考其與《康熙字典》相異之處則有四：

〈一〉《說文》之本義訓爲「醜也，象人局背之形」；《增韻》訓爲「少也」；《廣韻》則訓爲「就也」。而《辭海》亦未收錄。

〈二〉增入新詞：亞細亞洲之略稱，詳亞細亞洲條。

〈三〉通壓，杜甫《上巳宴集詩》：「花蕊亞枝紅」。

〈四〉通惡、滹，詳亞駝條。按本則《康熙字典》歸之於「烏落」切（音惡，鐸韻）一音，引《史紀盧綰傳》：綰孫他人封亞谷侯。注：《漢書》作惡谷；又《語林》：宋人有獲玉印，文曰周惡夫印，劉原父曰『漢條侯印，古亞惡二字通用』。《康熙字典》又訓與滹通，滹沱。《禮禮器》：作惡池。《秦詛楚文》：作亞駝。

就上述諸例，可證出《康熙字典》著重於字音與字義之釋示，並偏向於存古，故於音之收錄較廣；而《辭源》與《辭海》，則著重於詞意之解說，並偏重於新詞之收錄，於古義、古詞之不常用者，則予與刪除。故筆者於此建議翻檢者宜交互參考，方不至發生誤讀誤訓之情事。

此外，清人李光地、王蘭生等奉敕編纂之《音韻闡微》及陳澧（蘭甫）所著之《切韻考》二書，亦爲治聲韻學者極其重要之參考書籍。於今略述於下：

三、《音韻闡微》

《音韻闡微》一書（例見附圖一）乃李光地、王蘭生等奉清康熙敕命所編纂，歷時十二年而成。其特點如下：

一：兼具《廣韻》《集韻》及《韻鏡》《切韻指南》等韻書之功能。

二：其分韻以一百六韻之平水韻為準，並標注合併《廣韻》二百六韻之情形，聲母部分則以見、溪、群、疑等三十六字母為經，於字母下兼注一、二、三、四等次，以別洪細，並將開口、合口分別歸類，頗便於查檢。

三：依據字母之清、濁與發、送、收亦可歸納出所欲翻檢之字之屬性。

四：由各韻之按語，可約略辨認出歷代音韻演變之軌跡，如七虞按語云：

《廣韻》《集韻》皆分十虞十一模，宋劉淵併為七虞，又按魚與虞，唐律分為二而不相通，鄭樵謂魚重而虞輕，《五音集韻》與《洪武正韻》具合為一韻……虞與模，律雖同用，而呼法與等第不同，其字宜分別列之。《洪武正韻》以魚、虞併為一韻，而模自為一韻，又將魚、虞內第二等正齒數音，與第三等輕脣數音，歸於模韻，為得呼法之正」。

觀乎「將魚虞內第二等正齒數音，與第三等輕脣數音，歸於模韻，爲得呼法之正」一語，即可驗證出爲何閩南語將「初、蔬、疏、阻、楚、礎、所、助」等「魚、語、御」諸韻之二等正齒音，及「□」韻之「數」字等，讀成「模」韻及相承之上去聲之緣由。

至於《音韻闡微》一書之主要瑕疵，乃在於文字間有誤植之情況，如：

★ 一東韻喻三「融」字，引《廣韻》作「以成」切，據《廣韻》原本作「以戎」切，可知《音韻闡微》「成」字乃是誤植。

★ 四支韻合口照三「錐」字，引《廣韻》作「或追」切，據《廣韻》原本作「職追」切，可知「或」字乃是誤植。

★ 六御韻疑三「去」字，引《廣韻》作「近倨」切，據《廣韻》原本雖作「近倨」切，然據張氏澤存堂版《廣韻》已校訂爲「丘倨」切，《音韻闡微》未作校正，亦其誤也。

★ 十一陌韻匣四「役」字，引《廣韻》作「營隻」切，查「營」字屬「喻」母四等之反切上字，《音韻闡微》將其歸於「匣」母四等亦屬訛誤。

★ 十六葉韻匣三「饁」字，引《廣韻》作「筠輒」切，考「筠」字屬「喻」母三等之反切上字，《音韻闡微》將其歸於「匣」母三等亦屬訛誤。

★ 十六葉韻匣四「葉」字，引《廣韻》作「與涉」切，考「與」字屬「喻」母四等之反切上字，《音韻闡微》將其歸於「匣」母四等亦屬訛誤。

似此類訛誤之情形頗多，讀者於翻檢時，宜應審慎。

附圖一：音韻闡微

八庚 舊十二庚十三耕十四清

按廣韻集韻。皆分庚耕清爲三韻而律同用。宋劉淵併爲八庚。今詳庚耕二韻。其呼法無異等第俱同。清與庚耕。等第雖異。而呼法亦有相同者。故古今韻會洪武正韻諸書多所合併。今亦將三韻之字併列之。而韻名與音切。分註於各音首字之下。

見二 庚 廣韻古行切集韻居行切今用歌亨切庚韻○廣韻更也償也集韻道也十日名也亦姓 賡 集韻續也 更 說文改也集韻歷也償也 秔 說文稻屬韻會稻不黏者或作稉俗作粳 羹 正韻五味和羹說文作鬻亦作羹 鶊 韻會鶬鶊鳥名禮記月令作倉庚 浭 廣韻水名出北平見漢書地里志 耕 廣韻集韻古莖切今用歌鎣切耕韻○說文犂也

音韻闡微 卷五 八庚 圭 二十八 四百八十三 小 文

溪二 阬 廣韻客庚切集韻邱庚切今用渴亨切庚韻○正韻墟也塹溝也陷也亦作坑 鏗 廣韻口莖切集韻邱耕切今用渴耕切耕韻○廣韻鏗鏘金石聲也或作鏳 硜 正韻硜硜小人貌硜硜猶硜硜也蓋堅確之意或作硜見韓愈詩 牼 正韻朱牼人名見孟子 誙 正韻言確莊子誙誙如也 摼 說文擣頭也揚雄羽獵賦摼象犀集韻或作掔 䁞 集韻䁞瞪視不明或作䁞 𡾰 廣韻谷名在麗山 羥 說文羊名 硍 集韻鍾病聲周禮高聲硍或作硍 疑二 娙 廣韻五莖切集韻魚莖切今用我萌切耕韻○說文長好也韓愈孟郊聯句趙燕錫媌娙 俓 廣韻急也集韻枝也 知二 丁 廣韻集韻中莖切今用知耕切耕韻○正韻伐木聲詩伐木丁丁廣韻本作朾 玎 韻會玎玲玉聲

䆸 集韻䆸宏屋響 趟 廣韻竹盲切集韻中庚切今用知亨切庚韻○韻會趟趟跳躍也韓愈孟郊聯句相殘雀豹趟 徹二 瞠 廣韻丑庚切集韻抽庚切今用敕亨切庚韻○集韻直視也莊子瞠乎後矣或作瞸盯瞠睁 樘 廣韻撥也又撐柱也說文作樘集韻或作牚樘 牚 說文距也周禮考工記弓人雜角牚之註牚正也 澄二 橙 廣韻宅耕切集韻除耕切今用池萌切耕韻○說文橘屬 朾 說文橦也 窨 說文窨窊響也 棖 廣韻直庚切集韻除庚切今用池衡切庚韻○說文杖也集韻法也一曰棖謂之楔 掁 韻會揬也觸也韓愈孟郊聯句裂腦擒撐掁或作撐彀周禮作揨 瞪 韻會視貌集韻本作盯 撐 集韻距也或作牚䟫 憕 廣韻憕悵失志

音韻闡微 卷五 八庚 圭 卌二 五百卌三 小 文

孃二 儜 廣韻女耕切集韻尼耕切今用尼萌切耕韻○廣韻困也弱也韓愈孟郊聯句何用苦拘儜 𧬕 集韻譻𧬕小聲元稹詩拾栗苦譻𧬕 獰 韻會猙獰犬毛一曰惡也韓愈孟郊聯句穴狸闖闚獰 薴 說文草亂也廣韻作薴 嬣 集韻姘嬣女劣貌 鬡 廣韻乃庚切集韻尼庚切今用尼衡切庚韻○集韻鬡鬡髮亂貌韓愈征蜀聯句怒鬡猶鬡鬡廣韻作鬤 㲰 廣韻犬多毛貌 幫二 繃 廣韻北萌切集韻悲萌切今用逋耕切耕韻○說文束也韓愈孟郊聯句箒箹自懷繃 絣 說文氏人殊縷布也韻會以繩直物曰絣 伻 正韻使也書伻來以圖及獻卜爾雅作拼亦作抨 祊 廣韻甫盲切集韻晡橫切今用逋亨切庚韻○廣韻廟門傍祭也詩祝祭于祊說文作鬃 閍 廣韻宮中門也一曰巷門爾雅閍謂之門 嗙 說文訶聲嗙喻也廣韻喝聲 傍 韻會傍傍然不得已之貌 榜 說文所以輔弓弩 䑫 集韻

四、《切韻考》

而《切韻考》一書乃清道光年間，廣東番禺人陳澧（蘭甫）所撰，陳氏於其序文中云：

澧謂切語舊法當求之陸氏《切韻》，《切韻》雖亡，而存於《廣韻》，乃取《廣韻》切語上字，系聯之為雙聲四十類，又取切語下字系聯之，每韻或一類，或二類，或三類四類，是為陸氏舊法……於是分別聲韻，編排為表，循其軌跡，順其條理，惟以考據為準，不以口耳為憑，必使信而有徵，故寧拙勿巧……雖不能復見陸氏條例之本，尚可得其體例，又為通論以暢其說，蓋治小學必識字音，識字音必習切語，故著此書，庶幾明陸氏之學，以無失孫氏之傳焉。

據此可知陳氏撰此書時，乃經審慎之考正，並予重新整理與編排，期使讀者易於了然。其內容分內篇六卷及外篇三卷，內篇卷一爲《序錄》，卷二爲《聲類考》，卷三爲《韻類考》，卷四爲《上平聲諸韻及其相承之上、去、入聲之表》，卷五爲《下平聲諸韻及其相承之上、去、入聲之表》，卷六則爲《通論》，外篇卷一爲《切語上字分併爲三十六類考》，卷二爲《二百六韻分併爲四等開合圖攝考》，卷三爲《後論》。其第二篇《聲類考》開宗明義即云：

陸氏切韻之書，存於《廣韻》之內，澧校定《廣韻》切語，粗得陸氏體例，乃總而覈之，切語上字凡四百五十二字，每字又取其系聯之，得四十聲類（民初黃季剛氏據四十聲類，又析明、微為二，得四十一聲類，為目前聲韻學家所共認定）此隋以前雙聲之區域也。孫愐曰『引字調音，各有清濁』，今人於平聲清濁皆能辨之，上、去、入聲之清濁，則多囿於方音而不能辨，切語之法，以上字定清濁，不辨清濁故不識切語。今以切語上字四十聲類，分別清聲二十一類，濁聲十九類……

卷三《韻類考》云：

《廣韻》平、上、去、入二百六韻，必陸氏之舊也，夫韻部分至二百六固已多矣，今以其切語下字考之，有一韻只一類者，有一韻而分二、三、四類者，平、上、去、入四聲相承之四韻，一韻一類，則餘三韻亦一類一韻，分二類三類四類，則餘三韻亦分二類三類四類，亦有相承而少一類者，則其切語系聯不可分故也……

綜而論之，《切韻考》最大之特點爲：

一：將平、上、去、入相承之韻合爲一表，特將每一韻中各小韻之清濁分別歸類，不使混雜。

二：橫分四十聲類，直分平上去入四大格，每一格之中，等第、開合不同者亦分別排列。

三：每一小韻，只取其代表之字，而將反切上下字附於其下（與《韻鏡》《切韻指南》等之等韻書籍略同）

近代聲韻學家董同龢於其《漢語音韻學》一書中，即依《切韻考》系聯反切之法，將《廣韻》二百零六韻，分成三二八類。正由於《切韻考》一書之開合、等第、清濁等分部秩然，故爲治聲韻學及古文詩詞之學者極爲重要之參考資料（例見附圖二一）

附圖二：切韻考圖例（一先韻）

來	韻	見	溪	羣	疑	端	知	徹	澄	孃	滂	非	敷	奉	微明	精	清	從	心
蓮 落賢 開四	仙第二	甄 居延 開三 勬 居員 合三	愆 去乾 開三 弮 丘圓 合三	乾 渠焉 開三 權 巨員 合三		[illegible] 丁全 合三	邅 張連 開三	脠 丑延 開三 猭 丑緣 合三	纏 直連 開三 椽 直攣 合三			鞭 卑連 開四	篇 芳連 開四	便 房連 開四	緜 武延 合三	煎 子仙 開四 鐫 子泉 合四	遷 七然 開四 詮 此緣 合四	錢 昨仙 開四 全 疾緣 合四	仙 相然 開四 宣 須緣 合四
	獮第二十八	蹇 九輦 開三 卷 居轉 合四	遣 去演 開三	件 其輦 開三 圈 渠篆 合四	齴 魚蹇 開三		展 知演 開三 轉 陟兗 合三	搌 丑善 開三	邅 除善 開三 篆 持兗 合三	趁 尼展 開三		辡 方免 開三 褊 方緬 合四	鴘 披免 開三	辯 符蹇 開三	免 亾辨 合三 緬 彌兗 合四	翦 卽淺 開四 臇 子兗 合四	淺 七演 開四	踐 慈演 開四 雋 徂兗 合四	獮 息淺 開四 選 息兗 合四
練 郎甸 開四	線第三十三	眷 居倦 合三 絹 吉掾 合三	譴 去戰 開三 [illegible] 區倦 合三	倦 渠卷 合三	彥 魚變 開三		䮁 陟扇 開三 囀 知戀 合三	猭 丑戀 合三	邅 持碾 開三 傳 直戀 合三	輾 女箭 開三	騗 匹戰 開三	徧 方見 開四 變 彼眷 合三		便 婢面 開四 卞 皮變 開四	面 彌箭 合四	箭 子賤 開四	縓 七絹 合四	賤 才線 開四	線 私箭 開四 選 息絹 合四
奊 練結 開四	薛第十七	孑 居列 開三 蹶 紀劣 合三	朅 丘竭 開三 缺 傾雪 合四	傑 渠列 開三	孼 魚列 開三		哲 陟列 開三 輟 陟劣 合三	屮 丑列 開三 [illegible] 丑悅 合三	轍 直列 開三	呐 女劣 開三		鷩 并列 開四	瞥 芳滅 開四	別 皮列 開三	滅 亾列 合四	蠽 姊列 開四 蕝 子悅 合四	膬 七絕 合四	絕 情雪 合四	薛 私列 開四 雪 相絕 合四

五、《詩韻全壁》

一般古典詩作者所使用之韻書，乃是以一百零六韻之平水韻爲依歸。該系列之韻書有《詩韻合璧》《增廣詩韻全璧》《詩韻集成》等。其中《詩韻合璧》與《增廣詩韻全璧》二書體例及所收之資料皆相類似，而《詩韻集成》則體例相似而資料較少，現以《增廣詩韻全璧》爲代表，略敘於下：

《增廣詩韻全璧》一書係依清聖祖所頒定之《佩文韻府》綴集而成，爲詞章家必備之書籍。書內除一百零六韻之詩韻外，並附有部首檢韻，以便讀者查檢。附錄更包含《賦學指南摘要》《賦彙錄要》《月令粹編》《詩賦類聯采新》《詩腋》《詞林典腋》等文史典故詞範及《字學正譌》《校增金壺字考》《虛字韻藪》《分韻文選題解擇要》等文字聲韻資料，實爲詞翰家不可或缺之工具書。

該書平聲韻分上平十五韻、下平十五韻，乃平聲上卷與平聲下卷之謂，以字多故分二卷也，上聲爲二十九韻，去聲三十韻，入聲十七韻。

每韻之字，以常用字在前，非常用字在後爲原則，庶方便查檢。另附詞串於每個韻字之下，有置前者，有置後者，並收前人之整句作品，以供參考（例見附圖三）

至於《廣韻》與平水韻各韻間之相互關係，請參閱附表一《廣韻與平水韻韻目對照表》

附圖三：詩韻全璧圖例

詩賦類聯采新
目錄
卷一 天文部
天地 天地球
天 日 日月
月 星 星辰
星月 天河
雲 雲日
雲霞 雲雨
雲雷 雲霓
雲霧 霰 風
風月 風雲
風雨 風雷
風霜 風露
風雪 雨
雨暘 雷
雷雨 雷電
電 霓 霜
霜露 霜雪
露 霧 雹
雪 雪月 霰
氣 晴 陰
五行 陰陽
歲時部 干支
春 元日
人日 上元
晦日 社日
春分 寒食
清明 上巳
送春 春夏
春秋 夏

類聯采新

月令粹編
卷一
歲令總
祠靈星○史記封禪書高祖詔御史令郡國縣立靈星祠常以歲月祠以牛
書板言事○漢書禮儀志冬夏至八能士書板言事封以皁囊送西陛親設
尚書
三年不窺園○漢書董仲舒傳仲舒下帷講誦弟子傳以久次相受業或莫見其面蓋三年不窺園其精如此
四時服御○漢書魏相傳高皇帝所述臣議天子所服以安治天下中謁者趙堯舉春李舜舉夏兒湯舉秋貢禹舉冬四人各職一時
春秋饗射○後漢書儒林傳劉昆教子弟每春秋饗射常備列典儀以素俎葉為俎豆桑弧蒿矢以射菟首行禮縣宰率吏屬觀之
冬布夏綠○晉書有司奏太極殿廣室施絳帳帝曰漢文集上書皁囊為帷遂令冬施青布夏施青練帷帳
讀五時令○晉書禮志漢儀太史每歲上其年曆先立春立夏大暑立秋立冬常讀五時令皇帝所服各隨五時之色帝升御座尚書以下就席位分尚書三公郎以令置案上奉以入就席伏讀訖賜酒一卮
閨門整肅○晉書何曾傳曾閨門整肅年老之後與妻相見皆正衣冠相待如賓己南面妻北面再拜上酒酬酢既畢便出一歲如此者不過再三焉

月令粹編 歲令總

詩腋目錄
帝治部
帝德 聖壽 聖慈
宸衛 詔令 法天
勤民 符瑞 政治
養老 納諫 選賢
試士 省方 勸農
賦稅 蠲賑 學校
刑罰
仕進部
簪紳 狀元 詞林
臺諫 學政 縣令
小臣 遷擢 知遇
科名 榜
德性部
德性 品行 聖賢
儒修 仁 義 信
智 忠孝 忠 孝
弟 敬 中正 公平
勤儉 廉 讓 清
方 直 恆
人倫部
君臣 君 臣 父子
父 母 子 兄弟
夫婦 婦 妾 奴僕
師弟 朋友 閨閫
婚姻
人事部
勵志 感懷 遊覽
登臨 送別 羈旅
家書 隱逸 交際
聲名 勸聽 老壽

詩腋目錄

詞林典腋目錄
卷上 天文門
天文總 天 日月
日 春日 夏日
秋日 冬日 月
新月 殘月
月桂 中秋月
星 景星 北斗 天河
雲 慶雲 雲峰
風雨 風 春風
夏風 秋風
冬風 雨 夜雨
喜雨 春雨
夏雨 秋雨
冬雨 雷 電
虹 霞 露 霜
雪 喜雪 春雪
霧 霜 煙
時令門
時令總 春 春晴
春陰 早春
惜春 游春
送春 立春
元旦 人日
上元 中和節
社日 花朝
寒食 清明
上巳 夏 初夏
殘夏 苦熱
四月八日 端午
伏日 秋 新秋

典腋目錄

詩韻卷一
上平聲
一東
東 南—俟—河—桑—海—從—丁—陳—我—三—尾—樹—槃—水—浦—廣—
原—門—易—來—井—湘—東—陵—房—先—正—汾—何—星—京—雷—
渚—湖—海—浙—漢—自—嶺—濮—朔—道—部—極—范—潤—鎮—含—征—
林—遼—維—浙—小—大—巧—江—川—籬—糖—征—西—齊—山—關—天—
[illegible]

同 異—會—苟—不—協—
[illegible]

詩韻 卷一 上平聲 一東 一

端午 伏 秋
七夕 中元
中秋 秋分
重陽 秋冬
冬 冬至 蜡
臘 歲除 閏
晝夜 寒暑
旱 潦 天干
地支 甲乙
丙丁 戊己
庚辛 壬癸
甲子 丁卯
庚寅 庚申
子午 卯酉
辰戌
卷二 地輿部 塞外州郡
地 八極
四方 東西
南北 左右
前後 山水
山 泰山
衡山 華山
恆山 嵩山
天下名山
遠外諸山
天下水道 海 水
江 江海
江河 河 淮
濟 湖
昆明池 溫泉
京都 州郡

春蚓秋蛇○晉書王羲之傳行行若縈春蚓字字如綰秋蛇
儉歲寒績○宋書劉誼傳族祖孝標書稱之曰儉歲之梁稷寒年之纖纊
白燕巢庭○陳書爲樞傳樞隱茅山有白燕雙巢庭樹春來秋去幾三十年
不蓋不袤○魏書良吏傳裴佗爲趙郡太守遷中軍將軍清白任真不事家產暑不張蓋寒不衣裘其貞儉若此
輪扇候氣○隋書後齊參軍信都芳爲輪扇二十四埋地中以測二十四氣每一氣感則一氣自動他扇並住與管灰相應若符契焉
四通月氣○隋書音樂志梁武帝素善鍾律立爲四器名之爲通每通皆施三絃一曰元英通二月青陽通三曰朱明通四曰白藏通因以通聲轉推月氣悉無差違又制爲十二笛以寫通聲於是被以八音施以七聲莫不和韻
課入農桑○隋書食貨志河清三年定令每歲春月各依鄉土早晚課入農桑自春及秋男二十五以上皆布田畝蠶桑之月婦女十五以上皆營蠶桑孟冬刺史聽審邦教之優劣定殿最之科品人有人力無牛或有牛無力者須令相便皆得納種使地無遺利人無游手焉
四時珍新○南史羊元保傳自少至老謹於祭奠四時珍新未得祠薦者口不妄嘗
十年讀書○南史沈攸之傳攸之晚好

富貴 賤 貧
辱 妓
文部
天地 天 日月 日
春日 夏日 秋日
冬日 夕陽 月
中秋月 新月 殘月
星 景星 壽星 長庚
雲 春雲 夏雲
秋雲 冬雲 風雨
風 春風 夏風
秋風 冬風 雨
黃梅雨 春雨 夏雨
秋雨 冬雨 夜雨
喜雨 雷 電 露
霜 雪 霰 霧
天河 虹 晴 陰
煙 游絲
時令部
四時 春 早春
暮春 春夜 遊春
立春 元旦 人日
上元 中和 社日
花朝 寒食 清明
上巳 夏 初夏
殘夏 夏夜 暑
四月八日 端午
夏至 秋 新秋
暮秋 秋色 秋聲
秋夜 立秋 七夕
中元 中秋 重陽
冬 初冬 暮冬

秋色 秋聲
秋夜 暮秋
七夕 中元
中秋 重陽 冬
初冬 暮冬
冬夜 苦寒
冬至 臘日
除夕 豐年
閏月
地理門
地理總 地 關隘
邊塞 市 田里
路 橋 山水
山 春山 秋山
假山 泰山
華山 衡山
恆山 嵩山 石
水 春水 秋水
海 江 河 湖
溪 澗 泉 湖
陂塘 洞 徑
瀑布 井 冰
泥 郊 池 塵
帝后門
帝王總 帝后
帝誕 聖壽
帝制 天章
儀表 皇后
太子 嬪妃
枝派 外戚
職官門
封爵總 公孫

—罪—吉—敦—已—本—伴—產—壤—願—道—屋—類—調—族—里—執—戴
—術—草—夢—穴—惡—難—嬰—科—題—登—聲—勛—胞—宮—遊—好—姓
—熙—車—居—樓—倫—總—補—畝—庾—稱—舟—條—心—儔—觀—鈞—傳
—任—飢—歸—僻—文—人—發—羣—源—袍—方—行—音—雲—根—班—情
—寅—甘—一—漚—心—逆—人—伏—生死—心曲—心伴—心郎—功蘇—心句—心帶
—僚—澤—心緩—袍—友—心者—心結—心鳥—心敘—心難—心藕—心扇—心容
—心施—心言—舍郎【昆道尚】揚雄太元經陽氣未去與物—昆無益無損故曰昆【上】
【不過】春秋楚築兔城部百里爲一言自起鐘以來不過如是無少異也【鴻雁三】博物志秋來賓一—也鳴如家燕二—也進有漸而飛有序三—也○蘇軾會于松江詩○天
製我單一樽—○又韓公康置酒見留詩○庭下黃花一笑—○又題次公惠詩○依然臭味同○又冬至興諸生飲酒詩○醉笑一歡—
銅赤—點—牝牡—漏催—物為—○—精—虎—蹄
頭—吹—首山—虎符—自然—○—鉢—殺—雀
—蠡—符—駝—盤—烏—章—山—鼓—柱—斗—鼻—鏤—臭—魚—壺—花—凝
—街—鉦—鐐—肌—雀臺—駝哭—墨斑【池中鑿井得】風俗通罷儉之父先逝儉隨母流居鄉里【鑿井得】致宮○蘇軾海市詩○但見碧海磨青—
桐古—碧—焚—翠—刺—焦—百尺—柏—變
空—修—疏—華—高—岩—一葉—鳳棲—
露井—殿集—三尺—○—木—梓—椅—館—魚—月—竹—乳—柏—陰—江
徒疏—付枯—玉池—○—井—花梨—柏山—葉翦—江鈞【嶧陽孤】尚書言嶧山之南特立之桐可以爲琴瑟○蘇軾題織錦圖詩○夜涼低月半枯—
○又泛舟詩○窗前堆梧—○又和參寥見寄詩○要傳流水入絲—
筒鉤—犀—銀—飯—
香—書—着—錢—五經—釣魚—紫荷—○—卓—魚—尺五—置書—中樂【黃潤】
詩—箭—郫—筠—遞脫—寄詩—寄魚—【比】文選蜀都賦黃潤謂中細布也
【律】通鑑劉巨容討王郢箭長尺餘內竹—注之強弩竹—于腕發兮既發谿—向後淚矢
童小—牧—狡—玉—釣—奇—黃
綵—仙—才—琴—靈—青—菱—
兒—樵—頑—六七—橫背—五尺—竹馬—問牧—○—僕—梓—冠—孩—顏
歌—書—村—謠歸—課兒—侍香—顏頹—上清—○—謠—山—童—穀—齔
—假—觿—蒙—觀—戎—心—牛—恢—牛牯—漢宗—蒙求【環翁輅】宋景文
云環翁輅皆沐浴王化歌頌太平之象也○蘇軾路分上元詩○老去反兒—
僮
短—侍—畬—羸—漁—八百—引泉—○—僕—僮本
屠—山—奚—官—溪—應門—掃花—○—作童令作—
瞳兩—轉—紺—無
青—雙—重—方—
○—朧—坂—懸鳳—【中】鏡—臏—目—匣—醫—此—暗—掌—口—箇—
—曈**箭**翠—十二—熱—射—宮—閨—迷—胸—囊—眼—意—禁—

六、《彙音寶鑑》

《彙音寶鑑》（例見附圖四）作者爲嘉義梅山沈富進先生，係閩南語專用之韻書，不但是韻書，且兼具字典之功能，故爲早期本省閩南人識字之主要工具書。然而由於所收之字文白夾雜，清濁相混、發聲、送氣不分，韻部紊亂、訓讀之字浸多，致誤導學者許多不正確之觀念，其功過尙難定論。茲將該書部分謬誤之處，列敘於下：

一、文白夾雜，且訓讀之字浸多：訓讀跟音讀不同之處，在於訓讀只取字義而不取字音。亦即忽視漢字之表音功能，要知道漢字之使用原則，須求其「形、音、義」皆能契合，方爲善之善者。訓讀法之使用，勢必無法完整表達閩南語之詞意。以【君】字韻上平聲之中，即有「縮、伸、烟」三字係屬訓讀字（「分」乃古音，此不論）如「縮」字原作「所六」切音【sok4】；又如「伸」字原作「失人」切音【sin1】；又「烟」字原作「烏前」切音【ian1】。原皆不在【君】字韻，此處將其歸爲訓讀之類，而予收入該韻，如此實無法彰顯出台灣閩南話的詞與義。因此，周長楫、洪惟仁等語言學家皆認爲訓讀法並不十分可取，只能控制使用，越少越好。

二、清濁混淆：以【君】字韻上平聲爲例：

甲、「扮」字《廣韻》作「符分」切音汾。

乙、「棼」字《廣韻》作「符分」切音汾。

丙、「蚡」字《唐韻》作「符分」切。

丁、「渾」字《唐韻》作「戶昆」切。

戊、「腀」字《集韻》作「龍春」切。

己、「捫」字《唐韻》作「謨奔」切，《韻會》作「謨昆」切。

以上數例，依聲韻學「反切以上字定清濁」之條例（見陳澧《切韻考》）宜讀濁平聲（第五聲）而沈氏未諳聲韻之學，將之歸類於第一聲（清平聲），致造成清濁淆混。另「腪」字《集韻》作「王問」切屬「問」韻，又作「委隕」切屬「軫」韻，未見平聲音讀，不知沈氏何所據而讀平聲。

三、發聲、送氣不分：「褌、昆、崑、蜫、鯤、晜、崐、琨、焜、鵾」等字《唐韻》作「古渾」切、《集韻》作「公渾」切；「裩」字《集韻》作「公渾」切同「褌」；又「奔、賁、錛、渀、犇」字《廣韻》作「博昆」切《集韻》作「逋昆」切；俱屬不送氣清音，沈氏卻將之歸於送氣之類，此乃牽就時音及受北方音系之影響。

四、韻部紊亂：就【君】字韻上平聲爲例：

甲、「腀」字《集韻》作「龍春」切、「囷、菌、峮、悃」等字《集韻》作「區倫」切、「麕、莙」字《廣韻》作「居筠」切、「肫」字《集韻》作「朱倫」切、「迍」字作

「陟倫」切、「諄」字作「章倫」切……以上皆在「真韻」。

乙、「斤」字《唐韻》作「舉欣」切、「軍、君、皸、桾」諸字《廣韻》作「舉云」切、《集韻》作「拘云」切……以上皆在「文韻」。

丙、「磨」字《廣韻》作「奴昆」切;「豶、蹟」字《集韻》作「逋昆」切;「褌、昆、崑、蜫、鯤、罤、崐、琨、焜、鵾」等字《唐韻》作「古渾」切,《集韻》作「公渾」切;「坤、髡」字《廣韻》作「苦昆」切,《集韻》作「枯昆」切;「敦、墩、擎、鐓、墪、燉、庉、飱、憞、噋、蜳、橔」等字《集韻》作「都昆」切……以上皆在「元韻」。

前述分隸數韻之字,而沈氏將其歸於「君」字同一韻類即「文」韻之情況,如用在語言之學習,或無可厚非,然與詞章家之歸韻,則扞格而難入,尤以近體詩更懸爲厲禁。

五、上去聲調不確:將全濁上聲(讀第六聲)之字置於全濁去聲之位置,而與全濁去聲相互混淆,則是一大失誤。此點或許是受聲韻學上「濁上歸去」之說所誤導,要知道聲韻學上雖有「濁上歸去」之論,原是針對「上、去、入」不分清濁之北方音系而論,且實際上也只有全濁上聲而已,於次濁上聲則仍未改讀,此在國音之「蟻、耳、餌、呂、雨、五、午……」等字之讀第三聲可證。而閩南語之「平、上、去、入」各分清濁(一稱陰陽,其實在聲韻學上,陰陽另有所指)如「動、棒、蚌、項、技、妓、痔、婢、似、士、市、祀……」等字，以國音讀之，當似去聲字，然而正統之韻書如《廣韻》《集韻》《詩韻全璧》等，一仍歸於濁上，而沈書將其歸入濁去聲位置，又將濁去聲之字併入，造成聲調之紊亂，實際上，上聲仍是上聲，非去聲也（詳第三章）就《彙音寶鑑》之書名觀之，筆者原以為係根據早期閩南語韻書，黃謙所著《彙音妙悟》而作，然就《彙音妙悟》所標之音調，上聲仍分陰上與陽上（按即清上與濁上）而陰去與陽去則合為一個聲調，稱為去聲調，與該書之體例亦有未合。

對於濁上聲調之消失與誤植，洪惟仁先生於《台灣河佬話語聲調研究》一書中所云：

臺語陽上的喪失實在是一件可惜的事，因為陽上派入陰上、陽去，甚至其他各聲中，致使反切的切語碰到下字是全濁上聲變為陽去聲的字時，很容易誤以為是去聲字而切錯音。

正確切指出其弊害，希望豪傑之士能群起而正之，則是保存正統之閩南語之莫大功勞。

附圖四：彙音寶鑑圖例

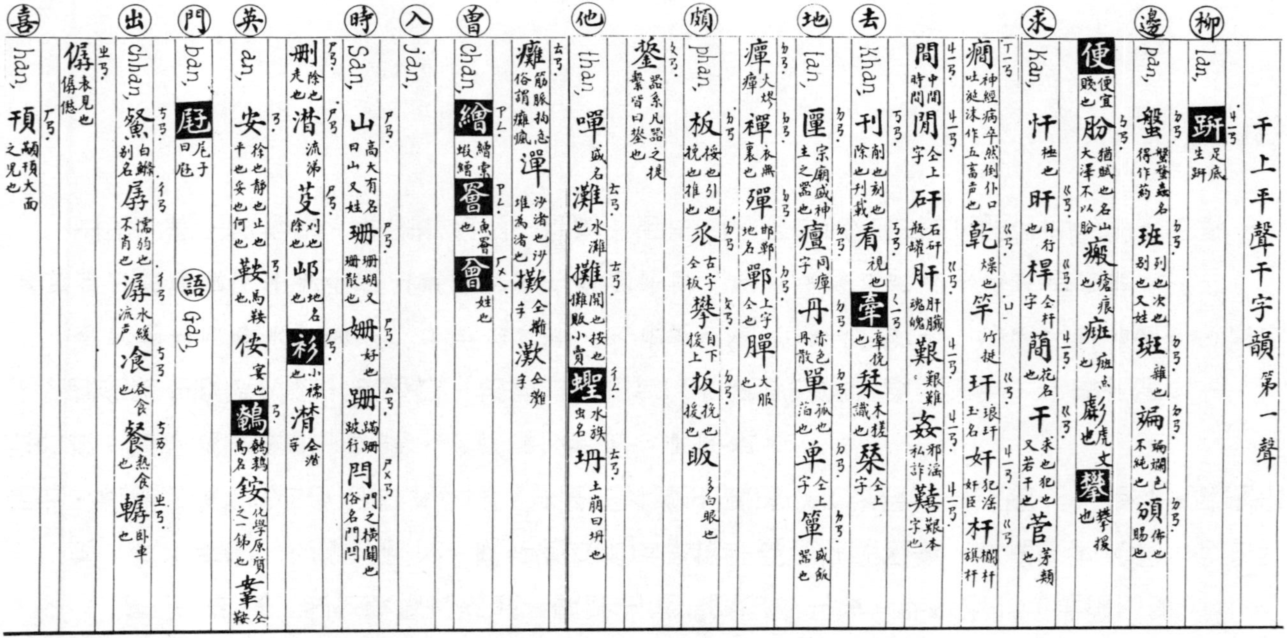

干上平聲干字韻 第一聲

柳 lan, 跰ㄐㄧㄢ˙ 足底生跰

邊 pan, 盤ㄅㄢ˙ 蟹蝥蟲名得作葯　班ㄅㄢ˙ 列也次也別也又姓　斑ㄅㄢ˙ 雜也　斒ㄅㄢ˙ 斒斕色不純也　頒ㄅㄢ˙ 佈也賜也

便 便宜賤也　盼ㄆㄢ˙ 猶賦也名山大澤不以盼　瘢ㄅㄢ˙ 瘡痕也　瘢 瘢点也　彪 虎文也　攀 攀援也

求 kan, 忓ㄍㄢ˙ 極也　肝ㄍㄢ˙ 日行也　桿ㄍㄢ˙ 仝杆字　蕑ㄐㄧㄢ˙ 花名也　干ㄍㄢ˙ 求也犯也又若干也　菅ㄍㄢ˙ 茅類也

癇ㄒㄧㄢ˙ 神經病卒然倒仆口吐涎沫作五畜声也　乾ㄍㄢ˙ 燥也　竿ㄍㄢ˙ 竹挺　玕ㄍㄢ˙ 琅玕玉名　奸ㄐㄧㄢ˙ 犯淫奸臣　杆ㄍㄢ˙ 欄杆旗杆

間ㄐㄧㄢ˙ 中間時間　閒ㄐㄧㄢ˙ 仝上字　矸ㄍㄢ˙ 石矸瓶罐　肝ㄍㄢ˙ 肝臟魂魄　艱ㄐㄧㄢ˙ 艱難　姦ㄐㄧㄢ˙ 邪淫私詐　囏ㄐㄧㄢ˙ 艱本字也

去 Khan, 刊ㄎㄢ˙ 削也刻也除也刊載　看ㄎㄢ˙ 視也　牽ㄑㄧㄢ˙ 牽挽也　栞ㄎㄢ˙ 木槎識也　栞ㄎㄢ˙ 仝上字

地 tan, 匰ㄉㄢ˙ 宗廟盛神主之器也　癉ㄉㄢ˙ 同瘅字　丹ㄉㄢ˙ 赤色丹散　單ㄉㄢ˙ 孤也諂也　单ㄉㄢ˙ 仝上字　箪ㄉㄢ˙ 盛飯器也

癉ㄉㄢ˙ 大燥癉　襌ㄉㄢ˙ 衣無裏也　鄲ㄉㄢ˙ 邯鄲地名　鄲ㄉㄢ˙ 仝上字　[illegible]ㄉㄢ˙ 大服也

頗 phan, 板ㄅㄢ˙ 樛也引也挽也推也　扳ㄅㄢ˙ 古字仝板　攀ㄆㄢ˙ 自下援上　扳ㄆㄢ˙ 挽也援也　眅ㄆㄢ˙ 多白眼也

鋬ㄆㄢ˙ 器系凡器之提鋬皆曰鋬也

他 than, 嘽ㄊㄢ˙ 盛名　灘ㄊㄢ˙ 水灘也　攤ㄊㄢ˙ 攤開也按也攤販小貢　蟶ㄔㄥ˙ 水族虫名　坍ㄊㄢ˙ 土崩曰坍也

癱ㄊㄢ˙ 筋脈拘急俗謂癱瘋　潬 沙渚也沙堆為渚也　攤 仝攤手　灘 仝灘手

曾 chan, 繒ㄗㄥ˙ 繒索蝦繒　罾ㄗㄥ˙ 魚罾也　會ㄏㄨㄟˋ 姓也

入 jian,

時 San, 山ㄕㄢ˙ 高大有名曰山又姓　珊ㄕㄢ˙ 珊瑚又珊散也　姍ㄕㄢ˙ 好也　跚ㄕㄢ˙ 蹣跚跛行　閂ㄕㄨㄢ˙ 門之橫關也俗名門閂

刪ㄕㄢ˙ 除也走也　潸ㄕㄢ˙ 流涕　芟ㄕㄢ˙ 刈也除也　邖ㄕㄢ˙ 地名也　衫 小襦也　潸 仝潸字

英 an, 安ㄢ˙ 徐也静也止也平也妥也何也　鞍ㄢ˙ 馬鞍也　侒ㄢ˙ 宴也　鵪ㄢ˙ 鵪鶉鳥名　銨 化學原質之一銨也　鞌 仝鞍

門 ban, 屘 尾子曰屘

語 Gan,

出 chhan, 鰵ㄘㄢ˙ 白鱗別名　孱ㄔㄢ˙ 懦弱也不肖也　潺ㄔㄢ˙ 水綫流声　飡ㄘㄢ˙ 吞食也　餐ㄘㄢ˙ 熱食也　轏ㄓㄢ˙ 卧車也

僝ㄓㄢ˙ 表見也僝僽

喜 han, 頇ㄏㄢ˙ 顢頇大面之兒也

匣四青韻（戶扃切）螢、滎、熒……

匣一侯韻（戶鉤切）喉……

匣一覃韻（胡男切）頷、頤……

匣一緩韻（胡管切）緩……

匣二產韻（胡簡切）限……

匣一哿韻（胡可切）荷……

匣一果韻（胡果切）禍……

匣二馬韻（胡雅切）下……

匣一厚韻（胡口切）後……

匣一感韻（胡感切）頷、頤……

匣一泰韻（黃外切）會、繪……

匣二卦韻（下快切）話……

匣一換韻（胡玩切）換……

匣一候韻（胡遘切）後……

匣二覺韻（胡覺切）學……

匣一曷韻（胡葛切）褐、曷、蝎、鶡、鞨、毼……

第八章：歷代以來之音變與訛讀暨文白異讀現象

眾所皆知，人類之語言，無時無刻不在變化之中，就閩南語來說，尚屬變化較少之一系，然而語音方面亦已產生若干變化，於今分述于下：

一、匣母字語音之音變與訛讀：

★「匣」母字語音讀成「喻」母之例：

匣一東韻（戶工切）紅、洪……

匣三東韻（廣韻作「羽弓」切集韻作「胡弓」切）雄……

匣一模韻（戶吳切）胡、湖、壺、蝴……（葫、糊、狐、瑚、餬、醐諸字仍讀匣母）

匣四齊韻（胡雞切）兮……

匣二佳韻（戶佳切）鞋……

匣一桓韻（胡官切）完、丸、垣……

匣二刪韻（互關切）鍰……

匣一歌韻（胡歌切）荷、蚵、蠔……

匣一唐韻（胡光切）黃……

附表一：《廣韻》與平水韻韻目對照表

通用	平聲 廣韻序號	廣韻	平水序號	平水韻	例字	上聲 廣韻序號	廣韻	平水序號	平水韻	例字	去聲 廣韻序號	廣韻	平水序號	平水韻	例字	入聲 廣韻序號	廣韻	平水序號	平水韻	例字	備註
通	1	東	1	東	公同弓蟲	1	董	1	董	董動桶蠓	1	送	1	送	貢洞眾仲	1	屋	1	屋	谷獨菊逐	上聲「董」韻無細音
	3 2	鍾 冬	2	冬	攻彤炵農 恭重蛩濃	2	腫	2	腫	拱奉寵勇	3 2	用 宋	2	宋	綜◎統雺 供共恐頌	3 2	燭 沃	3	沃	梏毒酷瑁 挶局曲玉	「冬」韻上聲三音附於腫
用	4	江	3	江	江幢腔瀧	3	講	3	講	港項◎棒	4	絳	3	絳	絳巷戇撞	4	覺	3	覺	覺濁確嶽	
通	7 6 5	之 脂 支	4	支	羈奇規危 飢耆龜逵 基其欺疑	6 5 4	止 旨 紙	4	紙	掎技詭跪 几跽軌揆 紀峙起擬	7 6 5	志 至 寘	4	寘	寄芰覘位 冀暨季萃 記忌亟異						「之」韻無合口音
	8	微	5	微	機旂歸巍	7	尾	5	尾	蟣顗鬼偉	8	未	5	未	既穊貴魏						
	9	魚	6	魚	居渠胥徐	8	語	6	語	舉巨去語	9	御	6	御	據遽去御						
	10 11	模 虞	7	虞	拘劬樞殊 姑吾逋蒲	10 9	姥 麌	7	麌	矩窶踽麌 睹杜苦五	11 10	暮 遇	7	遇	屨懼娶遇 顧渡庫誤						
	12	齊	8	齊	雞題圭攜	11	薺	8	薺	底弟啓睨	12	霽	8	霽	計第桂惠						
											13	祭			罽滯劌篲						
											14	泰	9	泰	蓋大儈兌						
	14 13	皆 佳	9	佳	佳鞋蝸◎ 皆諧乖懷	13 12	駭 蟹	9	蟹	解蟹枴◎ 擺駭楷騃	16 15	怪 卦	10	卦	解邂卦畫 戒械怪壞						
											17	夬			蠆寨夬話						
用	16 15	咍 灰	10	灰	瑰積恢枚 該臺猜皚	15 14	海 賄	10	賄	◎慜腿餒 改待愷乃	20 19 18	廢 代 隊	11	隊	對隊退內 概代態耐 廢吠肺刈						
通	19 18 17	臻 諄 真	11	真	巾陳繽民 均詢椿筠 臻榛莘◎	17 16	準 軫	11	軫	緊牝矧腎 蚕◎窘隕	22 21	稕 震	12	震	鎮陣趁吝 俊徇壼韻	7 6 5	櫛 術 質	4	質	吉佶率穴 卒崒出律 櫛◎剎◎	「臻」韻唯三音 「準」韻爲諄、臻上聲 剎：初栗切
	21 20	殷 文	12	文	君群芬文 斤勤欣垠	19 18	隱 吻	12	吻	粉憤忿吻 謹近隱听	24 23	焮 問	13	問	糞郡◎運 靳近焮垽	9 8	迄 物	5	物	弗掘屈物 訖◎乞屹	垽：吾靳切
	24 23 22	痕 魂 元	13	元	犍言翻袁 敦豚噴門 跟痕吞垠	22 21 20	很 混 阮	13	阮	寋鍵綣阮 袞囤閫懣 墾很◎◎	27 26 25	恨 慁 願	14	願	建健桊圈 頓鈍困嫩 艮恨硍鎧	11 10	沒 月	6	月	訐竭厥月 骨突猝沒	「魂」韻合口「痕」韻開口
	26 25	桓 寒	14	寒	干壇餐難 官團潘瞞	24 23	緩 旱	14	旱	亶但坦嬾 短斷款緩	29 28	換 翰	15	翰	幹憚看岸 貫段彖玩	13 12	末 曷	7	曷	葛達渴刺 括奪闊跋	
	28 27	山 刪	15	刪	姦潺關還 艱閑嫺湲	26 25	產 潸	15	潸	簡棧剗眼 潸◎綰撰	31 30	襉 諫	16	諫	諫棧慣患 襉莧丱幻	15 14	黠	8	黠	戛黠茁滑 鎋轄刮刖	
用	2 1	仙 先	1	先	堅田涓懸 邅纏鐫權	28 27	獮 銑	16	銑	遣件犬泫 典殄轉篆	33 32	線 霰	17	霰	見電睊眩 戰繕眷倦	17 16	薛 屑	9	屑	結蹩決穴 揭傑蹶悅	睊：古縣切
通	4 3	宵 蕭	2	蕭	澆條挑聊 驕喬超遙	30 29	小 篠	17	篠	皎窕磽了 矯肇悄眇	35 34	笑 嘯	18	嘯	叫調眺料 撟轎竅廟						
	5	肴	3	肴	包庖敲聱	31	巧	18	巧	飽鮑巧咬	36	效	19	效	教櫂撓鬧						
用	6	豪	4	豪	刀桃滔猱	32	晧	19	晧	杲稻考腦	37	號	20	號	誥導犒傲						
通	8 7	戈 歌	5	歌	歌駝佗莪 戈禾詑訛	34 33	果 哿	20	哿	哿荷可我 果墮妥裸	39 38	過 箇	21	箇	箇馱坷餓 過惰課臥						
用	9	麻	6	麻	嘉遐嗟華	35	馬	21	馬	檟夏寡社	40	禡	22	禡	駕乍借華						含開、合、洪、細
用通	11 10	唐 陽	7	陽	疆強匡王 岡昂光黃	37 36	蕩 養	22	養	襁丈枉往 黨蕩廣晃	42 41	宕 漾	23	漾	強杖誑狂 鋼宕曠潢	19 18	鐸 藥	10	藥	腳噱矍戄 各鐸郭穫	
通	14 13 12	清 耕 庚	8	庚	庚衡觥鬟 耕莖轟宏 精情傾瓊	40 39 38	靜 耿 梗	23	梗	梗杏礦永 耿幸◎◎ 井靜頃穎	45 44 43	勁 諍 映	24	敬	敬競夐詠 諍◎轟橫 勁鄭聘令	22 21 20	昔 麥 陌	11	陌	格澤虢獲 隔嘖馘畫 積籍鶪役	「庚」韻分開合
	15	青	9	青	經形扃螢	43 42 41	等 拯 迥	24	迥	頂並炯迥 拯澄庱◎ 緪◎肯倰	48 47 46	嶝 證 徑	25	徑	徑定磬甯 證稱乘孕 嶝鄧磴贈	23	錫	12	錫	激荻狊槭	螢「戶扃」切
用	17 16	登 蒸	10	蒸	兢澄蒸陵 緪騰肱弘											25 24	德 職	13	職	亟極洫域 德特國或	「等、嶝」韻無合口音
用通	20 19 18	幽 侯 尤	11	尤	鳩求邱牛 鉤投摳謀 鬮虯幽繆	46 45 44	黝 厚 有	25	有	九臼丑紐 苟厚口藕 糾◎泑◎	51 50 49	幼 候 宥	26	宥	救舊糗宥 遘豆寇耨 赳◎幼謬						
通	21	侵	12	侵	金琴欽吟	47	寑	26	寑	錦噤坅稟	52	沁	27	沁	禁噤闖賃	26	緝	14	緝	急及緝立	
	23 22	談 覃	13	覃	淦覃貪南 甘談擔藍	49 48	敢 感	27	感	感禫坎壈 敢噉菼覽	54 53	闞 勘	28	勘	紺憾勘儑 擔淡䑙濫	28 27	盍 合	15	合	閤雜搭納 蓋蹋榻納	菼：吐敢切
	26 25 24	嚴 添 鹽	14	鹽	尖潛籤鹽 兼嫌添鮎 ◎◎蚺嚴	52 51 50	儼 忝 琰	28	琰	檢儉險琰 點簟忝淰 儼◎◎◎	57 56 55	釅 㮇 豔	29	豔	占潛覘豔 店磹㮇念 劍◎欠釅	31 30 29	業 帖 葉	16	葉	接捷妾獵 喋牒愜捻 劫跲怯業	
用	29 28 27	凡 銜 咸	15	咸	緘喦嵁咸 監巖衫銜 ◎凡顩◎	55 54 53	范 檻 豏	29	豏	減豏歉臉 黤檻◎◎ ◎范釩◎	60 59 58	梵 鑑 陷	30	陷	蘸陷歉諵 鑑鑱懺◎ ◎梵汎㛯	34 33 32	乏 狎 洽	17	洽	夾洽恰囪 甲狎呷◎ 法乏◎◎	

88 11 25 林正三整理

匣一末韻（戶括切）活……

匣二麥韻（胡麥切）畫、劃……

匣一合韻（侯閤切）盒……

匣二狎韻（胡甲切）匣……

★「匣」母字之語音讀成「影」母之例：

匣一豪韻（胡刀切）號……

★「匣」母字之語音讀成「疑」母之例：

匣二肴韻（胡茅切）淆、殽、爻、崤、肴……

★「曉」母三等字讀成「影」母之例：

曉三宵韻（虛嬌切）枵……

二、喻母三等字讀成匣母之例：

喻三文韻（王分切）雲……

喻三宵韻（于嬌切）鴞（《廣韻、集韻、韻會》俱屬喻母，唯《正韻》歸入曉母）

喻三虞韻（王矩切）雨……

喻三阮韻（雲阮切）遠……

喻三問韻（王問切）暈……

喻三月韻（王伐切）越（逾也）。

（此類尚保存古音，曾運乾有「喻三古歸匣」之論）

三、齒頭四等讀成一等洪音之例：

南宋時，《切韻指掌圖》將「支、脂、之」三韻之精系四等字，改列於一等，故後世受其影響而讀成洪音。如：

精四支韻（即移切）貲、髭、訾、觜、鄑……

精四脂韻（即夷切）資、姿、咨、澬、齍、粢、齎……

精四之韻（子之切）孜、茲、滋、孳、嵫、玆、鎡、鼒、耔、仔……

清四支韻（此移切）雌……

清四脂韻（取私切）郪、趑……

從四支韻（疾移切）疵、𪗨、訾、茈、玼、骴……

從四脂韻（疾資切）茨、薋、餈、瓷、薺……

從四之韻（疾之切）慈、磁、濨、鶿、玆……

心四支韻（息移切）斯、廝、凘、澌、禠、蜤、蟴、虒、磃、榹、鼶……

心四脂韻（息夷切）私……

心四之韻（息茲切）思、司、偲、絲、緦、罳、颸、諰、禗、鷥、伺……

邪四之韻（似慈切）詞、辭、祠、柌、辤……

精四紙韻（將此切）紫、訾、呰、茈、訾、疵、跐……

精四止韻（即里切）子、仔、耔、杍、梓……

清四紙韻（雌氏切）此、佌、泚、玼、跐、胔……

心四紙韻（斯氏切）徙、璽、蓰……

心四旨韻（息姊切）死……

心四止韻（胥里切）枲、諰、葸……

邪四旨韻（徐姊切）兕……

邪四止韻（祥里切）似、巳、祀、姒、耜、汜……

精四寘韻（子智切）積……

精四至韻（資四切）恣……

清四寘韻（七賜切）刺、朿、莿、載、庛……

清四至韻（七四切）次、佽……

從四寘韻（疾智切）漬、眥、骴……

從四至韻（疾二切）自、嫉……
從四志韻（疾置切）字、孶、牸……
心四寘韻（斯義切）賜、澌……
心四至韻（息利切）四、肆、駟、泗、柶、殔、貄、蕼……
心四志韻（相吏切）思、笥、伺、司……
邪四志韻（祥吏切）嗣（本紐有部分尚未讀成洪音如「寺、飼」等）

四、正齒音「支、脂、之」三韻及相承之上去聲二等字讀成洪音之例：

★支脂之三韻二等字讀成洪音之例：

莊二之韻（側持切）菑、輜、緇、甾、鯔、椔、錙、淄、鶅……
初二支韻（楚宜切）差、齹、縒……
牀二之韻（士之切）茌……
牀二之韻（俟菑切）漦……
疏二支韻（所宜切）釃、蓰、襹……
疏二脂韻（疎夷切）師、螄、獅、篩……

★紙旨止三韻二等字讀成洪音之例：

莊二紙韻（側氏切）抴……

莊二旨韻（側己切）緇……

莊二止韻（阻史切）滓、笫、胏……

初二止韻（初紀切）剃……

牀二止韻（牀史切）俟、涘……

牀二止韻（鉏里切）士、仕、戺……

疏二紙韻（所綺切）蓰、灑、屣、釃、簁、纚、漇、攦、欐……

疏二止韻（疏士切）使、史、駛……

★寘至志三韻二等字讀成洪音之例：

莊二母志韻（側吏切）胾、剚、椔、菑、扻……

牀二志韻（鉏吏切）事……

疏二寘韻（所寄切）屣、灑、曬、釃、纚

疏二志韻（疏吏切）使、駛……

五、魚虞二韻改讀情形

《洪武正韻》以「魚、虞」併為一韻，而「模」自為一韻。又將「魚」韻二等正齒數音，及「虞」韻三等輕脣數音，歸於「模」韻（相承之上、去聲亦同）閩南之讀音與語音則有改讀者，有未改者，其改讀者如：

莊二魚韻（側魚切）菹……

初二魚韻（楚居切）初……

疏二魚韻（所葅切）疏、蔬、綀……

奉三虞韻（房無切）扶……

微三虞韻（明夫切）無……

莊二語韻（側呂切）阻、俎、詛、齟……

初二語韻（創舉切）楚、濋、礎……

牀二語韻（牀呂切）鉏、齟、岨……

疏二語韻（疏舉切）所、糈……

疏二麌韻（所矩切）數、藪、籔……

初二御韻（瘡據切）楚……

牀二御韻（牀據切）助、耡、麆……

疏二御韻（所去切）疏……

六、殷韻字之音變情形

「殷」韻之字，據清李光地於《音韻闡微》按語云：

舊本《廣韻》原名二十一『殷』，註曰獨用，宋因避諱，改『殷』為『欣』，且於『文』韻下註曰同用，此宋韻非唐韻也。按唐詩『殷』多與『真』同用。如杜甫《崔氏東山草堂》詩用『芹』字，《贈王侍御》詩用『勤』與『筋』字，獨孤及《送韋明府》《答李滁州》二詩用『勤』字，陸龜蒙《和襲美懷潤卿博士》詩用『斤』字，《奉和寄懷南陽潤卿》詩用『芹』字。他如此類，不可盡數。總之『真、殷』之通，隨舉而有，『文』之通『殷』，乃不概見。如依唐人舊法，則『殷』宜與『真』同用，而『文』自為一韻也（相承之上去入聲亦同）

時下一般未習過聲韻學者，將『殷』韻之異讀情況，歸之於泉音與漳音之異，實際上仍是唐韻與宋韻之別也。

殷韻見三（舉欣切）斤、筋、筀……

殷韻群三（巨斤切）勤、懃、芹、堇、慬、瘽、廑……

殷韻疑三（語斤切）垠、齦、听、狺、誾、鄞、沂、[illegible]、犾、圁、䖐……

殷韻曉三（許斤切）欣、炘、昕、訢、忻……

殷韻影三（於斤切）殷、慇、蒑、濦、磤……

隱韻見三（居隱切）謹、瑾、槿、巹、慬、菫……

隱韻溪三（邱謹切）赾……

隱韻群三（其謹切）近、瘽……

隱韻疑三（牛謹切）听、齗、齧……

隱韻初二（初謹切）齔、齓……

隱韻曉三（休謹切）蠔……

隱韻影三（於謹切）隱、讔、濦、癮、蘟、慇、殷、櫽、蠕……

焮韻見三（居焮切）靳、斤……

焮韻溪三（邱近切）掀……

焮韻群三（巨靳切）近……

焮韻疑三（吾靳切）垽……

焮韻曉三（香靳切）焮……

焮韻影三（於靳切）隱、櫽……

七、元韻之正讀

《廣韻》《集韻》等皆分「元、魂、痕」爲三韻，其相承之上、去、入聲（元、阮、願，魂、慁、混，痕、很、恨）諸韻亦同，宋劉淵之平水韻將其併爲十三「元」一韻。其中「痕」韻爲開口呼，相承之上、去聲（「很、恨」韻）亦同。「魂」韻爲合口呼，習者不察，將開口之「痕」韻與合口之「魂」韻混爲一讀，今特揭出以正其謬。

痕韻見一（古痕切）根、跟……

痕韻疑一（五根切）垠……

痕韻透一（吐根切）吞……

痕韻匣一（戶恩切）痕、拫、鞎……

痕韻影一（烏痕切）恩……

很韻見一（古很切）頣……

很韻溪一（康很切）墾、懇、齦、豤……

很韻匣一（胡懇切）很……

恨韻見一（古恨切）艮、茛、鞎……

很韻溪一（苦恨切）硍……

很韻疑一（五恨切）䭓……

很韻匣一（胡艮切）恨……

很韻影一（烏恨切）𢗼……

八、凡韻之正讀

平水韻中下平聲十五「咸」韻，乃是《廣韻》「咸、銜、凡」三韻之合併（相承之「上、去、入」聲亦同）其中「咸、銜」二韻為開口韻，而「凡」韻則為合口韻，由於該韻及其相承之上、去、入聲字少，故有借開口之字為切者，如「凡、帆、颿、氾、杋」等字作「符咸切」（借用開口之「咸」韻字為切）又「芟」字作「亡劍」切等。致習者不察造成誤讀，今特揭出，以正其音讀。如：

凡韻溪三（邱凡切）𦬟……

凡韻敷三（敷凡切）芝……

凡韻奉三（符咸切）凡、帆、颿、氾、杋……

范韻非三（府犯切）腇……

范韻敷三（峰范切）釩……

范韻奉三（防錽切）范、犯、範、軓、笵……

范韻微三（亡范切）錽……

范韻匣三（胡范切）槏……

梵韻敷三（孚梵切）汎：氾：泛：梵：帆：颿……

梵韻微三（亡泛切）菱（按「菱」字原作「亡劍切」，今據王一、全王作「妄泛」切改）

九、發送收訛讀之例：

★發聲讀成送氣之例

此類字讀成送氣之情況與國音同，諒爲相互影響之故，唯不知孰先孰後，如：

見一模韻（古胡切）箍……

見一魂韻（古渾切）昆、晜、崑、琨、鯤、錕……

見一歌韻（古俄切）柯……

幫一戈韻（博禾切）波……

幫一姥韻（博古切）譜、圃（音同補）……

見三至韻（俱位切）愧、媿、餽……

見一沃韻（古沃切）梏、鵠……

幫一鐸韻（補各切）博……

★發聲之濁，讀成送氣濁聲

邵堯夫、方以智、江永、陳澧、潘耒、章太炎等聲韻學家，於全濁之聲，究應讀成「發聲」

或「送氣」？皆各有主張，莫衷一是，章太炎曰：

發聲之濁，除「喻」母外，舊皆以為有音無字，唯李光地《等韻辨疑》於「群」下注曰：北方為「溪」濁聲，南方為「見」濁聲，「定、澄、並、從、牀」諸字準此……李氏分注南北之音，自云觀歷代韻書，多從南音，所以知者，以上、去、入三聲　之可見也。則知李氏實有所據，亦非漫出己意者……自來言字母者，皆以「群」為「溪」之濁……蓋「群、定」等字，揚氣呼之為「溪、透」之濁，抑氣呼之為「見、端」之濁，今北音多揚，南音多抑，又北音平、去亦有抑揚之異，如呼「群」皆揚如「溪」之濁，呼「郡」則抑如「見」矣；呼「亭」皆揚如「透」之濁，呼「定」則抑如「端」矣。同此一母，而平、去異貫，則知曩日作字母者，本以「群」承「見、溪」；「定」承「端、透」，非謂「群」專為「溪」之濁，「定」專為「透」之濁也。

馬宗霍承其主張，別製一圖（參閱第三章《陰陽清濁與發送收》及其附表二），以證明之，試以閩南語證之正合符契。例：

並一東韻（薄紅切）蓬、篷、芃、髼……

澄三東韻（直紅切）蟲、种、沖、盅……

群三鍾韻（渠容切）蛩、邛、笻、筇……

澄三之韻（直之切）持……

並三支韻（蒲糜切）皮、疲……

並三脂韻（貧夷切）邳……

並四支韻（符支切）脾、埤、陴、蜱、紕……

並四脂韻（房脂切）琵、毗、枇、膍、貔……

定四齊韻（杜奚切）提、啼、緹、稊、荑、禔、綈……

並一魂韻（蒲奔切）盆、湓、葐……

定一桓韻（度官切）團、摶、漙、槫、鷒……

並一桓韻（薄官切）盤、磐、蹣、蟠、槃、鞶、蹣、縏、媻……

牀二山韻（士山切）潺、孱……

澄三仙韻（直攣切）傳、椽……

群三仙韻（渠焉切）虔、乾、犍、鰬……

並四宵韻（符霄切）瓢、薸、剽……

定一豪韻（徒刀切）桃、陶、萄、淘、洮……

澄二麻韻（宅加切）茶……

牀二陽韻（士莊切）牀……

從四陽韻（在良切）牆、戕、嬙、薔、蘠、廧……

並二庚韻（薄庚切）彭、澎、膨、輣、憉……

並二耕韻（薄萌切）棚……

牀二庚韻（助庚切）傖……

澄三清韻（直貞切）呈、程、酲、珵、脭……

並三庚韻（符兵切）評、坪、枰、萍、泙、苹……

群四清韻（渠營切）瓊、煢、惸、藑、瞏……

定一登韻（徒登切）騰、藤、籐、螣、縢、驣、滕……

定四青韻（特定切）停、渟、婷、莛、楟、霆……

定一侯韻（度侯切）頭、褕、緰……

群四幽韻（渠幽切）虯、璆……

牀二尤韻（鋤尤切）愁……

群三侵韻（渠金切）琴、禽、擒、芩、黔、庈、檎……

定一覃韻（徒含切）覃、潭、曇、罈、橝、鐔……

從一覃韻（昨含切）蠶、慚……

群三鹽韻（巨淹切）箝、鈐、黔、鉗、拑……

牀二咸韻（士咸切）讒、巉、鑱、獑、纔、饞、儳、劖、鑱、瀺……

澄三獮合（持兖切）篆、瑑……

群三琰韻（巨險切）儉、芡……

★發聲讀成收聲之例（全清讀成全濁）

影三魚韻（央居切）於……

幫四齊韻（邊兮切）篦、梐……

精四齊韻（祖稽切）擠……

心四諄韻（相倫切）洵、荀、詢、峋、珣、栒、郇……

★送氣讀成發聲之例：

滂四真韻（匹賓切）繽、驞、砏……

清四諄韻（七倫切）竣、悛、踆、捘……

透一魂韻（他昆切）暾、涒、燉……

清四先韻（此緣切）詮、銓、痊、筌、荃、銓、輇、佺、恮、跧……

徹三清韻（丑貞切）偵、檉、赬、蟶、浾、虰……

溪三屋韻（驅匊切）麴……

★收聲讀成發聲之例：

奉三文韻（符分切）枌、汾……

從四真韻（匠鄰切）蓁……

從四先韻（昨先切）媥……

牀二耕韻（士耕切）崢……

此類發聲之濁，之所以讀成送氣之濁者，目前已積非成是矣！

十、習慣上造成誤讀之例：

徹三之韻（丑之切）癡、痴……

溪三魚韻（去魚切）墟、祛、袪……

照三真韻（側鄰切）禛、稹、眕……

精四真韻（將鄰切）津、璡……

影二耕韻（烏宏切）泓（讀成匣母）

知三清韻（陟盈切）貞、禎、楨、湞……

澄三虞韻（直主切）柱、跓（閩南語讀成照母，或許是受國音之影響）

明四薺韻（莫禮切）米（「米」字俗讀收「支」韻）

從四獮韻（慈演切）踐、餞……

牀二獮開（士免切）棧……

牀二獮合（士免切）撰、譔……

定四篠韻（徒了切）窕、掉……

匣一皓韻（胡老切）昊、皓、灝、顥……

定一哿韻（徒果切）墮、惰、隓……

見二梗合（古猛切）礦、懭、獷……

定四迥韻（徒鼎切）挺、艇、梃、霆、鋌、汀、蜓……

匣四迥合（戶頂切）迥、洞、炯……

幫三寑韻（筆錦切）稟……

滂三寑韻（丕飲切）品……

知三遇韻（中句切）駐、柱、軴、䮱……

澄三遇韻（持遇切）住……

並二覺韻（蒲角切）雹、撲……

照二覺韻（側角切）捉、穛……

來二覺韻（呂角切）犖……

知三質韻（陟栗切）窒、蛭、郅、挃、螲……

見三迄韻（居乙切）訖（止也）吃（口吃）……

曉三迄韻（許訖切）迄、肸、釳……

匣二麥韻（胡麥切）劃、畫（計策也，分也，界也）

並四錫韻（皮歷切）擘……

曉四錫韻（許激切）鬩……

澄三職韻（除力切）直、値……

照三職韻（之翼切）職、織……

爲三緝韻（爲立切）煜……

喻四緝韻（羊入切）熠……

知三葉韻（陟葉切）輒、耴、鮿……

又《廣韻》之切語上下字，及《韻鏡》等韻書亦有訛誤之情形，對此，歷來之聲韻學家迭有勘正，如澤存堂本之《廣韻》，陳澧之《切韻考》，林尹校註之《宋本廣韻》，陳新雄之《音略證補》，龍宇純之《韻鏡校註》等，讀者可參酌之。

十一、文白異讀的現象

在漢語系之各方言之中，常有文白異讀的現象，如北京話的白、北、宅……然大多只是零星數字而已，唯獨閩南語之數量最多，如東、工、公、功、通、同、桐、童、紅、洪、翁、弓、窮、蟲、冬、鬆、蛩、重、松、春、胸、邕、龍、天、年、邊、篇、千、前、先、庚、更、坑、彭、盲、爭、生、平、精、晶、嬰……據許極燉所著《台灣語概論》中引述王育德先生《台灣語音的歷史研究》一書調查三、三九四個常用字中，兼具文白讀音者即有一、一二七字之多，佔逾三分之一。另一有趣之現象，即凡愈常用之字，愈有文白異讀之情況，而較爲生僻，非查字書無法辨其讀音者，則較難找出文白異讀之現象。

然而文白異讀之情況，並非單一字詞，而是極有系統之對應關係。以「東、冬」二韻爲例，其洪音字「東、工、公、功、通、同、桐、童、紅、洪、翁、冬、鬆」等，讀音收**【ong】**，語音則收**【ang】**與三「江」韻收聲同，此種現象或可成爲「東、冬」二韻古音讀開口之例證。細音字「弓、窮、蛩、重、松、春、胸、邕、龍」等，讀音收**【iong】**，語音則收**【ieng】**；又如平水韻之四「支」，原爲《廣韻》「支、脂、之」三韻之合併，其讀音雖同收聲於**【i】**，然語音則各韻有別，「支」韻之「騎、寄、崎、屐、蟻」收聲於**【ia】**；「脂」韻之「師、獅、梨、篩、私」收聲於**【ai】**；而「之」韻則收聲於**【i】**，此亦可見出「支、脂、之」三韻語音之早於讀音，並證出古韻來源之不同。又如「寒」韻之「干、乾、肝、看、單、攤、檀、壇、彈、寒、鞍、憚、炭、散、爛」等字。與「桓」韻之「官、寬、端、般、潘、盤、鑾、歡、瞞、半、伴、判、段、換」等字，在讀音上雖有開合之別，然語音卻一致讀成合口，收**【uann】**。又如「肴」韻之語音則收**【a】**，如「膠、鉸、茭、教、骹、脬、抛、泡、貓、絞、攪、巧、咬、飽、教、酵、校、敲、罩、豹、匏、孝」等。又「歌」韻之字，語音多呼成收【ua】，如「歌、柯、籮、可、我、那、蠹、大等。「戈」韻之字亦有收【ua】者，如「磨、簸」等即是。至如「唐」韻開口之「康、糠、當、湯、唐、堂、唐、塘、糖、倉、榔、鋼」等字，合口之「光、荒、黃、榜」及「陽」韻之「裝、莊、妝、瘡、牀、霜、秧、央」等，閩南之語音皆收【ng】。「陽」韻之開口細音，閩南之語音收【iunn】，如「薑、羌、張、場、娘、槍、牆、箱、鑲、章、娼、傷、香、鴦、羊、洋、量、糧、樑、粱、梁、長、丈、蔣、槳、搶、想、像、象、橡、掌、廠、賞、癢、養、兩、帳、漲、脹、仗、匠、醬、相、唱、讓」等。「鐸」韻字，其語音收【oh】如「各、閣、粕、薄、箔、魄、昨、索、落」等。而「庚、青、蒸」諸韻（《廣韻》之「庚、耕、清、青、蒸、登」諸韻）之讀音與語音，頗爲一致，語音有讀成收【inn】者，如「庚韻」之「庚、更、阬、橕、彭、澎、棚、盲、争、生平、坪、枰、精、晶、井（上聲）鄭、柄、病、姓（去聲）」等；「青」韻之「經、青、冥、瞑、星（平聲）醒（上聲）」等。又有讀成收【iann】者，如「京、驚、擎、檠、迎、程、精、名、正、成、城、贏、兄、營（以上平聲）丙、餅、請、影、領、嶺（上聲）命、正、聖（去聲）」等。至其相承之入聲韻，其語音有呼成收【eh】者，如「格、骼、隔、客、宅、伯、百、柏、白、帛、厄」等是；有呼成收【iah】者，如「摘、拆、屐、迹、赤、脊、刺、射、驛、亦、役、疫」等是。「錫」韻閩南之語音有讀成收【iah】者，如「適、摘、壁、錫」等。入聲（德）韻之語音有收【ak】者如「北、匐、墨」等。至於「先」韻之「天、年、纏、邊、篇、綿（平聲）扁（上聲）見、片、硯、燕」等字，語音收（inn），另「千、前、先」等字語音收【ieng】，「獮」韻之「船」語音收【un】，「囝、件」語音收【iann】，「扇、箭」語音收【inn】，「線」語音收【uann】，入聲字「說、雪」語音收【erh】；「熱」字語音收【uah】。又「侯」韻（「尤」韻洪音）及其相承之上、去聲，其語音收【au】如「溝、鉤、鬮、摳、兜、偷、頭、投、骰、侯、猴、喉、甌、歐、鷗、樓、狗、垢、口、扣、叩、藕、斗、走、漏、吼、後、毆、鬥、豆、脰、奏、嗽、候、厚、鬮」；有部分語音收【oo】，「部、牡、某、茂、懋、楙、戊、貿」等。「尤」韻細音之語音有部分收【u】者，如「邱、區、牛、浮、久、韭、臼、舅、婦、負、阜、有、舊、富、副」等；有部分收【au】同「侯」韻者，如「劉、流、留、九、晝、臭」等。

《台灣閩南語教程》一書曾就文白讀音之對應關係，去推斷閩南語之歷史層次云：

> 就台灣閩南話文白讀音的語音層次來說，約略指出某些語音現象，屬於哪個大的歷史時期的語音層次尚可嘗試，具體推斷某些語音現象歸屬哪個具體年代的語音層次；或者某些語音層次，來自哪個朝代、哪個地域空間的語音層次，困難就比較大一些。盡管如此，我們還是試圖做些嘗試，就台灣閩南話文白讀音可能反映的時代和地域的語音層次，做若干推斷。
>
> 一、上古漢語語音層：這一層的具體年代很難確定。就記載的史實看，晉永嘉之亂大批中原漢人南渡今江浙一帶，部分中原漢人更涉足閩地，這批漢人當帶來中原上古漢語入閩，上古

漢語語音的一些特點，乃在今台灣閩南話裏的聲母、韻母留下足跡。僅舉幾例析之：

聲 母：

〈一〉「飛、分、夫、腹、肥、縛、芳、蜂、浮」等字的白讀音（語音）發音讀【p】或【ph】，正是「古無輕唇音」在台灣閩南話中出現的例證。

〈二〉「知、豬、恥、抽、地、晝、陳、珍、中、蟲、呈、竹、軸、哲、徹、轍」等字，發音讀【t、th】，正是「古無舌上音」在台灣閩南話中可以找到的又一證據。

〈三〉雨、園、遠、雄、熊、雲、暈等字的白讀音讀【h】，也是上古音聲母留下的痕跡（古「雲」母（喻三）歸「匣」母）。

〈四〉糊、猴、厚、下、懸、含、銜、縣、行等字的白讀音讀【k】或【kh】，不能否認它是上古語音的一個重要特徵，至少在上古某方言就存在這種關係（古「匣」母字諧聲偏旁跟「見、溪」母的關係相當密切，有人主張古「匣」母是「見、溪」聲母相對應的濁音聲母（見周長揖《略輪上古匣母及其到中古的發展》中華書局《音韻學研究》第一輯）

〈五〉像唇、振、蠢等字白讀音仍保留【t】或【th】聲母的說法，不能不承認它的存古音遺跡。錢大昕說，「古人多舌音，後代多變為齒音，不獨知、徹、澄三母為然也」。從諧聲偏旁看，古照三組跟端組關係相當密切。

韻母：

〈一〉歌、拖、我、過、破、大、惰、籮、可、過，蟻、寄、倚、羈、奇（奇數）施、爾、騎、崎等字的白讀音韻母分別為【ua】或【ia】，主要元音是【a】，保留上古歌部主要元音的特點（依王力先生擬音，上古歌部音值【ai】，上述都是上古歌部字，在台灣閩南話還保留主要元音【a】（由o-a，這個重要語音特徵），其中「跛」字白讀音【pai2】，韻母的主要元音和韻尾，都完整保留上古歌部語音特點，更是十分寶貴。

〈二〉臍、西、婿的白讀音韻母為【ai】，並同指、師、屎的白讀音韻母【ai】相同，和皆、佳、豺、材、街等字的文讀音韻母【ai】一樣，說明「臍」等的【ai】音，是較古的語音形式的殘留（中古四等韻白讀音的韻母讀洪音，並與同攝的二等韻文讀音的主要元音相同或相近。四等韻白讀音韻母的洪音形式，很可能是上古語音的殘存，除上述例字外，還可從中古四等韻的店、貼、前、節、釘、曆等字的白讀音韻母中找到蛛絲馬跡）。

〈三〉扁、麵、片、天、年、見、燕、篇、箭、錢、纏、扇等字白讀音為【inn】，可能是上古吳楚江淮層音讀的殘跡。（《台灣閩南語教程》引自張光宇《閩方言音韻層次的時代與地域》載于張著《切韻與方言》一書1980年）

以上乃《台灣閩南語教程》由文白讀音系統之對應關係，去推斷閩南語形成之歷史層次，在在彰顯出閩南語之久遠淵源，並指引漢語聲韻學之研究者一條正確而便捷之研究途徑。

此外，《台灣閩南語教程》一書，亦就閩南語之訓讀音與俗讀音，提出極爲精闢之見解，迻錄於下：

> 就字音來說，台灣閩南話除文白兩種基本的讀音外，還有訓讀音和俗讀音兩種。訓讀音是甚麼？訓讀指某個字或詞，在台灣閩南話裏的讀音，不是根據該字或詞原來之語音來源按古今語音發展變化的對應關係所確定的音讀，而是根據這個字或詞的意義，給它找跟這個意義有關的台灣閩南話讀音。換句話說，訓讀是隨字（詞）義給予的讀音，而與該字（詞）的語音來源無涉。訓讀法跟音讀相反，是取漢字的意義而不取漢字的聲音。這同樣是忽視漢字表音功能的作用，在實際使用中，會削弱台灣閩南話詞的表達。例如：「你真美」：「美」是【sui2】的意思，用「美」可以表示【sui2】，但「美」本音為【bi2】，人們會讀成【bi2】，盡管也表達了意思，但【bi2】不如【sui2】更口語化，不能顯示出閩南話的詞語義。因此，訓讀法並不十分可取，只能控制使用，越少越好。

第九章：類隔反切訂正

閩南語之源流，可自漢魏晉唐之中古音，上溯到三代之上古音。其間相沿既久，音韻迭有變遷。而產生古音、今音、讀音、語音、雅音、方音、轉音、變音之異，如「舌頭音轉爲舌上音、重脣音轉爲輕脣音、齒頭音轉爲正齒音」之類皆是。潘重規《中國聲韻學》云：

舌音字於魏晉時已分化為舌頭、舌上二系；脣音字於唐時已分化為輕脣、重脣二系；陸氏《切韻》本諸六朝舊讀，《廣韻》沿而未改，故切語往往不合，即所謂類隔也。

因爲《廣韻》乃是沿用《切韻》時期之隋唐舊切，今人讀之，有覺隔礙難通者，此即所謂「類隔反切」是（正三按：其中舌頭音、舌上音雖曾改訂，然未能全面修正）《切韻指掌圖》嘗爲揭出，唯極爲簡略，今特就《切韻指掌圖》檢出其類隔反切者，逐字訂正於後：

一、平聲字

★樁：知二「江」韻，《廣韻》作「都江」切，舌頭切舌上，宜改成「知江」切。

★皮：並三「支」韻，《廣韻》作「符羈」切，輕脣切重脣，宜改成「平支」切。

★鈹：滂三「支」韻，《廣韻》作「敷羈」切，輕脣切重脣，宜改成「匹羈」切。

★卑：幫四「支」韻，《廣韻》作「府移」切，輕脣切重脣，宜改成「必移」切。

★陴：並四「支」韻，《廣韻》作「符支」切，輕脣切重脣，宜改成「頻支」切。

★齜：莊二「支」韻，《廣韻》作「側宜」切。龍宇純《韻鏡校注》云：「《廣韻》以前韻書無『齜』字，《廣韻》『齜』作『側宜』切」（正三按：應是後加之字）

★彌：明四「支」韻，《廣韻》作「武移」切，輕脣切重脣，宜改成「綿移」切。

★琵：並四「脂」韻，《廣韻》作「房脂」切，輕脣切重脣，宜改成「頻脂」切。

★眉：明三「脂」韻，《廣韻》作「武悲」切，輕脣切重脣，宜改成「彌悲」切。

★悲：幫三「脂」韻，《廣韻》作「府眉」切，輕脣切重脣，宜改成「必眉」切。

★邳：並三「脂」韻，《廣韻》作「符悲」切，輕脣切重脣，宜改成「蒲悲」切。

★丕：滂三「脂」韻，《廣韻》作「敷悲」切，輕脣切重脣，宜改成「匹悲」切。

★胝：知三「脂」韻，《廣韻》作「丁尼」切，重脣切輕脣，宜改成「陟尼」切。

★羪：娘二「佳」韻，《廣韻》作「妳佳」切，舌頭切舌上，宜改成「尼佳」切。

★搱：娘二「皆」韻，《廣韻》作「諾皆」切，舌頭切舌上，宜改成「尼皆」切。

★棓：並一「咍」韻，《廣韻》作「扶來」切，輕脣切重脣，宜改成「蒲來」切。

★胚：滂一「灰」韻，《廣韻》作「芳杯」切，輕脣切重脣，宜改成「普杯」切。

★彬：幫三「真」韻，《廣韻》作「府巾」切，輕脣切重脣，宜改成「悲巾」切。

★貧：並三「真」韻，《廣韻》作「符巾」切，輕脣切重脣，宜改成「蒲巾」切。

★頻：並四「真」韻，《廣韻》作「符真」切，輕脣切重脣，宜改成「毗賓」切。

★珉：明三「真」韻，《廣韻》作「武巾」切，輕脣切重脣，宜改成「彌巾」切。

★芬：敷三「文」韻，《廣韻》作「府文」切，「府」屬「非」母，改成「撫文」切。

★媥：幫二「山」韻，《廣韻》作「方閑」切，輕脣切重脣，宜改成「北閑」切。

★奻：娘二「刪」韻，《廣韻》作「奴還」切，舌頭切舌上，宜改成「女還」切。

★篇：滂四「仙」韻，《廣韻》作「芳連」切，輕脣切重脣，宜改成「披連」切。

★便：並四「仙」韻，《廣韻》作「房連」切，輕脣切重脣，宜改成「毗連」切。

★綿：明四「仙」韻，《廣韻》作「武延」切，輕脣切重脣，宜改成「彌延」切。

★尲：知三「仙」韻，《廣韻》作「丁全」切，舌頭切舌上，宜改成「陟全」切。

★鑣：幫三「宵」韻，《廣韻》作「甫嬌」切，輕脣切重脣，宜改成「必嬌」切。

★標：幫四「宵」韻，《廣韻》作「甫遙」切，輕脣切重脣，宜改成「卑遙」切。

★漂：滂四「宵」韻，《廣韻》作「撫招」切，輕脣切重脣，宜改成「匹招」切。

★瓢：並四「宵」韻，《廣韻》作「符霄」切，輕脣切重脣，宜改成「頻霄」切。

★苗：明三「宵」韻，《廣韻》作「武瀌」切，輕脣切重脣，宜改成「彌瀌」切。

★烹：滂二「庚」韻，《廣韻》作「撫庚」切，輕脣切重脣，宜改成「普庚」切。

★盲：明二「庚」韻，《廣韻》作「武庚」切，輕脣切重脣，宜改成「謨庚」切。

★閉：幫二「庚」韻，《廣韻》作「甫盲」切，輕脣切重脣，宜改成「布盲」切。

★兵：幫三「庚」韻，《廣韻》作「甫明」切，輕脣切重脣，宜改成「卑明」切。

★并：幫四「清」韻，《廣韻》作「府盈」切，輕脣切重脣，宜改成「必盈」切。

★平：並三「庚」韻，《廣韻》作「符兵」切，輕脣切重脣，宜改成「蒲兵」切。

★明：明三「庚」韻，《廣韻》作「武兵」切，輕脣切重脣，宜改成「彌兵」切。

★鬡：娘二「庚」韻，《廣韻》作「乃庚」切，舌頭切舌上，宜改成「尼庚」切。

★名：明四「清」韻，《廣韻》作「武并」切，輕脣切重脣，宜改成「彌并」切。

★瞢：明一「登」韻，《廣韻》作「武登」切，輕脣切重脣，宜改成「謨登」切。

★凭：並三「蒸」韻，《廣韻》作「扶冰」切，輕脣切重脣，宜改成「皮冰」切。

★秠：敷三「尤」韻，《廣韻》作「匹尤」切，重脣切輕脣，宜改成「敷尤」切。

★呣：明一「侯」韻，《廣韻》作「亡侯」切，龍宇純《韻鏡校注》云：「《廣韻》以前韻書無此字，《廣韻》韻末『呣』作『亡侯』切」（正三按：應是後加之字）。

★彪：幫四「幽」韻，《廣韻》作「甫烋」切，輕脣切重脣，宜改成「卑幽」切。

★繆：明四「幽」韻，《廣韻》作「武彪」切，輕脣切重脣，宜改成「彌彪」切。

★姏：明一「談」韻，《廣韻》作「武酣」切，輕脣切重脣，宜改成「彌酣」切。

★砭：幫三「鹽」韻，《廣韻》作「府廉」切，輕脣切重脣，宜改成「卑廉」切。

★纖：疏二「鹽」韻，《切韻指掌圖》作「史炎」切；《廣韻》則作「息廉」切，應屬審三「鹽」韻。

★芝：敷三「凡」韻，《廣韻》作「匹凡」切，重脣切輕脣，宜改成「敷凡」切。

二、上聲字

★㥂：精四「腫」韻，《廣韻》作「職勇」切，正齒切齒頭，宜改成「即勇」切。

★俺：明二「講」韻，《廣韻》作「武項」切，輕脣切重脣，宜改成「彌項」切。

★靡：明三「紙」韻，《廣韻》作「文彼」切，輕脣切重脣，宜改成「綿彼」切。

★彼：幫三「紙」韻，《廣韻》作「甫委」切，輕脣切重脣，宜改成「必是」切。

★美：明三「旨」韻，《廣韻》作「無鄙」切，輕脣切重脣，宜改成「明鄙」切。

★鄙：幫三「紙」韻，《廣韻》作「方美」切，重脣切輕脣，宜改成「必美」切。

★牝：並四「旨」韻，《廣韻》作「扶履」切，輕脣切重脣，宜改成「平履」切。

★否：並三「旨」韻，《廣韻》作「符鄙」切，輕脣切重脣，宜改成「部鄙」切。

★你：娘三「紙」韻，《廣韻》作「乃里」切，舌頭切舌上，宜改成「女里」切。並歸「止」韻（《闡微》歸紙韻誤）。

★貯：知三「語」韻，《廣韻》作「丁呂」切，舌頭切舌上，宜改成「陟呂」切。

★嬭：娘二「蟹」韻，《廣韻》作「奴蟹」切，舌頭切舌上，宜改成「尼蟹」切。
★浼：明一「賄」韻，《廣韻》作「武罪」切，輕脣切重脣，宜改成「彌罪」切。
★鬗：知三「賄」韻，《廣韻》作「陟賄」切。龍宇純《韻鏡校注》云：「《廣韻》以前韻書無此字，案『賄』韻不當有『知』母字蓋『祭』韻上聲，當移『知』母三等，唯此字《廣韻》以前韻書既無，《七音略》亦無此字，恐是後人所增」。
★泯：明四「軫」韻，《廣韻》作「武盡」切，輕脣切重脣，宜改成「彌盡」切。
★赧：娘二「潸」韻，《廣韻》作「奴板」切，舌頭切舌上，宜改成「尼板」切。
★阪：並二「潸」韻，《廣韻》作「扶板」切，輕脣切重脣，宜改成「平板」切。
★矕：明二「潸」韻，《廣韻》作「武板」切，輕脣切重脣，宜改成「彌板」切。
★扁：幫四「銑」韻，《廣韻》作「方典」切，輕脣切重脣，宜改成「卑典」切。
★辯：並三「獮」韻，《廣韻》作「符蹇」切，輕脣切重脣，宜改成「白蹇」切。
★褊：幫四「獮」韻，《廣韻》作「方緬」切，輕脣切重脣，宜改成「必緬」切。
★辡：幫三「獮」韻，《廣韻》作「方免」切，輕脣切重脣，宜改成「必免」切。
★楩：並四「獮」韻，《廣韻》作「符善」切，輕脣切重脣，宜改成「必善」切。
★免：明三「獮」韻，《廣韻》作「亡辨」切，輕脣切重脣，宜改成「彌辨」切。
★摽：並四「小」韻，《廣韻》作「符少」切，輕脣切重脣，宜改成「必少」切。

★縹：滂四「小」韻，《廣韻》作「敷沼」切，輕脣切重脣，宜改成「匹沼」切。
★眇：明四「小」韻，《廣韻》作「亡沼」切，輕脣切重脣，宜改成「眉沼」切。
★褾：幫四「小」韻，《廣韻》作「方小」切，輕脣切重脣，宜改成「必小」切。
★獶：娘二「巧」韻，《廣韻》作「奴巧」切，舌頭切舌上，宜改成「尼巧」切。
★蓩：明一「皓」韻，《廣韻》作「武道」切，輕脣切重脣，宜改成「彌道」切。
★麼：明一「果」韻，《廣韻》作「亡果」切，輕脣切重脣，宜改成「莫果」切。
★拏：娘二「馬」韻，《廣韻》作「奴下」切，舌頭切舌上，宜改成「尼下」切。
★皿：明三「梗」韻，《廣韻》作「武永」切，輕脣切重脣，宜改成「靡永」切。
★瑒：澄二「梗」韻，《廣韻》作「徒杏」切，舌頭切舌上，宜改成「池杏」切。
★艋：明二「耿」韻，《廣韻》作「武幸」切，輕脣切重脣，宜改成「彌幸」切。
★黽：明二「耿」韻，《廣韻》作「武幸」切，輕脣切重脣，宜改成「母幸」切。
★眳：明四「靜」韻，《廣韻》作「亡井」切，輕脣切重脣，宜改成「母井」切。
★能：泥一「等」韻，《廣韻》作「奴等」切，重脣切輕脣，宜改成「尼等」切。
★掊：幫一「厚」韻，《廣韻》作「方剖」切，輕脣切重脣，宜改成「布剖」切。
★貶：幫三「琰」韻，《廣韻》作「方斂」切，輕脣切重脣，宜改成「筆琰」切。
★湛：澄二「豏」韻，《廣韻》作「徒減」切，舌頭切舌上，宜改成「直減」切。

三、去聲字

★箋：透母「至」韻，《廣韻》作「丑淚」切，正三案《韻鏡》無此字，且「至」韻亦無透母字，應是後加之字。

★滯：澄三「祭」韻，《廣韻》作「徒例」切，舌頭切舌上，宜改成「直例」切。

★嶭：幫二「卦」韻，《廣韻》作「方賣」切，輕脣切重脣，宜改成「布賣」切。

★庍：幫二「卦」韻，《廣韻》作「方卦」切，輕脣切重脣，宜改成「北卦」切。正三案：以李榮「脣音字無所謂開合，同時又可開可合」之論點觀之，本字與「嶭」字同音，應是後加之字。

★對：端一「隊」韻，《廣韻》作「知內」切，輕脣切重脣，宜改成「都內」切。

★汖：滂四「震」韻，《廣韻》作「撫刃」切，輕脣切重脣，宜改成「匹刃」切。

★奔：幫一「慁」韻，《廣韻》作「甫悶」切，輕脣切重脣，宜改成「補悶」切。

★莔：明二「襉」韻，《廣韻》作「亡莧」切，輕脣切重脣，宜改成「彌莧」切。

★徧：幫四「霰」韻，《廣韻》作「方見」切，輕脣切重脣，宜改成「布見」切。

★裱：幫三「笑」韻，《廣韻》作「方廟」切，輕脣切重脣，宜改成「布廟」切。

★罩：知二「效」韻，《廣韻》作「都教」切，舌頭切舌上，宜改成「知教」切。

★橈：娘二「效」韻，《廣韻》作「奴教」切，舌頭切舌上，宜改成「尼教」切。

★膠：娘二「禡」韻，《廣韻》作「乃亞」切，舌頭切舌上，宜改成「尼亞」切。

★牚：徹二「映」韻，《廣韻》作「他孟」切，舌頭切舌上，宜改成「丑孟」切。

★偋：並四「勁」韻，《廣韻》作「防正」切，輕脣切重脣，宜改成「白正」切。

★懵：明一「隥」韻，《廣韻》作「武亙」切，輕脣切重脣，宜改成「莫亙」切。

★匍：幫一「隥」韻，《廣韻》作「方鄧」切，輕脣切重脣，宜改成「布鄧」切。

★倗：並一「隥」韻，《廣韻》作「父鄧」切，輕脣切重脣，宜改成「步鄧」切。

★賃：娘三「沁」韻，《廣韻》作「乃禁」切，舌頭切舌上，宜改成「尼禁」切。

★窆：幫三「驗」韻，《廣韻》作「方驗」切，輕脣切重脣，宜改成「必驗」切。

★覱：莊二「檻」韻，《廣韻》作「子鑑」切，齒頭切正齒，宜改成「側鑑」切。

四、入聲字

★弼：並三「質」韻，《廣韻》作「房密」切，輕脣切重脣，宜改成「平密」切。

★竅：知二「黠」韻，《廣韻》作「丁滑」切，舌頭切舌上，宜改成「知滑」切。

★蟞：幫四「屑」韻，《廣韻》作「方結」切，輕脣切重脣，宜改成「必結」切。

★滅：明四「薛」韻，《廣韻》作「亡列」切，輕脣切重脣，宜改成「明列」切。

★笰：幫三「薛」韻，《廣韻》作「方列」切，輕脣切重脣，宜改成「必列」切。

★趚：牀二「麥」韻，據澤存堂本《廣韻》云出自《字林》，龍宇純《韻鏡校注》云：「《廣韻》以前韻書無此字，《廣韻》作『查獲』切，《七音略》亦有此字」。

★擌：莊二「麥」韻，據澤存堂本《廣韻》作「簎摑」切，又「呼麥」切兩收。龍宇純《韻鏡校注》云：「《廣韻》以前韻書無之，本書未審是否原有，《七音略》亦有此字」。

★擗：並四「昔」韻，《廣韻》作「房益」切，輕脣切重脣，宜改成「平益」切。

★僻：滂四「昔」韻，《廣韻》作「芳辟」切，輕脣切重脣，宜改成「匹辟」切。

★甓：並四「錫」韻，《廣韻》作「扶歷」切，輕脣切重脣，宜改成「平歷」切。

★歡：透四「錫」韻，《廣韻》作「丑歷」切，舌上切舌頭，宜改成「他歷」切。

★愎：並三「職」韻，《廣韻》作「符逼」切，輕脣切重脣，宜改成「蒲逼」切。

★訬：端四「職」韻，《廣韻》作「丁力」切。龍宇純《韻鏡校注》云：「《廣韻》『職』韻『訬、㲰、淂』三字『丁力』切，五代刊本《切韻》同《集韻》『㲰、淂』二字『丁力』切，雖無『訬』字，亦足證『職』韻有『端』母一紐，並本書此有『訬』之證，《七音略》此亦有『訬』字，尤其證」。

★窨：明三「職」韻，《廣韻》作「亡逼」切，輕脣切重脣，宜改成「明逼」切。龍宇純《韻鏡校注》云：「《廣韻》以前韻書無此字……

五、其他誤切之類

至於其他非屬類隔反切者，《切韻指掌圖》即未與檢出，今就黎明版林尹校訂《宋本廣韻》及龍宇純《韻鏡校注》本擇要校註於下：

★豐：敷三「東」韻，《廣韻》作「敷空」切，黎明版林尹校訂本據《切二》《王二》《全王》本作「敷隆切」爲正。

★碑：幫三「支」韻，《廣韻》作「彼爲」切，合口切脣音，宜改成「筆宜」切。

★糜：明三「支」韻，《廣韻》作「靡爲」切，合口切脣音，宜改成「靡宜」切。

★爲：喻三「支」韻，《廣韻》作「薳支」切，開口切合口，宜改成「雲隨」切。

★尸：心三「脂」韻，《廣韻》作「式之」切，「之」在「之」韻，黎明版林尹校訂本據《切三》《王二》《全王》本作「式脂切」爲正。

★帷：喻三「脂」韻，《廣韻》作「洧悲」切，脣音切合口，宜改成「洧追」切。

★厜：精四「支」韻，《廣韻》作「姊宜」切，今據《切二》《全王》等改爲「姊規」切。

★崴：影二「皆」韻，《廣韻》作「乙皆」切，今據《切三》《全王》等改爲「以乖」切。

★真：照三「真」韻，《廣韻》作「側鄰」切，莊系切照系，宜改成「職鄰」切。

★芬：敷三「文」韻，《廣韻》作「府文」切，「府」爲「非」母，宜改成「撫文」切。

★員：喻三「仙」韻，《廣韻》作「玉權」切，誤，宜改成「余權」切。

★脞：清一「戈」韻，《廣韻》作「醋伽」切，今據《王一》改爲「倉和」切。

★宏：匣二「耕」韻，《廣韻》作「戶萌」切，脣音切合口，宜改成「戶轟」切。

★巆：匣二「庚」韻，《廣韻》作「戶盲」切，脣音切合口，宜改成「戶喤」切。

★榮：喻三「庚」韻，《廣韻》作「永兵」切，脣音切合口，宜改成「余兄」切。

★崢：牀二「耕」韻，《廣韻》作「七耕」切，今據《切三》改爲「士耕」切。

★謀：明一「侯」韻，《廣韻》作「莫浮」切，細音切洪音，宜改成「莫侯」切。

★浮：奉三「尤」韻，《廣韻》作「縛謀」切，洪音切細音，宜改成「房尤」切。

★笉：清四「軫」韻，《廣韻》作「士忍」切，今據《古逸叢書本》改爲「七忍」切。

★㠎：初二「産」韻，《廣韻》作「初綰」切，今據《玉篇》改爲「叉限」切。

★淺：清四「獮」韻，《廣韻》作「士演」切，今據《切三》《全王》等改爲「七演」切。

★沈：審三「寑」韻，《廣韻》作「式任」切，「任」在「五十二沁」今據《切三》《全王》等改爲「式稔」切。

★儼：疑四「儼」韻，《廣韻》作「魯掩」切，「掩」在「琰」韻，今據覆元泰定本改爲「魚掩」切。

此外，應尚有其他訛誤之處，由於筆者倉促間未曾詳考，留待博雅君子，以足成之。

第十章：閩南語之源流與書寫文字

一、閩南語之源流

閩南語原屬漢語系之一支，也是較早脫離母體之一支，且因僻居南方荊蠻之地，以交通不便而開發較晚，故鮮少遭受外來語言之干擾，而能保存較爲接近上古音之語言層次。漢民族最早發源地在黃河流域，早期福建乃屬化外蠻荒之地，唯其氏族來源據史學家考證，可追溯到姬周初期，《史紀．吳太伯世家》載：

吳太伯、太伯弟仲雍，皆周太王之子，而王季歷之兄也。季歷賢，而有聖子昌，太王欲立季歷以及昌，於是太伯、仲雍二人乃奔荊蠻，文身斷髮，示不可用，以避季歷……太伯之奔荊蠻，自號句吳。荊蠻義之，從而歸之千餘家，立為吳太伯。

嗣後由句吳地區大規模南遷福建，乃始於三國之孫吳，據《三國志．吳志》載：

三年（指黃龍三年）春二月，遣太常潘濬率眾五萬討武陵蠻夷。

當時所稱之蠻夷，即指閩粵之地。因當時孫氏奄有東吳之地，北與曹操，西與劉備成鼎立之勢，爲厚植其國力，只有向東南一帶經略。大軍所到之處，亦將其文化向南延伸（試看民國三十八年國府東遷之情況亦略同於此）第二次舉族南遷是在東晉五胡亂華期間（西元三0四—

四三九年），由於異族的入侵，中原人士爲避胡亂，只得隨東晉王朝遠徙江南。當時所謂衣冠八族（林、黃、陳、鄭、詹、丘、何、胡）是也。這些中原士族避亂南來，大部分圍繞在當時帝都（建康）所在的江浙一帶定居，另部分更遠徙入閩，定居於今泉州一帶的閩南地區。他們帶來的上古漢語當與先期入閩的吳楚漢人大同而小異，進而形成早期的閩語系統。且因當時該區交通不便，致未與其他語系相互影響，反能保有較爲古老之語音痕跡，其中最主要者有：

一、輕脣音讀成重脣音：「楓、豐、馮、封、縫、蜂、飛、肥、夫、敷、扶、分、藩、潘、方、芳、房、浮、帆、捧、甫、飯、紡、婦、範（樣式）吠、糞、放、富、覆、伏、腹、幅、蝠、剕、佛等「非、敷、奉」諸母，古讀「幫、滂、並」（此即錢大昕揭出之「古無輕脣音」）。

二、舌上音讀成舌頭音：「中、忠、蟲、知、摛、黐、馳、池、豬、除、儲、株、廚、纏、朝、超、潮、張、脹、長、場、腸、程、呈、埕、抽、籌、綢、沉、霑、沾、寵、重、徵、恥、痔、佇、拄、丈、肘、丑、紂、仲、重、智、致、治、墜、箸、軴、住、滯、鎮、陣、轉、傳、召、罩、櫂、暢、晝、冑、宙、鴆、站、竹、築、逐、妯、軸、秩、黜、哲、徹、轍、輟、陟、敕、飭、直、蟄、輒」等「知、徹、澄」諸母，古讀「端、透、定」母（此即錢大昕所揭出之「舌上音古讀舌頭音」）

三、喻母三等古讀匣母：「喻」母三等字古皆讀成「匣」母，如「雄、雲、園、雨、遠」等

（此即曾運乾所揭出之「喻三古歸匣」）。

前述皆為閩南語音之特點，故閩南語有「古音之活化石」之稱。又據周長楫、康啓明合著之《台灣閩南語教程》云：

東漢末年固守江東的孫吳，在平息閩越遺民的反抗後，其部將賀齊就在今浦城、建陽等地屯兵數萬，後來又在今閩北建五縣，之後又立建安郡，轄十縣，其中的東安縣則在今閩南地域。晉初太康三年（西元二八二年），原建安郡分立為建安、晉安兩郡，其所轄的縣份也增多，閩南的同安、新羅（今龍巖）也立縣。這就是說，這個時期從江南一帶（主要是吳、楚兩地）經浦城、崇安或海上入閩的漢人逐漸增多，足跡涉及閩北、閩中直至閩南。他們帶來的上古時期漢語的一些特點，如語音上的輕唇音讀為重唇音（古無輕唇音），舌上音讀如舌頭音（古無舌上音）等等，還有詞匯上今閩語（例如閩南話）中保存吳方言詞語，如農【lang】（人）、澳【o】（地名字）、薸【phio】（浮萍）、（𥞞）【hia】（勺子）、手䘿【ng】（袖子）等等，和楚方言詞語，如箬【hioh】（葉）、拌【poann】（撣）、頷【am】（脖子）等等，都是例證。可以說，這批主要來自吳楚兩地的漢人當時已成為福建居民的主體，這些漢人雖然跟閩地的少數原住民有交往，但在交往中是以漢民族先進的生產技術和文化來影響進而同化、融合原住少數民族的。當然，在語言的同化，融合過程中也吸收「原住少數民族的一些語言成分。但應該說，這批漢人帶來的上古漢語已形成了漢語方言閩語的雛型。

中原漢人第一次大規模南遷當推五胡亂華時期（公元三〇四—四三九）此時由於異族的入侵，北方漢人只得離鄉背井徙遷江南。據《閩書》記載：「永嘉二年（三〇八）中原板蕩，衣冠始入閩者八族」……中原漢人第二次大規模南下入閩是唐初。《漳州府志》記載：唐高宗總章二年（西元六九九年），泉潮間蠻獠嘯亂，朝廷令河南中州固始縣人陳政帶兵入閩平亂，後其兄也帶兵入閩相助。陳政死後，其子陳元光繼承父業，直至平定蠻亂，遂奉命駐屯漳州一帶不返，今漳州拜陳氏為開漳聖王皆由於此。陳氏所領兵眾，自然帶來的是七世紀中古漢語，它對閩南話的進一步形成和發展不無影響。唐代末年，中國又陷入戰亂。當時又是河南中州固始縣人王潮、王審知兄弟兩人乘亂帶兵南下入閩，後李唐王朝封潮為福建威武軍節度史。王審知之子王延翰更於西元九二六年在福州立閩國稱帝。可以想見，隨王氏入閩之中原漢人帶來的唐末中原漢語對閩語（包括閩南話）定會產生影響……

對於閩南語文讀音之形成，據前臺灣大學教授吳守禮《福建話研究導論》云：

福建民族恐怕是和吳音系的民族操同一樣的語言，南下定居福建後，正當唐宋時代文化隆盛時期，回頭重新學習中原的新音成為文言音，而原來的發音不是消滅，就是保存於語音之中。

吳氏又於《福建話研究》中云：

語音的轉變是漸進的，個人以為閩南語之所以保存較多的古音，乃是因為氏族大部分是自東晉及唐宋時期，為避異族之亂而自中原南渡者，反能保存較為正統的中州語音，而留居原地之居民，因受異族的統治，為政者競相以胡音是尚，故逐漸融合外來的語言，以致失去其正統地位。

由於唐代先後兩個時期同是中州固始縣人入閩，同時在此期間福建的經濟發展，文化教肯也受到重視，中古漢語標準語的文讀音系統就深深影響著這裏的話語。閩南話也在這些影響下得到進一步的發展變化。

另據竺家寧《中國的語言與文字》一書引游汝杰《漢語方言學導論》云：

最古老的吳語特徵，保留在今天的閩語中，或者說，閩語的底子是古吳語。在今天的浙南吳語和閩語中，還可以找到許多語音、詞彙、語法方面的共同點。例如骹（腳）、卵（蛋）、徛（站立）等，而豬都念為【ㄉ一】……兩漢間入閩的漢人有可能是從吳語區去的。吳語區人民大規模移居閩地，應該是漢末三國晉初的百年之間。當時江南浙北的移民以福州為中途港，從海路在沿海登陸，或者經浦城從陸路入閩西北。當時沿海新置了羅江（福鼎）、原豐（福州）、溫麻（霞浦）、東安（泉州）、同安五縣。

以上諸說，爲福建閩南語形成之概略。大底已成信史。至於傳播至台灣之歷史軌跡，留待下節討論。

二、閩南語傳播至臺灣之概況

臺灣早期之名稱繁多，先秦時期稱蓬萊，前漢時期稱東鯷，三國時期稱夷洲，隋時稱琉求，至元時則稱小琉球。明陳第之《東番記》則稱之爲「大員」，爾後有人以此音轉爲「臺員」、「大灣」、「臺灣」等。西元一六八三年清政府設臺灣府，自此全島稱臺灣。歷史上最早提到臺灣者應是陳壽之《三國志》，據《三國志．吳志》載：

二年（指黃龍二年西元二三〇）春正月，遣將軍衛溫、諸葛直將甲士萬人浮海求夷洲及亶洲。亶洲在海中，長老傳言秦始皇遣方士徐福將童男童女數千人入海，求蓬萊神山及仙藥，止此洲不還。世相承有數萬家，其上人民，時有至會稽貨布，會稽東縣人海行，亦有遭風流移至亶洲者。所在絕遠，卒不得至，但得夷洲數千人還。

另據宋人李昉《太平御覽》引吳國丹陽太守沈瑩《臨海水土志》云：

夷州在浙江臨海郡東南，離郡二千里，土地無霜雪，草木不枯，四面皆山，為眾山夷之居所……」

《隋書．流求傳》則稱臺灣爲「流求」，以後又有「留仇」、「流虯」、「琉球」的異名。南宋孝宗乾道七年（西元一一七一年），泉州知州汪大猷在澎湖建造房屋，并派水軍駐守在那裏，建制歸福建晉江。此爲中國第一次在臺灣地區駐守軍隊。元代澎湖設立巡檢司，征收稅賦。元政府並曾多次派人到臺灣島。成宗元貞三年（西元一二九七年），改福建省爲福建平海等處行中書省．并由福州「徙治泉州．以圖流求」。同年九月，福建平章政事高興派省都鎮撫張浩、福州新軍萬戶張進二人率軍再次赴流求招諭（本節參考《台灣閩南語教程》所論）

就歷代史籍觀之，由大陸移居臺灣之移民，自遠古至宋元以前，皆爲零星自福建和廣東沿海移來，而其中，自福建沿海出發者又佔大部分。明代開始，大陸漢人移居臺灣者越來越多。至清代達到高峰。因早期戶口數牽涉到百姓稅負問題，大多以多報少，致無法得到精確之統計。據各方面之略估，荷蘭佔據末期，全臺漢族約是十萬人左右。至鄭氏領臺後，帶來大量部曲與眷屬，始急速增加，又三藩之亂，鄭經乘機出兵福建，一方面徵募漳泉鄉勇，一方面將其眷屬送來臺灣。據連橫《臺灣通史》云：「鄭經棄金廈，沿海人民航海而至者十數萬人」。故至鄭氏末年，臺灣漢族人口推估已逾三十萬人。嗣於嘉慶十六年，全臺戶口統計約二百萬人，至光緒十三年臺灣建省，又增至三百二十萬人，移民中，以來自福建地區，特別是閩南地區占大多數。可以說閩南地區的移民，展開了臺灣開拓和發展的新紀元。下面由另一角度來看漢人（主要是福建閩南地區的漢人）遷徙到臺灣的情況。

據許極墩《台灣語概論》之統計，清初在台漢人約有二十餘萬人，至嘉慶十六年（一八一一）漢族移民已達二百萬人之多，至一八八七年台灣建省時所作戶口編查，得概數爲三百二十餘萬人（上二則據連雅堂《台灣通史戶役志》）。日本殖民台灣，於一九0五年由總督府辦理臨時台灣戶口調查，十月一日統計全台總人口三百0三萬九千七百五十一人，其中日人約六萬，原住民爲八萬多人，漢民族則有二八九萬人，其中福佬系二四九萬人，客家系約四十萬人，至一九二六年日本總督府辦理「台灣在籍漢民族鄉貫調查」，漢族人口爲三七五萬人，其中福佬系三一一萬多人，客家系五十八萬多人。光復初期（一九四六）台灣總人口約六0九萬人，至一九五六年則增為九三九萬人之多（以上據《台灣語概論》統計）目前全台總人口約二千三百萬人之中，一半以上是以閩南語為母語。

以上為大陸漢人移居臺灣之概況，由於閩南地區四面皆山，居民無多恆產，不易謀生，故家庭中除嫡長以外，率皆遠赴海外謀生。外出之兩大目的地，即為南洋群島與臺灣。臺灣外來移民，亦以閩南人居大多數。因人數優勢，相對其日常使用之閩南母語即成為強勢語言。

至於全世界人口中，日常以使用閩南語為主要語言之人口，據《台灣閩南語教程》一書編者康啓明從一九八六年韋伯斯特第九版新大學字典裏得到了一份叫《超過三千萬人口家中所使用的語言》的資料說明，到一九八六年前止，全球使用閩南話的人至少有四千六百萬人。居全球使用語言之第二十五大，則其重要性可知。

另據竺家寧於《中國的語言與文字》一書中引李榮《中國的語言與方言》一九八九年之統計，則云約有五千五百餘萬人。

目前臺灣兩千餘萬人口中，以閩南語為母語者即達一千四百餘萬人之多，而大陸上以閩南語為母語者更達二千八百餘萬人，主要分布在福建、廣東、海南、浙江各省。另海外星、馬、泰、緬及世界各地亦有不少華僑是以閩南語為母語者。臺灣的閩南語是中國五個說閩南語省分中的一個，人口為大陸閩南語人口的一半。

三、閩南語之書寫文字

衡諸目前閩南語予人之印象，尙停留於「口語」或「有音無字」之階段，如何將其形諸文字，而提昇爲「文化」之語言，以與中華民族各地區所使用之文字相契合，而袪除他人對閩南語「有音無字」之觀感，乃是我輩共同努力之目標，如以此而言，則文字構成之三要素「形、音、義」勢應相與顧及，方爲正途。

近年來，隨者政府當局語言政策之解禁，社會上對於各族群母語之研究、整理與推展，蔚然興起一股熱潮，誠如百花齊放，使人有生機再現之欣喜。然因使用文字方面各自爲政而無法統一，致令初學者無所適從。其中最主要者有三派，一派主張凡有音無字者（或非真無字，較爲生僻而已）則以外來文字替代；另一派則主張凡遇生僻或一時無法找出本字者，則另造新字；而早期之本省人士凡遇生僻無法書寫之字，即以諧音字代之（此可自早期之閩南語念謠中見出端倪）。於今試述其缺點如下：

如依第一派之主張，凡有音無字者，即以外來文字替代，則將使台灣淪落爲次級文化之境地，筆者曾以此一問題請教過某通訊雜誌社之一位成員，承答以「中華文化非優良之文化，中華民族亦非優良之民族，使用外來文字有何不可」之語。筆者愚意以爲文化、語言、藝術等，均應跳脫於意識形態之外，即以美利堅合衆國而論，雖是脫離英國而獨立，然亦不諱言是盎格魯撒克遜民族之一分子，再以台灣現有居民來說，除少部分原住民係屬南島語族外，絕大部分其祖先均屬漢民族之一分子，不論將來國家之走向如何？此一淵源殆不可移易也，如上述該成員之論調，其數典忘祖之心態，實令人無法苟同。再如第二派之主張，凡遇生僻或一時無法找出本字者，則另造新字以爲補充，由於目前漢字據《集韻》所收，已達五萬餘字，另據最新之統計，則已逾七萬餘字。如再隨意另造新字，則將使漢字愈造愈多，致令後代無法負荷而產生困擾，故筆者主張除非萬不得已，切勿另造新字，以加重後代之負擔；至於第三派之主張，凡遇生僻之字，則以諧音字取代，此乃先民渡海來台者，大多知識水平不高，無法正確使用漢字，遇有無法表達之情況，輒以諧音字爲替，雖然誤用，卻能忠實的將語音留傳下來，唯此舉將造成往後文字義訓之紊亂，亦非善策。爲今之計，是如何將這些錯用誤用之字導正過來，此正有賴語言學者，漢文大家，詞壇先進之共同努力，方克竟其功。

目前本省之語言學者，以臺灣研究閩南語之前輩吳守禮、許成章等教授及黃敬安、洪惟仁、洪乾祐、魏南安諸先生之主張偏重於存古，而又不自外於中華文化，或較適合當前之環境與民情。洪維仁先生於《台語文字化个理論建設者》一文中對漢字選用的問題提出六个原則：

> 一：儘量尊重俗字。二：俗字不可用、用正字。三：無正字用準正字。四：連準正字都揣無，撙節採用同源字。五：連同源字都揣無，只好借用同音字。六：無字通借、從俗採用義借字。（《台語文學與台語文字》前衛出版社 1992 年版）

洪氏之主張，筆者認爲應較能爲廣大群眾所接受。就歷史觀點來論，閩南語之源於古漢語系，迨無可置疑。然而近百年來迭遭蓄意摧殘，首先是日據時代皇民化政策之壓制；繼而是國民政府錯誤教育政策之導向，致使本土語言之命脈已瀕臨於奄奄一息之境地，一旦驟予解放，卻未能給予應有之輔導，放任民間自行推動，更因任其事者學養不足，造成許多語音訛讀，文字訛寫之情況，長此以往，對於鄉土語言將是另一次巨大之戕害。

要知道造成語文讀音之錯亂，其演進過程，首先是「以訛傳訛」，久而久之，即變成「積非成是」，更由於沿用日廣而演變爲「劣幣驅逐良幣」之情況。以閩南語爲例：如將「採購」說成「採講」；「校對」說成「效對」；「會計」念成「滙計」；「擴大」念成「曠大」；「植物」念成「直物」；「膏肓」念成「膏亡」；「推薦」念成「推建」；「侵占」念成「欽占」等。其形成之原因有三：其一爲遇到生僻之字，懶於翻查字書，而隨意將偏旁相同字之讀音引爲頂替，形成受字形類化之讀法，如前例之「採講」、「曠大」等；其次爲字有兩讀以上而義訓不同者，學者不察而誤用，以致造成讀音混淆之情況，如前例之「效對」、「滙計」等；其三爲受國音相同影響之結果，如將「侵占」說成「欽占」、「推薦」說成「推建」等，即是將國音相同而閩南語音不同之文字，類化成相同之讀音或語音，相信往後此種情況仍將繼續發生，蓋由於近百年來外在之因素，導致目前年輕一輩無法正確使用母語，如想開口，則直接從國音相同之字翻譯過來，如此造成嚴重之訛讀，又經過電視或廣播媒體廣爲渲染，終至形成「劣幣驅逐良幣」之效果，不出數年，將使人茫然不知何者為正確之音讀矣。

尤其可悲者，好不容易解禁之語言政策，卻又淪為不肖政客攫奪政治利益之工具。常常藉為激化族群對立之導火線，諸如「去漢化」、「去中國化」等意識型態及黨同伐異作風，連崇高之學術議題皆無法倖免，以對鄉土語言之用字及音標方面來說，某些別有用心者，常憑一己之私，形成是其所是，非其所非的堅持。縱有再詳盡之訓詁、考證都無法取信於人。要知道台語與客語，就歷史觀點來說都屬古漢語，各有幾千年之歷史，然而「有音無字」之問題，一向頗多爭議。加以各人常憑一己之意以定字、造字，各家對本字、意訓字、引申字、假借字或新造字，皆各有解讀，而永不相讓。殊不知一切學術皆必須是超然至上的，宜乎跳脫於意識型態之外，方具有絕對客觀之立論。如動輒以意識為前題，則斷非健康之心態，對學術本身及鄉土語言之傳承，將是百害而無一利。筆者在此鄭重提出呼籲，讓學術歸於學術，專業歸於專業，莫讓學術成為呼應意識型態之工具，方為正確治學精神、也才是鄉土語言遠大而長久之策。

附篇

千字文閩南語讀本

梁 周興嗣 譔

民國 林正三 檢索 注音

有關《千字文》讀本

《千字文》一書爲早期塾師課誦蒙童主要課本之一，其成書之原因有數說，於今摘要略舉如下：

《徐式法書記》：「梁大同中，武帝敕周興嗣撰《千字文》，使殷鐵石模次羲之之跡，以賜八王」。

《尙書故實》：「武帝於鍾王書中拓千字，召興嗣韻之，一日綴成」。

《廣川書跋》：「武帝初得右軍遺書，令殷鐵石搨一千字，每字一紙，雜碎無序，命周興嗣次爲韻語，成時一夕鬚髮盡白」。

其說雖略有出入，然皆謂梁周興嗣所製。由於該書內文絕不重出，故歷代書家，輒將其列爲習字範本，如智永《千字文》懷素《草書千字文》于右任《草書千字文》四體《千字文》等，而早時塾師，亦將其列爲童蒙課誦讀本，蓋因熟讀該書，即有認識千字之能力。本書將文中千字所屬之聲紐與韻部逐一列出，並解析其清濁、洪細、開合等，及實以相承之平、上、去、入聲字，且將各字兼具語音者，於備註欄中與予揭出，使讀之者能呼出正確之語音與讀音。並將其他同音之字一一列出，俾學員熟讀後，約可識得二、三千字之正確音讀。至於內文之註釋，坊間版本甚多，可供參考，本書於此不再贅述。

因恐初學者不易正確掌握反切之法，故以民國八十四年三月教育部推薦之閩南語音標系統（簡稱 **TLPA**）爲輔助音標。原先尚考慮加入早期朱兆祥所編著之《台灣方音符號》爲輔助音標，然因該符號過於複雜，且無法自電腦輸入而作罷，而目前坊間使用之十五音呼法由於不屬正確之聲韻學，且收字錯誤情形極多，教會羅馬音標又因尚有數韻無法標出（如《廣韻》之「魚、痕」等韻之字）故只有割愛。

本書爲應付學員之用，倉促檢索，容有失誤之處，尚祈大雅方家不吝賜教。

中華民國九十一年壬午首夏林正三識於台北惜餘齋

凡例

開合、等第悉依陳澧《切韻考》及李光地《音韻闡微》所列。

脣音字依李榮「脣音字無所謂開合，而又可開可合」之論點，另予標出，其呼法依目前之習慣。

輕重脣相切之字，其切語一仍其舊，唯於該切語上字加網底以爲區別，所產生之類隔並於同音字欄中括號加以註出。輕脣音之字，中古發音作【f】，閩南語則作【h】。

次濁上聲之字，其讀音依現行讀法，註成第二聲（讀成清上之聲調），本書於清濁一欄中，特將次濁聲母之字，加以標出，使讀者於平、上、去、入之呼法，不至發聲錯誤。並於同音字欄中用括號加以註明，俾爾後如遇到以次濁之字爲切語上字時，知其爲濁聲，庶不至發生誤切誤讀之情況，而語音則依舊讀成第六聲。

語音部分乃是以該字之音爲準，其他同音之字，其語音或有異同，或本無語音，固不應強爲蛇足。

同音字乃是以《廣韻》所標同聲、同韻、同等、同呼、同清濁之常用字取樣，較諸目前通行之詩韻爲嚴，庶後人之作學術研究者，可爲參考。

時下從事閩南語之研究與教學者，率皆將全濁上聲之字，置於濁去之位置，而與去聲相互混淆（雖調值無異，然置放位置錯誤）此蓋緣於不諳聲韻之學，或雖知之，然終因囿於大多數人之觀點，而不敢於改易，於此特爲揭出，使後之研而能通者，覽而證之，必知余言之不謬也。實際上閩南語之聲調，乃是二、六聲調異值異，而三、七聲調異而值同。

閩南之語音，「來、泥、娘」三母不分，本書於「來」母作「l」，「泥、娘」二母作「n」。閩南之語音，「明、微」二母未分，林尹《中國聲韻學通論》指爲「古音之遺」，唯本書仍據今音標準分之，明母作「m」，微母作「b」，讀者自行裁量可也。

閩南語四「支」韻之洪音（精系一等及莊系）呼之與六「魚」韻古音同，故作「ir」。六「魚」韻及其相承之上、去聲，漳音收「i」、泉音收「u」、古音作「ir」，本書則標註古音。

八「庚」九「青」十「蒸」三韻，在理論上洪音（一、二等字）作「irng」者，細音（三、四等字）作「ieng」，然實際音讀已難以辨別，讀者宜知之，其相承之上、去、入聲字亦同。其入聲字（「陌、錫、職」三韻）洪音作「irk」，細音作「iek」。

「侯」韻之古音略近於「模」（oo），唐宋詩家將其與「幽、尤」二韻合而爲一，故平水韻合爲一韻，只作洪細之分，是以本書作「io」，讀者以（oo）呼之，亦無不可。

本書正文雖只千字，然已將常用之同音字一一列舉出來，學員讀完本書，約可認識二、三千字之普，於正確之閩南語音讀，應有極大之收穫。

千字文閩南語聲調速見

1755 2751 8854 5381 5522 1115 7553 8655
天地玄黃，宇宙洪荒；日月盈昃，辰宿列張；寒來暑往，秋收冬藏；閏餘成歲，律呂調陽；

5532 7451 1172 8411 3764 1171 2127 3731
雲騰致雨，露結爲霜；金生麗水，玉出崑岡；劍號巨闕，珠稱夜光；果珍李柰，菜重芥薑；

2556 5725 5123 2155 2357 2815 1774 2555
海鹹河淡，鱗潛羽翔；龍師火帝，鳥官人皇；始制文字，乃服衣裳；推位讓國，有虞陶唐；

3586 1411 6576 5251 3852 5851 5242 4115
弔民伐罪，周發殷湯；坐朝問道，垂拱平章；愛育黎首，臣伏戎羌；遐邇壹體，率賓歸王；

5764 8185 3128 7871 3214 3725 1542 2221
鳴鳳在竹，白駒食場；化被草木，賴及萬方；蓋此身髮，四大五常；恭維鞠養，豈敢毀傷；

2718 5755 1342 4585 2522 2625 3228 3855
女慕貞烈，男效才良；知過必改，得能莫忘；罔談彼短，靡恃己長；信使可復，器欲難量；

8112 1315 2555 4743 4358 5123 1451 1583
墨悲絲染，詩讚羔羊；景行惟賢，克念作聖；德建名立，形端表正；空谷傳聲，虛堂習聽；

6144 4563 4412 3167 1671 8523 3188 1467
禍因惡積，福緣善慶；尺璧非寶，寸陰是競；資父事君，曰嚴與敬；孝當竭力，忠則盡命；

5128 4113 6511 5517 1544 1523 5281 5517
臨深履薄，夙興溫凊；似蘭斯馨，如松之盛；川流不息，淵澄取映；容止若思，言辭安定；

4152 7157 5821 8653 8116 4453 5215 3547
篤初誠美，慎終宜令；榮業所基，籍甚無竟；學優登仕，攝職從政；存以甘棠，去而益詠；

8537 2411 7568 1365 7633 8625 1144 5225
樂殊貴賤，禮別尊卑；上和下睦，夫唱婦隨；外受傅訓，入奉母儀；諸姑伯叔，猶子比兒；

2516 5351 1257 4511 5524 3345 4753 1321
孔懷兄弟，同氣連枝；交友投分，切磨箴規；仁慈隱惻，造次弗離；節義廉退，顛沛匪虧；

3658 1655 2132 8835 1523 2475 1456 1171
性靜情逸，心動神疲；守真志滿，逐物意移；堅持雅操，好爵自縻；都邑華夏，東西二京；

3578 5731 1354 5311 5253 7215 2352 4335
背邙面洛，浮渭據涇；宮殿盤鬱，樓觀飛驚；圖寫禽獸，畫彩仙靈；丙舍傍啓，甲帳對楹；

3548 2411 1186 7251 6127 2855 3852 8651
肆筵設席，鼓瑟吹笙；陞階納陛，弁轉疑星；右通廣內，左達承明；既集墳典，亦聚群英；

6217 4141 2533 7851 6147 1411 1152 1431
杜稿鍾隸，漆書壁經；府羅將相，路俠槐卿；戶封八縣，家給千兵；高冠陪輦，驅轂振纓；

3823 1351 4178 8145 5112 3515 2846 5385
世祿侈富，車駕肥輕；策功茂碩，勒碑刻銘；磻溪伊尹，佐時阿衡；奄宅曲阜，微旦孰營；

5118 3851 2537 8221 3788 1685 3213 6735
桓公匡合，濟弱扶傾；綺迴漢惠，說感武丁；俊乂密勿，多士寔寧；晉楚更霸，趙魏困橫；

2584 6275 5144 5755 2218 7131 1118 5711
假途滅虢，踐土會盟；何遵約法，韓弊煩刑；起翦頗牧，用軍最精；宣威沙漠，馳譽丹青；

2124 4751 8137 7255 7523 1545 1588 6275
九州禹蹟，百郡秦并；嶽宗泰岱，禪主云亭；雁門紫塞，雞田赤城；昆池碣石，鉅野洞庭；

3258 5725 5215 7134 4352 2724 3831 3244
曠遠綿邈，巖岫杳冥；治本於農，務茲稼穡；俶載南畝，我藝黍稷；稅熟貢新，勸賞黜陟；

7113 2528 3115 5124 5142 3764 5415 2518
孟軻敦素，史魚秉直；庶幾中庸，勞謙謹飭；聆音察理，鑑貌辨色；貽厥嘉猷，勉其祗植；

2113 2138 6862 5164 2131 2254 4152 5885
省躬譏誡，寵增抗極；殆辱近恥，林皋幸即；兩疏見機，解組誰逼；索居閒處，沉默寂寥；

5257 3715 1372 4711 5548 5215 5523 5521
求古尋論，散慮逍遙；欣奏累遣，慼謝歡招；渠荷的歷，園莽抽條；枇杷晚翠，梧桐早凋；

5123 8815 5187 5531 1876 7851 7553 4255
陳根委翳，落葉飄颻；游鯤獨運，凌摩絳霄；耽讀翫市，寓目囊箱；易輶攸畏，屬耳垣牆；

7616 4215 2312 1311 1437 2375 4742 7155
具膳餐飯，適口充腸；飽厭烹宰，飢飫糟糠；親戚故舊，老少異糧；妾御績紡，侍巾帷房；

5354　5425　3587　5265　5123　4121　2234　8721
紈扇圓潔，銀燭煒煌；晝眠夕寐，藍筍象牀；絃歌酒讌，接杯舉觴；矯手頓足，悅豫且康；

4678　3615　2233　2725　1823　3425　5228　4875
嫡後嗣續，祭祀蒸嘗；稽顙再拜，悚懼恐惶；牋牒簡要，顧答審詳；骸垢想浴，執熱願涼；

5588　6811　1287　7875　3755　5523　5452　1253
驢騾犢特，駭躍超驤；誅斬賊盜，捕獲叛亡；布射遼丸，嵇琴阮嘯；恬筆倫紙，鈞巧任釣；

4178　6117　5181　1553　5221　1127　5154　3453
釋紛利俗，並皆佳妙；毛施淑姿，工顰妍笑；年矢每催，曦暉朗曜；璇璣懸斡，晦魄環照；

2116　2147　2722　2257　4311　5513　1725　5527
指薪修祜，永綏吉劭；矩步引領，俯仰廊廟；束帶矜莊，徘徊瞻眺；孤陋寡聞，愚蒙等誚；

7272　5192
謂語助者，焉哉乎也。

註㈠：凡加網底者，爲次濁上聲讀音轉讀清上者（第六聲轉讀第二聲）唯「呂」字仍未轉讀。

㈡：凡號碼外加□之字，表示字有兩讀而義同者。

㈢：去聲字在理論上雖有清濁之分，唯調值已合而爲一，即「三、七」同聲。

㈣：正確之連讀變調應是：「一→六」、「二→一」、「三→二」、「四→八」、「五→六」、「六→三」、「八→四」。

千字文閩南音讀

九十年八月三日檢索

文	TLPA音標	注音符號	切語	聲母	廣韻	詩韻	等第	清濁	開合	調值	平	上	去	入	同音字	備註
天	**thian1**		他前	透	先	先	四	清	開	一	天	腆	瑱	鐵	○	語音 **(thinn)**
地	**ti7**		徒四	定	寘	寘	四	濁	開	**七**	○	○	地	○	○	語音 **(te7)**
玄	**hian5**		胡涓	匣	先	先	四	濁	合	五	懸	泫	炫	穴	懸玹泫眩	
黃	**hong5**		胡光	匣	唐	陽	一	濁	合	五	黃	晃	潢	穫	遑徨惶喤璜簧煌隍湟艎凰騜蝗蟥鍠篁黃	語泉 **(ng5)** 語漳 **(uinn5)**
宇	**u2**		王矩	喻	麌	麌	三	次濁	合	二	于	羽	芋	○	羽禹雨瑀鄅栩萬偊楀（次濁上轉二聲）	
宙	**tiu7**		直祐	澄	宥	宥	三	濁	開	**七**	儔	紂	宙	○	晝冑籀繇怞酎	
洪	**hong5**		戶工	匣	東	東	一	濁	合	五	洪	澒	哄	斛	紅葒渱硔虹鴻鉱	語音 **(ang5)**
荒	**hong1**		呼光	曉	唐	陽	一	清	合	一	荒	慌	荒	霍	肓巟慌巟	語音 **(hng1)**
日	**jit8**		人質	日	質	質	三	次濁	開	**八**	人	忍	刃	日	衵馹	
月	**guat8**		魚厥	疑	月	月	三	次濁	合	**八**	元	阮	願	月	刖軏抈	語泉 **(girh8)** 語漳 **(gueh8)**
盈	**ieng5**		以成	喻	清	庚	四	次濁	開	五	盈	郢	○	繹	楹嬴瀛羸籯攍	
昃	**cirk4**		阻力	莊	職	職	二	清	開	**四**	○	○	○	昃	側仄稄萴崱	

文	TLPA注音標符號	切語	聲母	廣韻	詩韻	等第	清濁	開合	調值	平	上	去	入	同音字	備註
辰	sin5	植鄰	禪	真	真	三	濁	開	五	辰	腎	慎	○	晨宸臣震	
宿	siu3	息救	心	宥	宥	四	清	開	三	脩	滫	秀	○	秀繡琇鏽	
列	liat8	良薛	來	薛	屑	三	次濁	開	八	連	輦	摙	列	烈洌冽裂颲鴷茢	
張	tiong1	陟良	知	陽	陽	三	清	開	一	張	長	帳	芍	粻	語音（tiunn1）
寒	han5	胡安	匣	寒	寒	一	濁	開	五	寒	旱	旱	曷	韓邗翰馯汗	語音（kuann5）
來	lai5	落哀	來	咍	灰	一	次濁	開	五	來	○	賚	○	徠萊郲淶崍騋鶆鯠	
暑	sir2	舒呂	審	語	語	三	清	合	二	書	暑	恕	○	鼠黍癙	泉音（su2）漳音（si2）
往	ong2	于兩	喻	養	養	三	次濁	合	二	王	往	旺	籰	暀（次濁上轉二聲）（以開切合）	
秋	chiu1	七由	清	尤	尤	四	清	開	一	秋	○	○	○	鞦萩鶖楸趥蝵	
收	siu1	式周	審	尤	尤	三	清	開	一	收	首	狩	○	○	
冬	tong1	都宗	端	冬	冬	一	清	合	一	冬	湩	湩	篤	苳	語音（tang1）
藏	cong5	昨郎	從	唐	陽	一	濁	開	五	藏	奘	藏	昨	○	

文	TLPA音標	注音符號	切語	聲母	廣韻	詩韻	等第	清濁	開合	調值	平	上	去	入	同音字	備註
閏	**jun7**		如順	日	稕	震	三	次濁	合	七	○	蝡	閏	○	潤	俗音(**lun7**)
餘	**ir5**		以諸	喻	魚	魚	四	次濁	合	五	餘	與	豫	○	余予歟妤輿舁畬璵艅狳璵旟礜	又泉(**u5**) 漳(**i5**)
成	**sieng5**		是征	禪	清	庚	三	濁	開	五	成	○	盛	石	城誠盛宬晟郕	語音(**ciann5**)
歲	**sue3**		相銳	心	祭	霽	四	清	合	三	○	○	歲	○	繐	語泉(**her3**) 語漳(**hue3**)
律	**lut8**		呂卹	來	術	質	三	次濁	合	八	倫	稐	淪	律	葎率膟	
呂	**lir6**		力舉	來	語	語	四	次濁	合	六	閭	呂	慮	○	膂旅侶梠穭祣儢（次濁上尙未轉二聲）	泉音(**lu6**) 漳音(**li6**)
調	**tiau5**		徒聊	定	蕭	蕭	四	濁	開	五	調	窕	調	○	條迢佻髫蜩鞗苕岧芀鰷齠跳	
陽	**iong5**		與章	喻	陽	陽	四	次濁	開	五	陽	養	漾	藥	暘揚楊洋羊徉瘍鍚徉昜禓瑒颺崵	
雲	**un5**		王分	喻	文	文	三	次濁	合	五	雲	抎	運	○	云芸耘熉紜妘鄖沄蕓澐縜篔	語音(**hun5**)
騰	**tirng5**		徒登	定	登	蒸	一	濁	開	五	騰	○	鄧	特	滕謄縢藤螣	俗音(**thirng5**)
致	**ti3**		陟利	知	至	寘	三	清	開	三	知	徵	智	○	躓質疐鷙輊懥駤	
雨	**u2**		王矩	爲	麌	麌	三	次濁	合	二	于	羽	芋	○	羽禹萬宇瑀鄅栩偊楀（次濁上轉二聲）	語音(**hoo6**)

文	TLPA音標	注音符號	切語	聲母	廣韻	詩韻	等第	清濁	開合	調值	平	上	去	入	同音字	備註
露	**loo7**		來故	來	暮	遇	一	次濁	合	**七**	盧	魯	路	○	路輅賂璐潞簬鷺	
結	**kiat4**		古屑	見	屑	屑	四	清	開	**四**	堅	繭	見	結	潔拮秸桔絜鮚	
爲	**ui5**		薳支	爲	支	支	三	次濁	合	**五**	爲	洧	位	○	帷（以開切合）	
霜	**song1**		色莊	疏	陽	陽	二	清	開	一	霜	爽	霜	○	孀鷞驦（俗讀合口）	語音（**sng1**）
金	**kim1**		居吟	見	侵	侵	三	清	開	一	今	錦	禁	急	今禁襟衿	
生	**sirng1**		所庚	疏	庚	庚	二	清	開	一	生	省	生	索	甥笙牲鼪渻狌	語音（**sinn**）
麗	**le7**		郎計	來	霽	霽	四	次濁	開	**七**	黎	禮	麗	○	隸儷戾唳荔沴攦	
水	**sui2**		式軌	審	旨	紙	三	清	合	二	○	水	○	○	○	語音（**cui2**）
玉	**giok8**		魚欲	疑	燭	沃	三	次濁	合	**八**	顒	○	○	玉	獄	語音（**giek8**）
出	**chut4**		赤律	穿	術	質	三	清	合	**四**	春	蠢	○	出	○	
崑	**kun1**		古渾	見	魂	元	一	清	合	一	昆	袞	○	○	昆琨錕騉錕鯤	俗音（**khun1**）
岡	**kong1**		古郎	見	唐	陽	一	清	開	一	崗	○	鋼	各	剛鋼綱崗堈犅笐	

文	TLPA音標	注音符號	切語	聲母	廣韻	詩韻	等第	清濁	開合	調值	平	上	去	入	同音字	備註
劍	**kiam3**		居欠	見	驗	豔	三	清	開	三	○	檢	劍	劫	○	
號	**ho7**		胡到	匣	號	號	一	濁	開	**七**	豪	皓	號	○	○	
巨	**kir6**		其呂	群	語	語	三	濁	合	**六**	渠	巨	遽	○	鉅拒距炬詎苣秬虡粔蚷駏	泉音（**ki6**）漳音（**ku6**）
闕	**khuat4**		去月	溪	月	月	三	清	合	**四**	○	綣	勸	闕	○	
珠	**cu1**		章俱	照	虞	虞	三	清	合	一	珠	主	註	○	朱硃侏	
稱	**chieng1**		處陵	穿	蒸	蒸	三	清	開	一	稱	○	稱	瀷	偁	
夜	**ia7**		羊謝	喻	禡	禡	四	次濁	開	**七**	邪	野	夜	○	射	
光	**kong1**		古黃	見	唐	陽	一	清	合	一	光	廣	桄	郭	洸胱桄茪珖	語音（**kng1**）
果	**ko2**		古火	見	果	哿	一	清	合	二	戈	果	過	○	裹蜾輠惈蜾猓	語泉（**ker2**）語漳（**kue2**）
珍	**tin1**		陟鄰	知	真	真	三	清	開	一	珍	駗	鎭	窒	塡（塡：塞也）	
李	**li2**		良士	來	止	紙	三	次濁	開	二	離	李	吏	○	里理裏娌俚鯉（次濁上轉二聲）	
柰	**nai7**		泥帶	泥	泰	泰	一	次濁	開	**七**	○	○	柰	○	○	

文	TLPA音標	注音符號	切語	聲母	廣韻	詩韻	等第	清濁	開合	調值	平	上	去	入	同音字	備註
菜	chai3		倉代	清	代	隊	一	清	開	三	猜	采	菜	○	采（食邑）寀棌	
重	tiong7		柱用	澄	用	宋	三	濁	合	七	重	重	重	躅	緟（柱：直主切，楹也）	語音（tang7）
芥	kai3		古拜	見	怪	卦	一	清	開	三	皆	解	芥	○	戒介誡玠界届疥蚧犗价（解屬蟹韻）	語音（kua3）
薑	kiong1		居良	見	陽	陽	三	清	開	一	薑	繈	彊	腳	疆僵姜韁礓橿殭韁	語音（kiunn1）
海	hai2		呼改	曉	海	賄	一	清	開	二	咍	海	儗	○	醢	
鹹	ham5		胡讒	匣	咸	咸	二	濁	開	五	鹹	鹻	陷	洽	咸	語音（kiam2）
河	ho5		胡歌	匣	歌	歌	一	濁	開	五	何	荷	賀	○	何荷苛鉌蚵	
淡	tam6		徒敢	定	敢	感	一	濁	開	六	談	淡	淡	蹋	噉澹憺	
鱗	lin5		力珍	來	真	真	三	濁	開	五	鄰	嶙	吝	栗	鄰鱗麟磷嶙轔燐粼璘甐蹸	語音（lan5）
潛	ciam7		慈豔	從	豔	豔	四	濁	開	七	潛	漸	潛	捷	○	又音（ciam5）
羽	u2		王矩	喻	麌	麌	二	次濁	合	二	于	羽	芋	○	禹雨宇瑀楀鄅栩萬偊（次濁上轉二聲）	
翔	siong5		似羊	邪	陽	陽	四	濁	開	五	詳	像	○	○	詳祥庠	

文	TLPA音標	注音符號	切語	聲母	廣韻	詩韻	等第	清濁	開合	調值	平	上	去	入	同音字	備註
龍	**liong5**		力鐘	來	鍾	冬	三	次濁	合	五	龍	隴	○	錄	躘鸗蘢	語音 **(lieng5)**
師	**sir1**		疏夷	疏	脂	支	二	清	開	一	師	史	駛	○	獅螄篩（「史」在「止」韻「駛」在「志」韻）	語音 **(sai1)**
火	**ho2**		呼果	曉	果	哿	一	清	合	二	呵	火	呵	○	○	語音 **(her2)**
帝	**te3**		都計	端	霽	霽	四	清	開	三	低	邸	帝	○	諦蒂螮氐柢	
鳥	**niau2**		奴鳥	泥	篠	篠	四	次濁	開	二	嬈	鳥	尿	○	嬲蔦嫋裊嬈（次濁上轉二聲）	語音 **(ciau2)**
官	**kuan1**		古丸	見	桓	寒	一	清	合	一	官	管	貫	括	冠倌棺觀莞（東莞）	語音 **(kuann1)**
人	**jin5**		如鄰	日	真	真	三	次濁	開	五	人	忍	刃	日	仁	語音 **(lang5)**
皇	**hong5**		胡光	匣	唐	陽	一	濁	合	五	黃	晃	潢	穫	遑徨惶喤璜簧煌隍湟艎凰騜蝗蟥鍠篁黃	
始	**si2**		詩止	審	止	紙	三	清	開	二	詩	始	試	○	○	
制	**ce3**		征例	照	祭	霽	三	清	開	三	○	○	制	○	製淛狾	
文	**bun5**		無分	微	文	文	三	次濁	脣	五	文	吻	問	物	聞紋蚊鴍雯	
字	**ci7**		疾置	從	志	寘	四	濁	開	七	疵	○	漬	○	孳牸	語音 **(ji7)** 宋音 **(cir7)**

文	TLPA音標	注音符號	切語	聲母	廣韻	詩韻	等第	清濁	開合	調值	平	上	去	入	同音字	備註
乃	nai2		奴亥	泥	海	賄	一	次濁	開	二	能	乃	耐	○	鼐（次濁上轉讀二聲）	
服	hok8		房六	奉	屋	屋	三	濁	脣	八	馮	○	奉	服	伏復茯鵩輹蝮皾箙	
衣	i1		於希	影	微	微	三	清	開	一	衣	扆	郼	○	依禕郼	
裳	siong5		市羊	禪	陽	陽	三	清	開	五	常	上	尙	杓	常嘗償徜鱨	
推	thue1		他回	透	灰	灰	一	清	合	一	推	腿	退	○	蓷	俗音（tui1）
位	ui7		于愧	喻	至	寘	三	次濁	合	七	爲	洧	位	○	○	
讓	jiong7		人樣	日	漾	漾	三	次濁	開	七	穰	壤	讓	弱	○	語音（liunn7）
國	kok4		古或	見	德	職	一	清	合	四	肱	○	○	國	膕蟈（或：胡國切）	
有	iu2		云久	喻	有	有	三	次濁	開	二	尤	有	宥	○	友（次濁上轉讀二聲）	語音（u6）
虞	gu5		遇俱	疑	虞	虞	三	次濁	合	五	虞	麌	遇	○	愚隅娛嵎禺鰅齵	
陶	to5		徒刀	定	豪	豪	一	濁	開	五	桃	道	導	○	桃逃萄淘濤啕燾檮匋綯醄騊駣	
唐	tong5		徒郎	定	唐	陽	一	濁	開	五	唐	蕩	宕	鐸	堂螳棠醣搪溏螗榶鎕磄踼鶶	語音（tng5）

文	TLPA音標	注音符號	切語	聲母	廣韻	詩韻	等第	清濁	開合	調值	平	上	去	入	同音字	備註
弔	tiau3		多嘯	端	嘯	嘯	四	清	開	三	貂	鳥	弔	○	釣寫蔦	
民	min5		彌鄰	明	真	真	四	次濁	開	五	民	敏	○	蜜	泯	
伐	huat8		房越	奉	月	月	三	濁	脣	八	煩	飯	飯	伐	罰閥筏茷藅	
罪	cue6		徂賄	從	賄	賄	一	濁	合	六	摧	罪	啐	○	嶵	
周	ciu1		職流	照	尤	尤	三	清	開	一	周	帚	咒	○	舟賙州洲[illegible]啁輖婤	
發	huat4		方伐	非	月	月	三	清	脣	四	藩	反	販	髮	髮	
殷	in1		於斤	影	殷	文	三	清	開	一	殷	隱	檃	乙	慇蒑濦	宋音（un1）
湯	thong1		吐郎	透	唐	陽	一	清	開	一	湯	曭	儻	託	鐋蝪薚瞠	語音（thng1）
坐	co6		徂果	從	果	哿	一	濁	合	六	矬	坐	座	○	○	語音（cer7）
朝	tiau5		直遙	澄	宵	蕭	三	濁	開	五	朝	肇	召	○	潮晁	
問	bun7		亡運	微	問	問	三	次濁	脣	七	文	吻	問	物	紊抆汶鼤聞	語音（mng7）
道	to6		徒皓	定	皓	皓	一	濁	開	六	桃	道	導	○	稻	

文	TLPA音標	注音符號	切語	聲母	廣韻	詩韻	等第	清濁	開合	調值	平	上	去	入	同音字	備註
垂	**sui5**		是爲	禪	支	支	三	濁	合	五	垂	○	睡	○	陲倕圌	
拱	**kiong2**		居悚	見	腫	腫	二	清	合	二	恭	拱	供	輂	鞏珙栱拲蛬	
平	**pieng5**		符兵	並	庚	庚	三	濁	脣	五	平	○	病	欂	評苹坪枰泙（輕脣切重脣）	語音（pinn5）
章	**ciong1**		諸良	照	陽	陽	三	清	開	一	章	掌	障	酌	彰漳嫜樟璋鄣慞障	語音（ciunn1）
愛	**ai3**		烏代	影	代	對	一	清	開	三	哀	欸	愛	○	靉僾薆曖誒	
育	**iok8**		余六	喻	屋	屋	四	次濁	合	八	融	○	○	育	毓煜昱鬻淯萑	語音（io1）
黎	**le5**		郎奚	來	齊	齊	四	次濁	開	五	黎	禮	麗	○	梨驪犁藜蠡鸝蔾黧	
首	**siu2**		書九	審	有	有	三	清	開	二	收	首	狩	○	手守狩	
臣	**sin5**		植鄰	禪	真	真	三	濁	開	五	辰	腎	慎	○	辰晨宸蜃	
伏	**hok8**		房六	奉	屋	屋	三	濁	脣	八	馮	○	鳳	伏	服菔匐茯復垘鵩輹鰒蝮覆	
戎	**jiong5**		如融	日	東	東	三	次濁	合	五	戎	○	○	肉	絨狨茙駥	
羌	**khiong1**		去羊	溪	陽	陽	三	清	開	一	羌	○	唴	卻	蜣慶	語音（khiunn1）

文	TLPA音標	注音符號	切語	聲母	廣韻	詩韻	等第	清濁	開合	調值	平	上	去	入	同音字	備註
遐	**ha5**		胡加	匣	痲	痲	二	濁	開	**五**	遐	下	夏	○	蝦鍜霞瑕碬騢赮蕸	
邇	**ji2**		兒氏	日	紙	紙	三	次濁	開	二	兒	邇	二	○	爾尒（二字屬「至」韻）（次濁上轉二聲）	
壹	**it4**		於悉	影	質	質	四	清	開	**四**	因	○	印	壹	一	
體	**the2**		他禮	透	薺	薺	四	清	開	二	梯	體	替	○	涕醍	
率	**sut4**		所律	審	術	質	二	清	合	**四**	○	○	○	率	帥蟀	
賓	**pin1**		必鄰	幫	真	真	四	清	脣	一	賓	○	儐	必	濱檳儐鑌	
歸	**kui1**		舉韋	見	微	微	三	清	合	一	歸	鬼	貴	○	○	
王	**ong5**		雨方	喻	陽	陽	三	次濁	合	**五**	王	往	旺	矍	○	
鳴	**mieng5**		武兵	明	庚	庚	三	次濁	開	**五**	明	皿	命	○	明盟（次濁上轉讀二聲）	
鳳	**hong7**		馮貢	奉	送	送	三	濁	脣	**七**	馮	○	鳳	伏	○	
在	**cai6**		昨宰	從	海	賄	一	濁	開	**六**	裁	在	載	○	○	
竹	**tiok4**		張六	知	屋	屋	三	清	合	**四**	中	○	中	竹	築筑竺茿	語音（**tiek4**）

文	TLPA音標	注音符號	切語	聲母	廣韻	詩韻	等第	清濁	開合	調值	平	上	去	入	同音字	備註
白	pirk8		傍陌	並	陌	陌	二	濁	開	八	彭	並	膨	白	帛舶欂	語音（peh8）
駒	ku1		舉朱	見	虞	虞	三	清	合	一	拘	矩	屨	○	拘崌痀俱	
食	siek8		乘力	神	職	職	三	濁	開	八	乘	○	乘	食	蝕	語音（sit8）
場	tiong5		直良	澄	陽	陽	三	濁	開	五	長	丈	仗	著	長腸萇	語音（tiunn5）
化	hua3		呼霸	曉	禡	禡	二	清	合	一	花	○	化	○	杹「化」字集韻作「火跨」切（脣音切合口）	
被	phi1		敷羈	滂	支	支	三	清	脣	一	被	披	帔	○	披鈹狓（輕脣切重脣）	
草	cho2		釆老	清	皓	皓	一	清	開	二	操	草	操	○	懆	語音（chau2）
木	mok8		莫卜	明	屋	屋	一	次濁	脣	八	蒙	蠓	幪	木	目牧穆沐苜鶩霂蚞睦繆	
賴	lai7		落蓋	來	泰	泰	一	次濁	開	七	○	○	賴	○	癩瀨籟賚藾糲	語音（lua7）
及	kip8		其立	群	緝	緝	三	濁	開	八	琴	噤	○	及	笈	
萬	ban7		無販	微	願	願	三	次濁	脣	七	樠	曼	蔓	韈	万曼蔓獌（脣音字讀開口）	
方	hong1		府良	非	陽	陽	三	清	脣	一	方	昉	放	縛	坊肪枋鈁	語音（hng1）

文	TLPA音標	注音符號	切語	聲母	廣韻	詩韻	等第	清濁	開合	調值	平	上	去	入	同音字	備註
蓋	kai3		古太	見	泰	泰	一	清	開	三	○	○	蓋	○	丐瓂	語音（kua3）
此	chi2		雌氏	清	紙	紙	四	清	開	二	雌	此	次	○	佌泚玼跐（「次」字屬「至」韻）	宋音（chir）
身	sin1		失人	審	真	真	三	清	開	一	申	矧	○	失	伸申紳呻娠抻	
髮	huat4		方伐	非	月	月	三	清	脣	**四**	藩	反	販	髮	發	
四	si3		息利	心	至	寘	四	清	開	三	私	死	四	○	肆駟泗柶貄蕼	宋音（sir3）
大	tai7		徒蓋	定	泰	泰	一	濁	開	**七**	○	○	大	○	○	語音（tua7）
五	goo2		疑古	疑	姥	麌	一	濁	合	二	吾	五	誤	○	午伍仵忤玝（次濁上轉讀二聲）	語音（goo6）
常	siong5		市羊	禪	陽	陽	三	濁	開	**五**	常	上	尚	杓	裳嘗償鱨徜	
恭	kiong1		九容	鍾	鍾	冬	三	清	合	一	恭	拱	供	輂	供龔	
維	ui5		以追	喻	脂	支	四	次濁	合	**五**	惟	唯	遺	○	惟唯濰䨓遺蠵	
鞠	kiok4		居六	見	燭	沃	三	清	合	**四**	弓	○	○	菊	菊掬鞫掬匊椈踘	
養	iong2		餘兩	喻	養	養	四	次濁	開	二	陽	養	漾	藥	痒懩（次濁上轉讀二聲）	語音（iunn2）

文	TLPA音標	注音符號	切語	聲母	廣韻	詩韻	等第	清濁	開合	調值	平	上	去	入	同音字	備註
豈	**khi2**		祛狶	溪	尾	尾	三	清	開	二	○	豈	氣	○	○	
敢	**kam2**		古覽	見	敢	感	一	清	開	二	甘	敢	闞	蓋	橄澉	語音（**kann2**）
毀	**hui2**		許委	曉	紙	紙	三	清	合	二	麾	毀	毀	○	燬毇檓	
傷	**siong1**		式羊	審	陽	陽	三	清	開	一	商	賞	餉	鑠	商殤觴湯鬺蔏螪謪	語音（**siunn1**）
女	**nir2**		尼呂	娘	語	語	三	次濁	合	二	袽	女	女	○	籹（次濁上轉讀二聲）	語音（**lir2**）
慕	**moo7**		莫故	明	暮	遇	一	次濁	合	七	模	姥	暮	○	墓募暮	
貞	**tieng1**		陟盈	知	清	庚	三	清	開	一	貞	○	○	○	禎楨	俗音（**cieng1**）
烈	**liat8**		良薛	來	薛	屑	三	次濁	開	八	連	輦	摙	列	列裂洌冽蛚茢颲烈鴷	
男	**nam5**		那含	泥	覃	覃	一	次濁	開	五	南	腩	妠	納	南枏喃諵	
效	**hau7**		胡教	匣	效	效	二	濁	開	七	肴	澩	效	○	校佼	
才	**cai5**		昨哉	從	咍	灰	一	濁	開	五	才	在	載	○	裁纔材財	
良	**liong5**		呂張	來	陽	陽	三	次濁	開	五	良	兩	諒	略	量糧涼粱樑梁椋輬俍	

文	TLPA音標	注音符號	切語	聲母	廣韻	詩韻	等第	清濁	開合	調値	平	上	去	入	同音字	備註
知	ti1		陟離	知	支	支	三	清	開	一	知	挃	智	○	蜘	語音（cai1）
過	ko3		古臥	見	過	箇	一	清	合	三	戈	果	過	○	○	語音（ker3）
必	pit4		卑吉	幫	質	質	四	清	脣	四	賓	○	儐	必	畢蓽蹕篳鷩珌飶滭熚彃縪	
改	kai2		古亥	見	海	賄	一	清	開	二	該	改	概	○	胲	語音（kere2）
得	tirk4		多則	端	德	職	一	清	開	四	登	等	嶝	德	德淂	語音（tit4）
能	lirng5		奴登	泥	登	蒸	一	次濁	開	五	能	能	○	螚	○	
莫	mok8		慕各	明	鐸	藥	一	次濁	脣	八	茫	莽	漭	莫	幕漠膜寞瘼鄚鏌鬕慔縸	
忘	bong5		武方	微	陽	陽	三	次濁	脣	五	亡	罔	妄	○	亡芒望硭鋩	
罔	bong2		文兩	微	養	養	二	次濁	脣	二	亡	罔	妄	○	網魍輞惘（次濁上轉讀二聲）	
談	tam5		徒甘	定	談	覃	一	濁	開	五	談	淡	淡	蹋	痰郯餤倓澹	
彼	pi2		甫委	幫	紙	紙	三	清	脣	二	陂	彼	賁	○	柀貏（輕脣切重脣）（合口切脣音）	
短	tuan2		都管	端	緩	旱	二	清	合	二	端	短	鍛	掇	○	語音（ter2）

文	TLPA音標	注音符號	切語	聲母	廣韻	詩韻	等第	清濁	開合	調值	平	上	去	入	同音字	備註
靡	mi2		文彼	明	紙	紙	三	次濁	脣	二	糜	靡	靡	○	灖蘼（輕脣切重脣）（次濁上轉二聲）	
恃	si6		時止	禪	止	紙	三	濁	開	六	時	恃	侍	○	市時	
己	ki2		居理	見	止	紙	三	清	開	二	基	己	記	○	紀	
長	tiong5		直良	澄	陽	陽	三	清	開	五	長	丈	仗	著	腸場萇	語音（tng5）
信	sin3		息晉	心	震	震	四	清	開	三	辛	○	信	悉	囟訊迅汛阠	
使	sir2		疏士	疏	止	紙	二	清	開	二	師	史	駛	○	史駛（「師」字在「脂」韻）	語音（sai2）
可	kho2		枯我	溪	哿	哿	一	清	開	二	坷	可	坷	○	軻坷岢閜	
復	hok8		房六	奉	屋	屋	三	濁	脣	八	馮	○	奉	復	服伏菔匐茯復垘鵩輹鰒蝮蕧	
器	khi3		去冀	溪	至	寘	三	清	開	三	○	○	器	○	欸	
欲	iok8		余蜀	喻	燭	沃	四	次濁	合	八	容	勇	用	欲	慾浴鵒鋊	
難	nan5		那干	泥	寒	寒	一	次濁	開	五	難	攤	難	捺	○	
量	liong5		呂張	來	陽	陽	三	次濁	開	五	良	兩	諒	略	良糧涼粱樑梁椋輬俍	語音（liunn）

文	TLPA音標	注音符號	切語	聲母	廣韻	詩韻	等第	清濁	開合	調值	平	上	去	入	同音字	備註
墨	mirk8		莫北	明	德	職	一	次濁	脣	八	瞢	瞢	○	墨	默纆嘿冒万蟔	語音（mak8）
悲	pi1		府眉	幫	脂	支	三	清	脣	一	悲	鄙	祕	○	○（輕脣切重脣）	
絲	si1		息茲	心	之	支	四	清	開	一	絲	葸	笥	○	思司覗鷥禗	
染	jiam2		而琰	日	琰	琰	三	次濁	開	二	髥	染	染	讘	冉苒姌（次濁上轉讀二聲）	語音（linn2）
詩	si1		書之	審	之	支	三	清	開	一	詩	始	試	○	○	
讚	can3		則旰	精	翰	翰	一	清	開	三	○	○	贊	拶	贊酇趲鑽	
羔	ko1		古勞	見	毫	毫	一	清	開	一	高	杲	誥	○	皋高膏篙糕	
羊	iong5		與章	喻	陽	陽	四	次濁	開	五	陽	養	漾	藥	暘揚楊洋羊佯瘍錫徉昜禓瑒陽颺崵	語音（iunn5）
景	kirng2		居影	見	梗	梗	二	清	開	二	驚	警	敬	戟	警儆境璥憼蟼	
行	hirng5		戶庚	匣	庚	庚	二	濁	開	五	行	杏	行	核	衡珩桁蘅	
惟	ui5		以追	喻	脂	支	四	次濁	合	五	惟	唯	遺	○	維唯濰、䨜遺蠵	
賢	hian5		胡田	匣	先	先	四	濁	開	五	賢	峴	現	纈	弦絃舷蚿胘	

文	TLPA音標	注音符號	切語	聲母	廣韻	詩韻	等第	清濁	開合	調値	平	上	去	入	同音字	備註
克	khirk		苦得	溪	德	職	一	清	開	四	○	肯	○	克	刻剋	
念	niam7		奴店	泥	㮇	豔	四	次濁	開	七	○	淰	念	捻	○	
作	cok4		則落	精	鐸	藥	一	清	合	四	臧	駔	葬	作	○	又音（co3）
聖	sieng3		式正	審	勁	敬	三	清	開	三	聲	○	聖	釋	○	語音（siann3）
德	tirk4		多則	端	德	職	一	清	開	四	登	等	嶝	德	得淂	
建	kian3		居万	見	願	願	三	清	開	三	犍	蹇	建	訐	○（脣音切開口）	
名	mieng5		彌并	明	清	庚	四	次濁	開	五	名	眳	詺	○	洺	語音（miann5）
立	lip8		力入	來	緝	緝	三	次濁	開	八	臨	廩	臨	立	粒笠苙岦鴗	
形	hieng5		戶經	匣	青	青	四	濁	開	五	形	悻	脛	檄	型刑硎鉶陘邢侀鋞	
端	tuan1		多官	端	桓	寒	一	清	合	一	端	短	鍛	掇	耑剬	
表	piau2		陂矯	幫	篠	篠	三	清	脣	二	鑣	表	裱	○	諘	語音（pio2）
正	cieng3		之盛	照	勁	敬	三	清	開	三	征	整	政	隻	政証	語音（ciann3）

文	TLPA音標	注音符號	切語	聲母	廣韻	詩韻	等第	清濁	開合	調値	平	上	去	入	同音字	備註
空	khong1		苦紅	溪	東	東	一	清	合	一	空	孔	控	哭	悾倥崆箜涳硿	語音（khang1）
谷	kok4		古祿	見	屋	屋	一	清	合	四	工	○	貢	穀	穀轂瀔	
傳	tuan5		直攣	澄	仙	先	三	濁	合	五	傳	篆	傳	○	椽	俗音（thuan5）
聲	sieng1		書盈	審	清	庚	三	清	庚	一	聲	○	聖	釋	○	語音（siann1）
虛	hir1		朽居	曉	魚	魚	三	清	合	一	虛	許	噓	○	歔驉魖	
堂	tong5		徒郎	定	唐	陽	一	濁	開	五	唐	蕩	宕	鐸	唐螳棠醣搪溏螗糖鎕磄踼螳鶶煻瑭	語音（tng5）
習	sip8		似入	邪	緝	緝	三	濁	開	八	尋	○	鐔	習	襲隰鰼謵騽霫槢	
聽	thieng3		他定	透	徑	徑	四	清	開	三	聽	珽	聽	惕	侹庭（逕庭）	語音（tiann1）
禍	ho6		胡果	匣	果	哿	一	濁	合	六	和	禍	和	○	夥輠	語音（er6）
因	in1		於真	影	真	真	四	清	開	一	因	○	印	一	姻禋絪茵闉堙歅湮駰諲	
惡	ok4		烏各	影	鐸	藥	一	清	合	四	○	坱	盎	惡	堊蝁	
積	ciek4		資昔	精	昔	陌	四	清	開	四	精	井	精	積	跡脊蹐鶺膌鯽鰿踖	

文	TLPA音標	注音符號	切語	聲母	廣韻	詩韻	等第	清濁	開合	調值	平	上	去	入	同音字	備註
福	**hok4**		方六	非	屋	屋	三	清	脣	**四**	風	○	諷	福	覆複腹鍑幅輻蝠葍踾鶝	
緣	**ian5**		與專	喻	仙	先	四	次濁	合	**五**	緣	兗	掾	悅	沿鉛鳶櫞蝝捐	
善	**sian6**		常演	禪	獮	銑	三	濁	開	**六**	蟬	善	繕	折	膳單墠鱔墡鄯	
慶	**khieng3**		邱敬	溪	映	敬	三	清	開	三	卿	○	慶	隙	○	
尺	**chiek4**		昌石	穿	昔	陌	三	清	開	**四**	○	○	○	尺	赤斥	語音（**chioh4**）
璧	**piek4**		必益	幫	昔	陌	四	清	脣	**四**	并	餅	併	璧	辟襞薜	
非	**hui1**		甫微	非	微	微	三	清	脣	一	非	匪	沸	○	飛扉緋騛騑斐餥誹	
寶	**po2**		博抱	幫	皓	皓	一	清	脣	二	褒	寶	報	○	保葆鴇堡鴇	
寸	**chun3**		倉困	清	慁	願	一	清	合	三	村	忖	寸	猝	○	
陰	**im1**		於金	影	侵	侵	三	清	開	一	音	飲	蔭	邑	音瘖喑愔霒	
是	**si6**		承紙	禪	紙	紙	三	濁	開	**六**	匙	是	豉	○	氏諟	
競	**kieng7**		渠敬	群	映	敬	三	濁	開	**七**	擎	○	競	劇	儆	

文	TLPA音標	注音符號	切語	聲母	廣韻	詩韻	等第	清濁	開合	調值	平	上	去	入	同音字	備註
資	**ci1**		即夷	精	脂	支	四	清	開	一	資	姊	恣	○	咨澬粢齍姿	宋音（**cir1**）
父	**hu6**		扶雨	奉	麌	麌	三	濁	脣	**六**	扶	父	附	○	輔腐滏釜蚥	
事	**sir7**		鉏吏	牀	志	寘	二	濁	開	**七**	漦	仕	事	○	○	泉音（**su7**）漳音（**si7**）
君	**kun1**		舉云	見	文	文	三	清	合	一	君	○	○	厥	軍皸麇莙桾	
曰	**uat8**		王伐	喻	月	月	三	次濁	合	**八**	袁	遠	遠	越	越鉞粵樾	
嚴	**giam5**		魚杴	疑	嚴	鹽	三	次濁	開	**五**	嚴	儼	驗	業	○	
與	**ir2**		余呂	喻	語	語	三	次濁	合	二	餘	與	豫	○	予与（次濁上轉讀二聲）	泉音（**u2**）漳音（**i2**）
敬	**kieng3**		居慶	見	映	敬	三	清	開	三	驚	警	敬	戟	竟鏡獍璥	
孝	**hau3**		呼教	曉	效	效	三	清	開	三	嘐	嗃	孝	○	哮	又讀（**ha3**）
當	**tong1**		都郎	端	唐	陽	一	清	開	一	當	黨	擋	沰	鐺襠璫簹蟷艡	語音（**tng1**）
竭	**kiat8**		渠列	群	薛	屑	三	濁	開	**八**	虔	件	○	傑	傑杰榤桀碣楬滐	
力	**liek8**		林直	來	職	職	三	次濁	開	**八**	陵	○	○	力	朸屴	語音（**lat8**）

文	TLPA音標	注音符號	切語	聲母	廣韻	詩韻	等第	清濁	開合	調值	平	上	去	入	同音字	備註
忠	tiong1		陟弓	之	東	東	三	清	合	一	中	○	中	竹	中衷	
則	cirk4		子德	精	德	職	一	清	開	四	增	○	增	則	○	
盡	cin6		慈忍	從	軫	軫	四	濁	開	六	秦	盡	○	疾	○	
命	mieng7		眉病	明	映	敬	三	次濁	脣	七	明	皿	命	○	盟	語音 (miann)
臨	lim5		力尋	來	侵	侵	三	次濁	開	五	臨	廩	臨	立	淋林琳霖箖	
深	sim1		式鍼	審	侵	侵	三	清	開	一	深	審	深	溼	○	俗音 (chim1)
履	li2		力几	來	旨	紙	三	次濁	開	二	棃	履	利	○	○（次濁上轉讀二聲）	
薄	pok8		傍各	並	鐸	藥	一	濁	脣	八	旁	傍	泊	○	泊簿礴亳鑮	語音 (poh8)
夙	siok4		息逐	心	屋	屋	四	清	合	四	嵩	○	○	夙	肅宿潚蓿驌鱐鷫	
興	hieng1		虛陵	曉	蒸	蒸	三	清	開	一	興	○	興	○	○	
溫	un1		烏渾	影	魂	元	一	清	合	一	溫	穩	搵	○	轀瘟豱縕薀	
凊	chieng3		七政	清	勁	敬	四	清	開	三	清	請	凊	磧	婧倩	

文	TLPA音標	注音符號	切語	聲母	廣韻	詩韻	等第	清濁	開合	調值	平	上	去	入	同音字	備註
似	**si6**		詳里	邪	止	紙	四	濁	開	**六**	詞	似	寺	○	巳祀耜兕汜	宋音（**sir**）
蘭	**lan5**		落干	來	寒	寒	一	濁	開	**五**	蘭	嬾	爛	剌	欄瀾闌籣讕欗	
斯	**si1**		息移	心	支	支	四	清	開	**一**	斯	徙	賜	○	廝澌蜇蟴澌	宋音（**sir1**）
馨	**hieng1**		呼刑	曉	青	青	四	清	開	**一**	馨	○	○	鬩	蛵	
如	**jir5**		人諸	日	魚	魚	三	次濁	合	**五**	如	汝	洳	○	茹鴽	
松	**siong5**		祥容	邪	鍾	冬	四	濁	合	**五**	松	○	頌	續	○	語音（**chenn5**）
之	**ci1**		止而	照	之	支	三	清	開	**一**	之	止	志	○	芝	
盛	**sieng7**		承正	禪	勁	敬	三	濁	開	**七**	成	○	盛	石	晟	
川	**chuan1**		昌緣	穿	仙	先	三	清	合	**一**	穿	舛	釧	歜	穿	
流	**liu5**		力求	來	尤	尤	三	次濁	開	**五**	流	柳	溜	○	劉留瘤鎦瘤旒硫騮鏐榴瀏遛	語音（**lau5**）
不	**put4**		分勿	非	物	物	三	清	脣	**四**	分	粉	糞	弗	輕脣切重脣「不」字韻會作「逋沒」切	
息	**siek4**		相即	心	職	職	四	清	開	**四**	○	○	○	息	媳蒠瘜	

文	TLPA音標	注音符號	切語	聲母	廣韻	詩韻	等第	清濁	開合	調值	平	上	去	入	同音字備	註
淵	ian1		烏懸	影	先	先	四	清	合	一	淵	蜎	○	抉	蜎蜵鼘	
澄	tieng5		直陵	澄	蒸	蒸	三	濁	開	五	澄	澄	瞪	直	懲瞪橙	
取	chu2		七庾	清	麌	麌	四	清	合	二	趨	取	娶	○	娶	
映	ieng3		於敬	影	勁	敬	三	清	開	三	英	影	映	○	○	俗音（iong3）
容	iong5		餘封	喻	鍾	冬	四	次濁	合	五	容	勇	用	欲	墉鏞鄘溶蓉榕瑢鰫鷛傭褣庸傭	
止	ci2		諸市	照	止	紙	三	清	開	二	之	止	志	○	趾址阯芷沚祉時	
若	jiok8		而灼	日	藥	藥	三	次濁	合	八	穰	壤	讓	若	弱箬蒻鄀	
思	si1		息茲	心	之	支	四	清	開	一	思	葸	思	○	司絲覗鷥禗	宋音（sir1）
言	gian5		語軒	疑	元	元	三	濁	開	五	言	巘	○	钀	甗	
辭	si5		似茲	邪	之	支	四	濁	開	五	詞	似	寺	○	詞祠柌	宋音（sir5）
安	an1		烏寒	影	寒	寒	一	清	開	一	安	○	按	遏	鞍	
定	tieng7		徒徑	定	徑	徑	四	濁	開	七	庭	挺	定	荻	廷	語音（tiann7）

文	TLPA音標	注音符號	切語	聲母	廣韻	詩韻	等第	清濁	開合	調值	平	上	去	入	同音字	備註
篤	**tok4**		冬毒	端	沃	沃	一	清	合	**四**	冬	湩	湩	篤	督	
初	**chir1**		楚居	初	魚	魚	二	清	合	一	初	楚	楚	○	○	《洪武正韻》作 **(choo1)**
誠	**sieng5**		是征	禪	清	庚	三	濁	開	五	成	○	盛	石	城成盛宬晟郕	語音（**ciann5**）
美	**mi2**		無鄙	明	旨	紙	三	次濁	脣	二	眉	美	寐	○	媺渼（輕脣切重脣）（次濁上轉讀二聲）	
慎	**sin7**		時刃	禪	震	震	三	濁	開	**七**	辰	腎	慎	○	蜃	
終	**ciong1**		職戎	照	東	東	三	清	合	一	終	○	眾	祝	螽終	
宜	**gi5**		魚羈	疑	支	支	三	次濁	開	五	宜	蟻	義	○	儀鸃涯崖轙檥	
令	**lieng7**		力政	來	勁	敬	三	次濁	開	**七**	○	○	令	○	詅「令」字「清、勁、青、徑」四韻皆收	
榮	**ieng5**		永兵	喻	庚	庚	三	次濁	合	五	榮	永	詠	○	嶸蠑螢	
業	**giap8**		魚怯	疑	業	業	三	濁	開	**八**	嚴	儼	驗	業	鄴	
所	**soo2**		疏舉	疏	語	語	二	清	合	二	疏	所	疏	○	糈	
基	**ki1**		居之	見	之	支	三	清	開	一	基	己	記	○	箕其居期其	

文	TLPA音標	注音符號	切語	聲母	廣韻	詩韻	等第	清濁	開合	調值	平	上	去	入	同音字	備註
籍	ciek8		秦昔	從	昔	陌	四	濁	清	八	情	靜	淨	籍	藉瘠耤膌塉	
甚	sim6		常枕	禪	寢	寢	三	濁	開	六	諶	甚	甚	十	抌	
無	bu5		武夫	微	虞	虞	三	次濁	脣	五	無	武	務	○	毋蕪巫誣膴莁廡憮	語音（bo5）
竟	kieng3		居慶	見	映	敬	三	清	開	三	驚	警	敬	戟	敬鏡獍璥	
學	hak8		胡覺	匣	覺	覺	二	濁	開	八	降	項	巷	學	鷽澩鷽嶨	語音（oh8）
優	iu1		於求	影	尤	尤	三	清	開	一	優	懮	○	○	憂耰鄾瀀纋	
登	tirng1		都滕	端	登	蒸	一	清	開	一	登	等	嶝	德	燈簦豋	
仕	sir6		俟里	牀	止	紙	二	濁	開	六	漦	仕	事	○	士涘	
攝	siap4		書涉	審	葉	葉	三	清	開	四	苫	閃	閃	攝	灄韘歙	俗音（liap4）
職	ciek4		之翼	照	職	職	三	清	開	四	蒸	拯	證	職	織樴膱蟙職	俗音（cit4）
從	ciong5		疾容	從	鍾	冬	四	濁	合	五	從	○	從	○	○	
政	cieng3		之盛	照	勁	敬	三	清	開	三	征	整	政	隻	正証	

文	TLPA音標	注音符號	切語	聲母	廣韻	詩韻	等第	清濁	開合	調值	平	上	去	入	同音字	備註
存	**cun5**		徂尊	從	魂	元	一	濁	合	**五**	存	鱒	鐏	捽	蹲踆	
以	**i2**		羊己	喻	止	紙	四	次濁	開	**二**	怡	以	異	○	已苡迤施（次濁上轉讀二聲）	
甘	**kam1**		古三	見	談	覃	一	清	開	**一**	甘	感	紺	閤	柑泔疳淦弇	
棠	**tong5**		徒郎	定	唐	陽	一	濁	開	**五**	唐	蕩	宕	鐸	唐堂螳醣搪溏螗糖鎕磄踼螳鶶煻瑭	
去	**khir3**		丘倨	溪	御	御	三	清	合	**三**	墟	去	去	○	麮蚙胠	語漳 **(khi3)** 語泉 **(khu3)**
而	**ji5**		如之	日	之	支	三	次濁	開	**五**	而	耳	餌	○	洏耏輀栭陑鮞鴯胹	
益	**iek4**		伊昔	影	昔	陌	四	清	開	**四**	纓	癭	纓	益	嗌膉齸膉	
詠	**ieng7**		爲命	喻	映	敬	三	次濁	開	**七**	榮	永	詠	○	泳禜	
樂	**gak8**		五角	疑	覺	覺	二	次濁	開	**八**	○	○	○	嶽	岳嶽	
殊	**su5**		市朱	禪	虞	虞	三	濁	合	**五**	殊	樹	樹	○	殳銖洙茱杸	
貴	**kui3**		歸胃	見	未	未	三	清	合	**三**	歸	鬼	貴	○	瞶	
賤	**cian7**		才線	從	線	霰	四	濁	開	**七**	前	踐	賤	截	諓餞	

文	TLPA音標	注音符號	切語	聲母	廣韻韻	詩韻	等第	清濁	開合	調值	平	上	去	入	同音字	備註
禮	**le2**		盧啓	來	薺	薺	四	次濁	開	二	黎	禮	麗	○	澧醴蠡豊欚劙鱧（次濁上轉讀二聲）	
別	**piat4**		方別	幫	薛	屑	三	清	脣	**四**	邊	編	遍	別	「邊編遍」屬「先銑霰」韻（輕脣切重脣）	
尊	**cun1**		祖昆	精	魂	元	一	清	合	**一**	尊	撙	焌	卒	樽嶟繜鷷	
卑	**pi1**		府移	幫	支	支	四	清	脣	**一**	卑	俾	臂	○	俾裨萆椑綼錍（輕脣切重脣）	
上	**siong7**		時亮	禪	樣	樣	三	濁	清	**七**	常	上	上	杓	○（上下之「上」去聲）	
和	**ho5**		戶戈	匣	戈	歌	一	濁	合	**五**	和	夥	和	○	禾龢鉌盉	
下	**ha6**		胡雅	匣	馬	馬	二	濁	開	**六**	遐	下	夏	○	夏廈	
睦	**mok8**		莫卜	明	屋	屋	一	濁	脣	**八**	蒙	蠓	幪	木	木目牧穆沐苜鶩霂蚞繆	
夫	**hu1**		甫無	非	虞	虞	三	清	脣	**一**	夫	甫	付	○	膚跗柎夫邞枹鈇鳺	
唱	**chiong3**		尺亮	穿	漾	漾	三	清	開	**三**	昌	敞	唱	綽	淌	語音（**ciunn3**）
婦	**hu6**		房久	奉	有	有	三	清	脣	**六**	浮	婦	復	○	負阜偩萯蝜	語音（**pu6**）
隨	**sui5**		旬爲	邪	支	支	四	濁	合	**五**	隨	髓	遂	○	隋（「遂」字屬「至」韻）	

文	TLPA音標	注音符號	切語	聲母	廣韻	詩韻	等第	清濁	開合	調值	平	上	去	入	同音字	備註
外	gue7		五會	疑	泰	泰	一	次濁	合	七	○	○	外	○	○	語音（gua7）
受	siu6		殖酉	禪	有	有	三	濁	開	六	讎	受	授	○	授綬	
傅	hu3		方遇	非	遇	遇	三	清	脣	三	夫	甫	付	○	付賦	
訓	hun3		許運	曉	問	問	三	清	合	三	熏	○	訓	欻	馴	
入	jip8		人執	日	緝	緝	三	次濁	開	八	壬	荏	妊	入	○	
奉	hong6		扶隴	奉	腫	腫	三	濁	脣	六	馮	奉	俸	復	○（俸祿之「奉」去聲）	
母	mio2		莫厚	明	厚	有	一	次濁	脣	二	謀	母	茂	○	拇畝某牡姆（次濁上轉讀二聲）	又音（moo2）語音（mu2）
儀	gi5		魚羈	疑	支	支	三	次濁	開	五	宜	蟻	義	○	宜艤涯崖轙檥	
諸	cir1		章魚	照	魚	魚	三	清	合	一	諸	煮	翥	○	櫧藷蠩蠩	泉音（cu1）漳音（ci1）
姑	koo1		古胡	見	模	虞	一	清	合	一	姑	古	顧	○	孤辜酤沽觚蛄箍泒罛柧軱橭	
伯	pirk4		博陌	幫	陌	陌	二	清	脣	四	綳	絣	迸	伯	百迫柏檗擘薜	語音（peh4）
叔	siok4		式竹	審	屋	屋	三	清	合	四	○	○	○	叔	菽倏儵	語音（ciek4）

文	TLPA音標	注音符號	切語	聲母	廣韻	詩韻	等第	清濁	開合	調值	平	上	去	入	同音字	備註
猶	iu5		以周	喻	尤	尤	四	次濁	開	五	由	酉	柚	○	由遊游猷油悠輶蚰攸蕕蝣楢莤柚滺繇	
子	ci2		即里	精	止	紙	四	清	開	二	滋	子	恣	○	仔耔杍梓（「恣」字屬「至」韻）	宋音（cir2）
比	pi2		卑履	幫	旨	紙	四	清	脣	二	○	比	比	○	匕妣秕沘朼紕枇	
兒	ji5		汝移	日	支	支	三	次濁	開	五	兒	爾	二	○	唲	
孔	khong2		康董	溪	董	董	一	清	合	二	空	孔	控	哭	倥悾空	
懷	huai5		戶乖	匣	皆	佳	二	濁	合	五	懷	夥	壞	○	褢淮槐櫰瀤	
兄	hieng1		許榮	曉	庚	庚	三	清	合	一	兄	○	○	○	○	語音（hiann1）
弟	te6		徒禮	定	薺	薺	四	濁	開	六	題	弟	第	○	娣遞	語音（ti6）
同	tong5		徒紅	定	東	東	一	濁	合	五	同	動	洞	獨	童僮銅桐曈侗峒瞳峒朣潼穜橦氃犝鮦	語音（tang5）
氣	khi3		去既	溪	未	未	三	清	開	三	○	豈	氣	○	○	
連	lian5		力延	來	仙	先	三	次濁	開	五	連	輦	摙	列	聯漣鰱謰褳	
枝	ci1		章移	照	支	支	三	清	開	一	支	紙	寘	○	支肢祇梔卮只氏鳷衼觶跂	語音（ki1）

文	TLPA音標	注音符號	切語	聲母	廣韻	詩韻	等第	清濁	開合	調值	平	上	去	入	同音字	備註
交	**kau1**		古肴	見	肴	爻	二	清	開	一	交	絞	教	○	膠教郊蛟茭鮫艽鵁佼鉸	
友	**iu2**		云久	喻	有	有	三	次濁	開	二	尤	有	宥	○	有（次濁上轉讀二聲）	
投	**tio5**		度侯	定	侯	有	一	濁	開	五	投	鋀	豆	○	頭牏酘	又音（**too5**）語音（**tau5**）
分	**hun7**		扶問	奉	問	問	三	濁	脣	**七**	汾	憤	分	佛	坋枌	
切	**chiat4**		千結	清	屑	屑	四	清	開	**四**	千	淺	蒨	切	竊	
磨	**moo5**		莫婆	明	戈	歌	一	次濁	脣	五	磨	麼	磨	○	摩魔劘	語音（**bua5**）
箴	**cim1**		職深	照	侵	侵	三	清	開	一	箴	枕	枕	執	斟鍼瑊	
規	**kui1**		居隋	見	支	支	四	清	合	一	規	癸	瞡	○	摫嫢槻	
仁	**jin5**		如鄰	日	真	真	三	次濁	開	五	人	忍	刃	日	人	
慈	**ci5**		疾之	從	之	支	四	濁	開	五	慈	○	自	○	磁鷀	宋音（**cir5**）
隱	**in2**		於謹	影	隱	文	三	清	開	二	殷	隱	檃	乙	癮讔檃濦蘟	宋音（**un2**）
惻	**chirk4**		初力	初	職	職	二	清	開	**四**	○	○	○	測	測廁畟	

文	TLPA音標	注音符號	切語	聲母	廣韻	詩韻	等第	清濁	開合	調值	平	上	去	入	同音字	備註
造	**cho3**		七到	清	號	號	一	清	開	三	操	草	操	○	操糙鄵慥	
次	**chi3**		七四	清	至	寘	四	清	開	三	雌	此	次	○	佽絘（「雌」屬支韻、「此」屬紙韻）	宋音（**chir3**）
弗	**hut4**		分勿	非	物	物	三	清	脣	**四**	分	粉	糞	弗	弗紼紱黻紨刜茀笰翇芾	
離	**li5**		呂支	來	支	支	三	次濁	開	**五**	離	里	吏	○	籬鸝蘺褵縭罹蠡醨樆	
節	**ciat4**		子節	精	屑	屑	四	清	開	**四**	箋	翦	箭	節	癤楶	
義	**gi7**		宜寄	疑	寘	寘	三	次濁	開	**七**	宜	蟻	義	○	誼議羛	
廉	**liam5**		力鹽	來	鹽	鹽	三	次濁	開	**五**	廉	斂	殮	獵	帘鐮簾蠊鬑磏溓蘞濂	
退	**thue3**		他內	透	隊	隊	一	清	合	三	推	腿	退	○	○	語音（**ther3**）
顛	**tian1**		都年	耑	先	先	四	清	開	一	顛	典	殿	咥	巔瘨蹎槙滇巔	
沛	**phai3**		普蓋	幫	泰	泰	一	清	脣	三	○	○	沛	○	貝狽棖（「沛」字《廣韻》作「博蓋」切）	又音（**pai3**）
匪	**hui2**		府尾	非	尾	尾	三	清	脣	二	非	匪	沸	○	棐榧篚蜚餥	
虧	**khui1**		去爲	溪	支	支	三	清	合	一	虧	跪	喟	○	○（「喟」屬「至」韻）	

文	TLPA音標	注音符號	切語	聲母	廣韻	詩韻	等第	清濁	開合	調值	平	上	去	入	同音字	備註
性	sieng3		息正	心	勁	敬	四	清	開	三	○	省	性	昔	姓	
靜	cieng6		疾郢	從	靜	梗	四	濁	開	六	情	靜	淨	籍	靖竫靚婧	
情	cieng5		疾盈	從	清	庚	四	濁	開	五	情	靜	淨	籍	晴	語音（ciann5）
逸	it8		夷質	喻	質	質	四	次濁	開	八	寅	引	胤	逸	佚佾軼鎰	
心	sim1		息林	心	侵	侵	四	清	開	一	心	伈	○	○	○	
動	tong6		徒總	定	董	董	一	濁	合	六	同	動	洞	獨	挏胴硐酮詷	語音（tang6）
神	sin5		食鄰	神	真	真	三	清	開	五	神	○	○	實	○	
疲	pi5		符羈	並	支	支	三	濁	脣	五	皮	被	備	○	皮郫（輕脣切重脣）	俗音（phi5）
守	siu2		書九	審	有	有	三	清	開	二	收	首	狩	○	手首狩	語音（ciu2）
真	cin1		職鄰	照	真	真	三	清	開	一	真	軫	震	質	甄蘛娠侲桭眕稹袗	
志	ci3		職吏	照	志	寘	三	清	開	三	之	止	志	○	誌痣	
滿	muan2		莫旱	明	緩	旱	一	次濁	脣	二	瞞	滿	縵	末	○（次濁上轉讀二聲）	語音（muann2）

文	TLPA音標	注音符號	切語	聲母	廣韻	詩韻	等第	清濁	開合	調值	平	上	去	入	同音字	備註
逐	tiok8		直六	澄	屋	屋	三	濁	合	八	蟲	○	仲	逐	軸舳蓫鱁	語音（tak8）
物	but8		文弗	微	物	物	三	次濁	脣	八	聞	吻	問	物	勿沕芴岉	語音（bngh8）
意	i3		於記	影	志	寘	三	清	開	三	醫	倚	意	○	薏檍鷾	
移	i5		弋支	喻	支	支	四	次濁	開	五	移	以	異	○	簃椸迻柂匜栘遺施貤	
堅	kian1		古賢	見	先	先	四	清	開	一	堅	繭	見	結	肩豜鈃鰹菺鳽	
持	ti5		直之	澄	之	支	三	濁	開	五	持	痔	值	○	治秲	俗音（chi5）
雅	ga2		五下	疑	馬	馬	二	次濁	開	二	牙	雅	迓	○	庌房（次濁上轉讀二聲）	語音（nga2）
操	cho3		七到	清	號	號	一	清	開	三	操	草	操	○	糙鄵造慥	
好	ho2		呼皓	曉	皓	皓	一	清	開	二	蒿	好	秏	○	○	
爵	ciok4		即略	精	藥	藥	四	清	開	四	將	獎	醬	爵	爝穱雀	
自	ci7		疾二	從	至	寘	四	濁	開	七	姿	子	自	○	○	宋音（cir7）
縻	mi5		靡宜	明	支	支	三	次濁	脣	五	縻	美	縻	○	縻蘼醾	

文	TLPA音標	注音符號	切語	聲母	廣韻	詩韻	等第	清濁	開合	調值	平	上	去	入	同音字	備註
都	too1		當孤	端	模	虞	一	清	合	一	都	睹	妒	○	闍	
邑	ip4		於汲	影	緝	緝	三	清	開	四	音	飲	蔭	邑	挹悒浥俋裛	
華	hua5		戶花	匣	麻	麻	二	濁	合	五	華	踝	華	○	驊譁樺崋划鷨	
夏	ha6		胡雅	匣	馬	馬	二	濁	開	六	遐	下	夏	○	廈下	語音（he6）
東	tong1		德紅	端	東	東	一	清	合	一	東	董	凍	啄	蝀涷	語音（tang1）
西	se1		先稽	心	齊	齊	四	清	開	一	西	洗	細	○	棲栖粞犀嘶撕凘	語音（sai1）
二	ji7		而至	日	至	寘	三	次濁	開	七	而	耳	二	○	貳佴咡樲刵餌珥洱衈毦	
京	kieng1		舉卿	見	庚	庚	三	清	開	一	驚	警	敬	戟	驚荊鶁頸	語音（kiann）
背	pue3		補妹	幫	隊	隊	一	清	脣	三	杯	○	背	○	輩	
邙	mong5		謨郎	明	唐	陽	一	次濁	脣	五	茫	莽	漭	莫	忙芒茫宋硭	
面	mian7		彌箭	明	線	霰	四	次濁	脣	七	眠	緬	面	滅	麵偭眄瞑	語音（min7）
洛	lok8		盧各	來	鐸	藥	一	次濁	開	八	郎	朗	浪	落	落酪絡駱珞烙鮥雒硌鵅樂	

文	TLPA音標	注音符號	切語	聲母	廣韻	詩韻	等第	清濁	開合	調值	平	上	去	入	同音字	備註
浮	hiu5		房尤	奉	尤	尤	三	濁	脣	五	浮	婦	復	○	桴罘蜉涪琈孚	又音（hoo5）語音（pu5）
渭	ui7		于貴	喻	未	未	三	次濁	合	七	韋	偉	胃	○	胃謂蝟媦緯彙	
據	kir3		居御	見	御	御	三	清	合	三	居	舉	據	○	鋸踞倨鐻據椐	泉音音（ku3）漳音（ki3）
涇	kieng1		古靈	見	青	青	四	清	開	一	經	剄	徑	激	經巠鵛桱	
宮	kiong1		居戎	見	東	東	三	清	合	一	弓	○	○	菊	弓躬	語音（kieng1）
殿	tian3		都甸	端	霰	霰	四	清	開	三	顛	典	殿	咥	○	
盤	puan5		薄官	並	桓	寒	一	濁	脣	五	盤	半	畔	跋	磻胖般瘢鞶縏蟠磐瀊攽蹣幋縏瀊媻擊	語音（puann5）
鬱	ut4		紆物	影	物	物	三	清	合	四	氳	蘊	醞	鬱	蔚尉罻熨	
樓	lio5		落侯	來	侯	尤	一	次濁	開	五	樓	塿	陋	○	婁僂鞻髏蔞摟螻謱耬謱膢	又音（loo5）語音（lau5）
觀	kuan3		古玩	見	換	翰	一	清	合	三	官	管	貫	括	罐貫冠祼灌盥鸛矔瓘鑵爟涫	
飛	hui1		甫微	非	微	微	三	清	脣	一	非	匪	沸	○	非扉緋騑、騑斐餥誹	語音（pue1）
驚	kieng1		舉卿	見	庚	庚	三	清	開	一	驚	警	敬	戟	京荊鶁頸	語音（kiann）

文	TLPA音標	注音符號	切語	聲母	廣韻	詩韻	等第	清濁	開合	調值	平	上	去	入	同音字	備註
圖	**too5**		同都	定	模	虞	一	濁	合	五	圖	杜	渡	○	途徒屠塗荼涂酴捈梌駼鷵跿菟稌	
寫	**sia2**		悉姐	心	馬	馬	四	清	開	二	些	寫	瀉	○	○	
禽	**kim5**		巨金	群	侵	侵	三	濁	開	五	琴	噤	○	及	琴擒芩檎庈肣黔	俗音 **(khim5)**
獸	**siu3**		舒救	審	宥	宥	三	清	開	三	收	首	狩	○	狩守首（首：嚮也，有罪自陳也）	
畫	**hua7**		胡卦	匣	卦	卦	二	濁	合	七	○	○	畫	○	繣澅絓詿罫（卦韻合口唯曉匣二母有字）	語音 **(ue7)**
彩	**chai2**		倉宰	清	海	賄	一	清	開	二	猜	彩	菜	○	采採綵寀棌	
仙	**sian1**		相然	心	仙	先	四	清	開	一	仙	獮	線	薛	僊鮮躚秈襳	
靈	**lieng5**		郎丁	來	青	青	四	次濁	開	五	靈	笭	令	歷	令零泠聆伶鈴苓鴒蛉囹舲瓴櫺柃醽笭	
丙	**pieng2**		兵永	幫	梗	梗	三	清	脣	二	兵	柄	柄	碧	炳怲邴秉窉眪柄	語音 **(piann2)**
舍	**sia3**		始夜	審	禡	禡	三	清	開	三	奢	捨	舍	○	赦騇	
傍	**pong5**		布光	並	唐	陽	一	濁	脣	五	旁	傍	○	泊	旁徬膀蒡螃	
啓	**khe2**		康禮	溪	薺	薺	四	清	開	二	谿	啓	契	○	棨綮稽	

文	TLPA音標	注音符號	切語	聲母	廣韻	詩韻	等第	清濁	開合	調值	平	上	去	入	同音字	備註
甲	**kap4**		古狎	見	狎	洽	一	清	開	**四**	監	○	鑑	甲	胛鉀	語音（**kah4**）
帳	**tiong3**		知亮	知	漾	漾	三	清	開	三	張	長	帳	芍	脹漲	語音（**tiunn3**）
對	**tue3**		都隊	端	隊	隊	一	清	合	三	堆	○	對	○	碓轛濧敦	語音（**tui3**）
楹	**ieng5**		以成	喻	清	庚	四	次濁	開	**五**	盈	郢	○	繹	盈嬴瀛嬴籯攍	
肆	**si3**		息利	心	至	寘	四	清	開	三	私	死	肆	○	四駟泗柶貄蕼	宋音（**sir3**）
筵	**ian5**		以然	喻	仙	先	四	次濁	開	**五**	延	演	衍	曳	延蜒埏綖狿莚	
設	**siat4**		識列	審	薛	屑	三	清	開	**四**	羶	○	扇	設	蔎	
席	**siek8**		祥易	邪	昔	陌	四	濁	開	**八**	錫	○	○	席	夕蓆汐穸	語音（**chioh8**）
鼓	**koo2**		公戶	見	姥	麌	一	清	合	二	姑	古	顧	○	古詁瞽股賈蠱牯罟盬羖鈷酤估	
瑟	**set4**		所櫛	疏	櫛	質	二	清	開	**四**	莘	○	阠	瑟	璱飋蝨	
吹	**chui1**		昌垂	穿	支	支	三	清	合	一	吹	○	吹	○	炊推蓷	
笙	**sirng1**		所庚	疏	庚	庚	二	清	開	一	生	省	生	索	甥生牲鼪渥猩	

文	TLPA音標	注音符號	切語	聲母	廣韻	詩韻	等第	清濁	開合	調	平	上	去	入	同音字	備註
陞	**sieng1**		識蒸	審	蒸	蒸	三	清	開	一	升	○	勝	識	昇升勝	
階	**kai1**		居諧	見	皆	佳	二	清	開	一	皆	解	戒	○	皆荄楷喈湝蝔鶛蘚痎「解」爲「蟹」韻	
納	**lap8**		奴答	泥	合	合	一	次濁	開	八	南	腩	妠	納	衲軜妠魶	
陛	**pe6**		傍禮	並	薺	薺	四	濁	開	六	鼙	陛	弊	○	狴梐髀坒蜌	
弁	**pian7**		皮變	並	線	霰	三	濁	脣	七	○	辯	弁	別	汴抃卞閞	
轉	**tuan2**		陟兗	知	獮	銑	三	清	合	二	○	轉	囀	輟	○轉：《正韻》止兗切	語音 **(cuan2)**
疑	**gi5**		語其	疑	之	支	三	次濁	開	五	疑	擬	儗	○	嶷觺	
星	**sieng1**		桑經	心	青	青	四	清	開	一	星	醒	腥	錫	猩腥惺胜醒	語音 **(chinn1)**
右	**iu6**		云久	喻	有	有	三	次濁	開	六	尤	有	宥	○	友佑（次濁上轉二聲「右、佑」二字未轉）	
通	**thong1**		他紅	透	東	東	一	清	合	一	通	桶	痛	禿	恫侗俑	語音 **(thang1)**
廣	**kong2**		古晃	見	蕩	養	一	清	合	二	光	廣	桄	郭	○	
內	**lue7**		奴對	泥	隊	隊	一	次濁	合	七	捼	餒	內	○	○	語音 **(lai7)**

文	TLPA音標	注音符號	切語	聲母	廣韻	詩韻	等第	清濁	開合	調值	平	上	去	入	同音字	備註
左	**co2**		臧可	精	哿	哿	一	清	開	二	○	左	佐	○	○	
達	**tat8**		唐割	定	曷	曷	一	濁	開	八	壇	但	憚	達	噠薘	
承	**sieng5**		署陵	禪	蒸	蒸	三	濁	開	五	承	○	丞	寔	丞	語音（**sin5**）
明	**mieng5**		武兵	明	庚	庚	三	次濁	脣	五	明	皿	命	○	鳴盟（輕脣切重脣）	語音（**miann5**）
既	**ki3**		居毅	見	未	未	三	清	開	三	機	蟣	既	○	暨蔇旡穊溉	
集	**cip8**		秦入	從	緝	緝	四	濁	開	八	橬	蕈	○	集	輯楫	
墳	**hun5**		符分	奉	文	文	三	濁	脣	五	汾	憤	分	佛	汾焚枌棼豶鼖濆轒鼢妢鼢羒蕡賁	語音（**phun5**）
典	**tian2**		多殄	端	銑	銑	四	清	開	二	顛	典	殿	咥	琠蕇	
亦	**iek8**		羊益	喻	昔	陌	四	次濁	開	八	盈	郢	○	繹	譯液繹掖奕蜴腋弈懌圛斁埸嶧帟燡醳	語音（**iah8**）
聚	**cu6**		慈庾	從	麌	麌	四	濁	合	六	○	聚	聚	○	○	
群	**kun5**		渠云	群	文	文	三	濁	合	五	群	○	郡	掘	裙宭麇	
英	**ieng1**		於驚	影	庚	庚	三	清	開	一	英	影	映	○	瑛煐韺霙	

文	TLPA音標	注音符號	切語	聲母	廣韻	詩韻	等第	清濁	開合	調值	平	上	去	入	同音字	備註
杜	**too6**		徒古	定	姥	麌	一	濁	合	**六**	圖	杜	渡	○	肚	
稿	**ko2**		古老	見	晧	晧	一	清	開	二	高	杲	誥	○	槁縞暠杲	
鍾	**ciong1**		職容	照	鍾	冬	三	清	合	一	鍾	腫	種	燭	鐘妐忪鐘橦	語音（**cieng1**）
隸	**le7**		郎計	來	霽	霽	四	次濁	開	**七**	黎	禮	麗	○	麗儷戾唳荔沴攦	
漆	**chit4**		親吉	清	質	質	四	清	開	**四**	親	○	親	七	七桼	語音（**chat4**）
書	**sir1**		傷魚	審	魚	魚	三	清	合	一	書	暑	恕	○	舒紓	語音（**cir1**）
壁	**piek4**		北激	幫	錫	錫	四	清	脣	**四**	○	鞞	○	壁	躄	語音（**piah4**）
經	**kieng1**		古靈	見	青	青	四	清	開	一	經	剄	徑	激	涇鵛桱	
府	**hu2**		方矩	非	麌	麌	三	清	脣	二	夫	甫	付	○	甫俯斧腑黼莆簠脯	
羅	**lo5**		魯何	來	歌	歌	一	次濁	開	**五**	羅	砢	邏	○	蘿邏囉欏邏鑼罹	
將	**ciong3**		子亮	精	漾	漾	四	清	開	三	將	獎	將	爵	醬	
相	**siong3**		息亮	清	漾	漾	四	清	開	三	相	想	相	削	○	

文	TLPA音標	注音符號	切語	聲母	廣韻	詩韻	等第	清濁	開合	調值	平	上	去	入	同音字	備註
路	loo7		來故	來	暮	遇	一	次濁	合	七	盧	魯	路	○	露輅賂璐潞簬鷺	
俠	hiap8		胡頰	匣	帖	葉	四	濁	開	八	嫌	鼸	○	協	協勰劦	語音（kiap4）
槐	huai5		戶乖	匣	皆	佳	二	濁	合	五	懷	夥	壞	○	褢淮櫰瀤	
卿	khieng1		去京	溪	庚	庚	三	清	開	一	卿	○	慶	隙	○	
戶	hoo6		候古	匣	姥	麌	一	濁	合	六	胡	戶	護	○	怙祜扈滬戽楛岵鄠戽	
封	hong1		府容	非	鍾	冬	三	清	脣	一	封	覂	葑	○	犎葑崶	
八	pat4		博拔	幫	黠	黠	二	清	脣	四	班	版	扮	八	朳扒（「扮」字屬「襉」韻）	語音（pueh4）
縣	hian7		黃練	匣	霰	霰	四	濁	合	七	懸	泫	眩	穴	眩衒泫袨炫贙（開口切合口）	語音（kuinn7）
家	ka1		古牙	見	麻	麻	二	清	開	一	嘉	檟	駕	○	嘉加枷痂笳枷迦珈茄豭䴥駕猳貑袈	語音（ke1）
給	kip4		居立	見	緝	緝	三	清	開	四	今	錦	禁	急	急級汲伋芨	
千	chian1		蒼先	清	先	先	四	清	開	一	千	淺	蒨	切	仟阡芊	語音（chieng1）
兵	pieng1		甫明	幫	庚	庚	三	清	脣	一	兵	柄	柄	碧	○（輕脣切重脣）	

文	TLPA音標	注音符號	切語	聲母	廣韻	詩韻	等第	清濁	開合	調值	平	上	去	入	同音字	備註
高	ko1		古勞	見	豪	豪	一	清	開	一	高	杲	誥	○	皋膏羔篙櫜鼛槔	
冠	kuan1		古丸	見	桓	寒	一	清	合	一	官	管	貫	括	官倌棺觀莞（東莞）	
陪	Pue5		薄回	並	灰	灰	一	濁	合	五	培	琲	佩	○	培裴毰徘	
輦	lian2		力展	來	獮	銑	三	次濁	開	二	連	輦	摙	列	摙僆璉（次濁上轉讀二聲）	
驅	khu1		豈俱	溪	虞	虞	三	清	合	一	驅	踽	驅	○	區嶇軀摳嘔	
轂	kok4		古祿	見	屋	屋	一	清	合	四	工	○	貢	穀	穀谷瀫	
振	cin3		章刃	照	震	震	三	清	開	三	真	軫	振	質	震賑娠侲挋袗	
纓	ieng1		於盈	影	清	庚	四	清	開	一	纓	癭	纓	益	嬰櫻瓔攖蘡	
世	se3		舒制	審	霽	霽	三	清	開	三	○	○	世	○	勢貰	
祿	lok8		盧谷	來	屋	屋	一	次濁	合	八	籠	攏	弄	祿	碌鹿麓轆漉簏醁琭盝摝睩	
侈	chi2		尺氏	穿	紙	紙	三	清	開	二	眵	侈	○	○	恀姼誃鉹	
富	hu3		方副	非	宥	宥	三	清	脣	三	不	缶	富	○	鍑輻	古音（pu3）

文	TLPA音標	注音符號	切語	聲母	廣韻	詩韻	等第	清濁	開合	調值	平	上	去	入	同音字	備註
車	**kir1**		九魚	見	魚	魚	三	清	合	一	車	舉	據	○	居裾椐崌琚鶋蜛据	又音（**chia1**）
駕	**ka3**		古訝	見	禡	禡	二	清	開	三	嘉	檟	駕	○	架價假嫁稼斝瘕	
肥	**hui5**		符非	奉	微	微	三	濁	脣	五	肥	陫	痱	○	淝萉蜰腓厞	語音（**pui5**）
輕	**khieng1**		去盈	溪	清	庚	四	清	開	一	輕	○	輕	隙	鼜	語音（**khin**）
策	**chirk4**		楚革	初	麥	陌	二	清	開	**四**	琤	隱	隱	策	冊茦	
功	**kong1**		古紅	見	東	東	一	清	合	一	工	○	貢	穀	工公蚣攻釭杠	
茂	**mio7**		莫候	明	候	宥	一	次濁	脣	**七**	謀	母	茂	○	懋楙瞀袤貿姆	又音（**moo7**）
碩	**siek8**		常隻	禪	昔	陌	三	濁	開	**八**	成	○	盛	石	石祏鼫	
勒	**lirk8**		盧則	來	德	職	一	次濁	開	**八**	棱	倰	踜	勒	肋泐仂扐阞	
碑	**pi1**		必麼	幫	支	支	三	清	脣	一	陂	彼	賁	○	陂羆藣詖	
刻	**khirk4**		苦德	溪	德	職	一	清	開	**四**	○	肯	○	克	克剋	
銘	**mieng5**		莫經	明	青	青	四	次濁	脣	**五**	冥	茗	暝	覓	冥螟瞑暝溟蓂鄍榠嫇嫇	

文	TLPA注音	標音符號	切語	聲母	廣韻	詩韻	等第	清濁	開合	調值	平	上	去	入	同音字	備註
皤	puan5		薄官	並	桓	寒	一	濁	脣	五	皤	半	畔	跋	盤胖般瘢鞶縏蟠磐瀊攽蹣幋縏瀊媻擊	
溪	khe1		苦奚	溪	齊	齊	四	清	開	一	谿	稽	契	○	谿螇鸂磎	語音（khue1）
伊	i1		於脂	影	脂	支	四	清	開	一	伊	○	縊	○	咿洢蛜	
尹	un2		庾準	喻	準	軫	四	次濁	合	二	匀	尹	允	聿	允狁鈗（次濁上轉讀二聲）	
佐	co3		則箇	精	箇	箇	一	清	開	三	○	左	佐	○	左佐（動詞））	集韻作「子我」切上去雙收
時	si5		市之	禪	之	支	三	濁	開	五	時	恃	侍	○	蒔鰣塒榯鼭	
阿	o1		於何	影	歌	歌	一	清	開	一	阿	椏	○	○	痾婀	語音（a1）
衡	hirng5		戶庚	匣	庚	庚	二	濁	開	五	行	杏	行	核	行胻珩蘅桁	
奄	iam2		衣儉	影	琰	琰	三	清	開	二	淹	奄	裺	○	揜渰罨弇閹崦黤黭掩	
宅	tirk8		場伯	澄	陌	陌	二	濁	開	八	橙	瑒	○	宅	澤擇蠌翟檡	語音（theh8）
曲	khiok4		邱玉	溪	燭	沃	三	清	合	四	銎	恐	恐	曲	○	
阜	hu6		房久	奉	有	有	三	清	脣	六	浮	阜	復	○	婦負阜偩萯蝜	

文	TLPA音標	注音符號	切語	聲母	廣韻	詩韻	等第	清濁	開合	調值	平	上	去	入	同音字	備註
微	bi5		無非	微	微	微	三	次濁	脣	五	微	尾	未	○	薇溦	
旦	tan3		得案	端	翰	翰	一	清	開	三	單	亶	旦	怛	癉鴠疸狚	語音（tuann3）
孰	siok8		殊六	神	屋	屋	三	濁	合	八	○	○	○	淑	塾熟淑	
營	ieng5		余傾	喻	清	庚	四	次濁	合	五	營	潁	○	役	瑩熒塋瀅謍	語音（iann5）
桓	huan5		胡官	匣	桓	寒	一	濁	合	五	桓	緩	換	○	完丸梡垣紈芄萓萑洹貆貛莞捖	
公	kong1		古紅	見	東	東	一	清	合	一	工	○	貢	穀	工功蚣攻釭杠	語音（kang1）
匡	khong1		去王	溪	陽	陽	三	清	合	一	匡	恇	○	躩	筐劻洭恇眶	
合	hap8		侯閤	匣	合	合	一	濁	開	八	含	頷	憾	合	郃盒	
濟	ce3		子計	精	霽	霽	四	清	開	三	齎	濟	濟	○	擠隮	
弱	jiok8		而灼	日	藥	藥	三	次濁	合	八	穰	壤	讓	若	鄀蒻若箬	
扶	hu5		防無	奉	虞	虞	三	濁	脣	五	扶	父	附	○	符苻芙夫蚨枎鳧	語音（phoo5）
傾	khieng1		去營	溪	清	庚	四	濁	合	一	傾	頃	○	○	頃（頭不正也）	語音（khieng5）

文	TLPA音標	注音符號	切語	聲母	廣韻	詩韻	等第	清濁	開合	調值	平	上	去	入	同音字	備註
綺	**khi2**		墟彼	溪	紙	紙	三	清	開	二	崎	綺	掎	○	崎觭碕（脣音切開口）	
迴	**hue5**		胡瑰	匣	灰	灰	一	濁	合	**五**	回	匯	潰	○	回洄茴蚘佪	
漢	**han3**		呼旰	曉	翰	翰	一	清	開	三	頇	罕	漢	喝	暵	
惠	**hue7**		胡桂	匣	霽	霽	四	濁	合	**七**	攜	○	慧	○	慧蕙繐蟪憓譓	俗音 **(hui7)**
說	**iat8**		弋雪	喻	薛	屑	四	次濁	合	**八**	緣	兗	掾	悅	悅閱	
感	**kam2**		古禫	見	感	感	一	清	開	二	甘	感	紺	閤	灨（「甘」字屬「談」韻）	
武	**bu2**		文甫	微	麌	麌	三	次濁	脣	二	無	武	務	○	舞侮鵡憮嫵廡碔甒橆（次濁上轉讀二聲）	
丁	**tieng1**		當經	端	青	青	四	清	開	一	丁	頂	訂	的	釘叮疔仃玎虰	
俊	**cun3**		子峻	精	稕	震	四	清	合	三	遵	○	俊	卒	駿畯餕焌晙葰	
乂	**gue7**		魚肺	疑	廢	隊	三	次濁	合	**七**	○	○	乂	○	刈	
密	**mit8**		彌畢	明	質	質	四	濁	脣	**八**	民	泯	愍	密	謐蔤蠠宓滵	
勿	**but8**		文弗	微	物	物	三	次濁	脣	**八**	聞	吻	問	物	物沕芴岉	

文	TLPA注音標符號		切語	聲母	廣韻	詩韻	等第	清濁	開合	調值	平	上	去	入	同音字	備註
多	to1		得何	端	歌	歌	一	清	開	一	多	嚲	跢	○	○	
士	sir6		鉏里	牀	止	紙	二	濁	開	六	漦	仕	事	○	仕戺（「士」字集韻作「上史」切）	
實	sit8		神質	神	質	質	三	濁	開	八	神	○	○	實	○	
寧	lieng5		奴丁	泥	青	青	四	次濁	開	五	寧	聹	甯	溺	甯聹寍嚀鸋	
晉	cin3		即刃	精	震	震	四	清	開	三	津	盡	晉	堲	進搢嚍縉	
楚	chir2		創舉	初	語	語	二	清	合	二	初	楚	楚	○	濋礎（《洪武正韻》收於「姥」韻）	正韻作（choo2）
更	kirng1		古行	見	庚	庚	二	清	開	一	更	梗	更	格	庚羹賡鶊	
霸	pa3		必駕	幫	禡	禡	二	清	脣	三	巴	把	霸	○	壩灞弝靶	
趙	tiau6		治小	澄	小	篠	三	濁	開	六	朝	肇	召	○	兆肇晁狣垗旐	語音（tio6）
魏	gui7		魚貴	疑	未	未	三	次濁	合	七	巍	僞	魏	○	犩	
困	khun3		苦悶	溪	慁	願	一	清	合	三	坤	閫	困	窟	○	
橫	hirng5		戶盲	匣	庚	庚	二	濁	合	五	橫	○	橫	穫	黌蝗喤鍠（脣音切合口）	語音（huinn5）

文	TLPA音標	注音符號	切語	聲母	廣韻	詩韻	等第	清濁	開合	調值	平	上	去	入	同音字	備註
假	**ka2**		古疋	見	馬	馬	二	清	開	二	嘉	檟	駕	○	賈斝檟瘕椵瑕（「疋」音「雅」）	語音（**ke2**）
途	**too5**		同都	定	模	虞	一	濁	合	五	圖	杜	渡	○	屠徒塗荼涂酴捈梌駼鷵跿菟	
滅	**biat8**		亡列	明	薛	屑	四	次濁	脣	**八**	眠	緬	面	滅	搣（輕脣切重脣）	
虢	**kirk4**		古伯	見	陌	陌	二	清	合	**四**	觥	礦	○	虢	○	亦讀洪音（**kok4**）
踐	**cian6**		慈演	從	獮	銑	四	濁	開	**六**	前	踐	賤	截	餞諓俴	
土	**thoo2**		他魯	透	姥	麌	一	清	合	二	○	吐	兔	○	吐	俗音（**thoo5**）
會	**hue7**		黃外	匣	泰	泰	一	濁	合	**七**	○	○	會	○	繪璯襘	
盟	**mieng5**		武兵	明	庚	庚	三	次濁	疋	**五**	盟	皿	命	○	明鳴（輕脣切重脣）	
何	**ho5**		胡歌	匣	歌	歌	一	濁	開	**五**	何	荷	賀	○	河荷苛魺蚵	
遵	**cun1**		將倫	精	諄	真	四	清	合	一	遵	○	俊	卒	鷷踆	
約	**iok4**		於略	影	藥	藥	三	清	合	**四**	央	鞅	快	約	葯	
法	**huat4**		方乏	非	乏	洽	三	清	脣	**四**	○		○	法	○	

文	TLPA注音	音標符號	切語	聲母	廣韻	詩韻	等第	清濁	開合	調值	平	上	去	入	同音字	備註
韓	han5		胡安	匣	寒	寒	一	濁	開	五	韓	旱	旱	曷	寒邗邗翰駻汗	
弊	pe7		毗祭	並	祭	霽	四	清	脣	七	鼙	陛	弊	○	斃敝幣薜獙	
繁	huan5		附袁	奉	元	元	三	濁	脣	五	煩	飯	飯	伐	煩蕃礬樊蘩璠燔膰蠜蹯笲薠播	
刑	hieng5		戶經	匣	青	青	四	濁	開	五	形	悻	脛	檄	型形硎鉶陘邢侀鋞	
起	khi2		墟里	溪	止	紙	三	清	開	二	欺	起	亟	○	屺杞芑	
翦	cian2		即淺	精	獮	銑	四	清	開	二	箋	翦	箭	節	戩譾鬋揃	
頗	pho1		滂禾	滂	戈	歌	一	清	脣	一	頗	叵	破	○	坡陂	
牧	mok8		莫卜	明	屋	屋	一	濁	脣	八	蒙	蠓	幪	木	目木穆沐苜鶩霂蚞睦繆	
用	iong7		余頌	喻	用	宋	四	次濁	合	七	容	勇	用	欲	○	語音（ieng7）
軍	kun1		舉云	見	文	文	三	清	合	一	君	○	○	厥	皸麇莙桾	
最	cue3		祖外	精	泰	泰	一	清	合	三	○	○	最	○	蕞	
精	cieng1		子盈	精	清	庚	四	清	開	一	精	井	精	積	晶菁旌箐鶄鼱睛蜻	語音（cinn）

文	TLPA音標	注音符號	切語	聲母	廣韻	詩韻	等第	清濁	開合	調值	平	上	去	入	同音字	備註
宣	**suan1**		須緣	心	仙	先	四	清	合	一	宣	選	選	雪	瑄揎	
威	**ui1**		於非	影	微	微	三	清	合	一	威	○	畏	○	葳蝛隇	
沙	**sa1**		所加	疏	麻	麻	二	清	開	一	沙	灑	嗄	○	紗鯊裟硰	語音 **(sua1)**
漠	**mok8**		慕各	明	鐸	藥	一	次濁	脣	**八**	茫	莽	漭	莫	幕莫膜寞瘼鄚鏌鬕慔縸	
馳	**ti5**		直離	澄	支	支	三	濁	開	**五**	馳	豸	○	○	池踟篪趍簃謻	
譽	**ir7**		羊洳	喻	御	御	四	次濁	合	**七**	餘	與	譽	○	預豫澦悆礜悇與歟	
丹	**tan1**		都寒	端	寒	寒	一	清	開	一	丹	亶	旦	怛	單簞鄲襌匰勯癉	
青	**chieng1**		倉經	清	青	青	四	清	開	一	青	○	靘	戚	蜻鯖鶄菁	語音 **(chinn1)**
九	**kiu2**		舉有	見	有	有	三	清	開	二	鳩	九	救	○	久玖灸韭	語音 **(kau2)**
州	**ciu1**		職流	照	尤	尤	三	清	開	一	周	帚	咒	○	舟賙周洲喌啁輈婤	
禹	**u2**		王矩	喻	麌	麌	三	次濁	合	二	于	羽	芋	○	羽雨宇瑀鄅祤萬偊楀（次濁上轉讀二聲）	
蹟	**ciek4**		資昔	精	昔	陌	四	清	開	**四**	精	井	精	積	跡脊蹐鶺膌鯽鰿踖（蹟同跡）	語音 **(jiah4)**

文	TLPA注音標符號		切語	聲母	廣韻	詩韻	等第	清濁	開合	調値	平	上	去	入	同音字	備註
百	pirk4		博陌	幫	陌	陌	二	清	脣	四	繃	絣	迸	伯	伯迫柏檗擘薜	語音（pah4）
郡	kun7		渠運	群	問	問	三	濁	合	七	群	○	郡	掘	○	
秦	cin5		匠鄰	從	真	真	四	濁	開	五	秦	盡	○	疾	螓	
并	pieng1		卑明	幫	清	庚	四	清	脣	一	并	餅	倂	辟	栟屏（屏營）（合「并」之「并」去聲）	
嶽	gak8		五角	疑	覺	覺	二	次濁	開	八	○	○	○	嶽	樂岳	
宗	cong1		作冬	精	冬	冬	一	清	合	一	宗	○	綜	○	○	
泰	thai3		他蓋	透	泰	泰	一	清	開	三	○	○	泰	○	太汰	
岱	tai7		徒耐	定	代	隊	一	濁	開	七	臺	待	代	○	代袋黛逮埭隸截	
禪	sian7		時戰	禪	線	霰	三	濁	開	七	蟬	善	繕	折	膳繕擅鄯單墠嬗	
主	cu2		之庾	照	麌	麌	三	清	合	二	朱	主	注	○	炷麈罜枓	
云	un5		王分	喻	文	文	三	次濁	合	五	雲	抎	運	○	雲芸耘熉紜妘鄖沄蕓澐縜篔	
亭	tieng5		特丁	定	青	青	四	濁	開	五	庭	挺	定	荻	庭停廷婷蜓渟莛霆筳葶聤榳	

文	TLPA音標	注音符號	切語	聲母	廣韻	詩韻	等第	清濁	開合	調值	平	上	去	入	同音字	備註
雁	**gan7**		五晏	疑	諫	諫	二	次濁	開	七	顏	眼	雁	齾	贗鴈	
門	**mun5**		莫奔	明	魂	元	一	次濁	脣	五	門	懣	悶	沒	捫璊	語音 **(mng5)**
紫	**ci2**		將止	精	紙	紙	四	清	開	二	貲	紫	積	○	茈訾呰訿跐	宋音 **(cir2)**
塞	**sai3**		先代	心	代	隊	一	清	開	三	鰓	諰	賽	○	賽僿	
雞	**ke1**		古奚	見	齊	齊	四	清	開	一	雞	○	計	○	稽枅笄	語音 **(kue1)**
田	**tian5**		徒年	定	先	先	四	濁	開	五	田	殄	電	垤	填畋闐沺佃鈿	語音 **(chan5)**
赤	**chiek4**		昌石	穿	昔	陌	三	清	開	四	○	○	○	尺	尺斥	語音 **(chiah4)**
城	**sieng5**		是征	禪	清	庚	三	濁	開	五	成	○	盛	石	成誠盛宬晟郕	語音 **(siann5)**
昆	**kun1**		古渾	見	魂	元	一	清	合	一	昆	袞	○	○	崑琨錕騉錕鯤	俗音 **(khun1)**
池	**ti5**		直離	澄	支	支	三	濁	開	五	池	豸	○	○	馳踟篪趍箎謻	
碣	**kiat8**		渠列	群	薛	屑	三	濁	開	八	虔	件	○	碣	傑杰榤桀竭楬滐	
石	**siek8**		常隻	禪	昔	陌	三	濁	開	八	成	○	盛	石	碩祏鼫	語音 **(cioh8)**

文	TLPA音標	注音符號	切語	聲母	廣韻	詩韻	等第	清濁	開合	調值	平	上	去	入	同音字	備註
鉅	**kir6**		其呂	群	語	語	三	濁	合	六	渠	巨	遽	○	巨拒距炬詎苣秬虡粔蚷駏	
野	**ia2**		羊者	喻	馬	馬	四	次濁	開	二	邪	野	夜	○	也冶埜（次濁上轉讀二聲）	
洞	**tong7**		徒弄	定	送	送	一	濁	合	七	同	動	洞	獨	胴恫峒侗詷迵駧峒慟	
庭	**tieng5**		特丁	定	青	青	四	濁	開	五	庭	挺	定	荻	亭停廷婷蜓渟莛霆筳葶聤楟	語音（**tiann5**）
曠	**khong3**		苦謗	溪	宕	漾	一	清	合	三	○	懭	曠	廓	壙纊曠	
遠	**uan2**		雲阮	喻	阮	阮	三	次濁	合	二	袁	遠	遠	越	○（次濁上轉讀二聲）	語音（**hng6**）
綿	**mian5**		武延	明	仙	先	四	次濁	脣	五	眠	緬	面	滅	棉蝒矊緍（輕脣切重脣）	語音（**minn5**）
邈	**mak8**		莫角	明	覺	覺	二	次濁	脣	八	尨	○	○	邈	眊瞀藐貌	
巖	**gam5**		五銜	疑	銜	咸	二	次濁	開	五	巖	○	顩	○	礹壧	
岫	**siu7**		似祐	邪	宥	宥	四	濁	開	七	囚	○	袖	○	袖	
杳	**iau2**		烏皎	影	篠	篠	四	清	開	二	么	杳	要	○	窅窈窔宎眑偠騕葽	
冥	**mieng5**		莫經	明	青	青	四	次濁	開	五	冥	茗	瞑	覓	銘螟瞑暝溟蓂鄍榠嫇嫇	

文	TLPA音標	注音符號	切語	聲母	廣韻	詩韻	等第	清濁	開合	調值	平	上	去	入	同音字	備註
治	ti5		直之	澄	之	支	三	濁	開	五	持	痔	値	○	持秙（「治」字今皆讀去聲）	
本	pun2		不忖	幫	混	阮	一	濁	脣	二	奔	本	奔	○	苯畚	
於	ir1		央居	影	魚	魚	三	清	合	一	於	○	飫	○	箊淤瘀菸	
農	nong5		奴冬	泥	冬	冬	一	次濁	合	五	農	○	○	褥	膿儂	
務	bu7		亡遇	微	遇	遇	三	濁	脣	七	無	武	務	○	霧騖嵍鶩瞀	
茲	ci1		子之	精	之	支	四	清	開	一	茲	子	○	○	孳仔滋嵫鼒鎡耔	宋音（cir1）
稼	ka3		古訝	見	禡	禡	二	清	開	三	嘉	檟	駕	○	駕架價假嫁斝瘕	
穡	sirk4		所力	疏	職	職	二	清	開	四	○	○	○	色	色嗇轖	語音（sit4）
俶	chiok4		昌六	穿	屋	屋	三	清	合	四	昌	○	銃	俶	琡諔柷（俶：始也）	
載	cai3		作代	精	代	隊	一	清	開	三	哉	宰	再	○	再（載：事也）	
南	nam5		那含	泥	覃	覃	一	次濁	開	五	南	腩	妠	納	男枏喃諵	
畝	mio2		莫厚	明	厚	有	一	次濁	脣	二	謀	畝	茂	○	母拇某牡姆（次濁上轉讀二聲）	又音（moo2）

文	TLPA音標	注音符號	切語	聲母	廣韻	詩韻	等第	清濁	開合	調值	平	上	去	入	同音字	備註
我	go2		五可	疑	哿	哿	一	次濁	開	二	莪	我	餓	○	○	語音（goa2）
藝	ge7		魚祭	疑	祭	霽	四	次濁	開	七	○	○	藝	○	囈槸槷	
黍	sir2		舒呂	審	語	語	三	清	合	二	書	暑	恕	○	鼠暑癙	
稷	ciek4		子力	精	職	職	四	清	開	四	○	○	甑	即	即喞即蝍揤鯽	語音（chiek4）
稅	sue3		舒芮	審	祭	霽	三	清	合	三	○	○	稅	○	帨涗說祱蛻	語音（ser）
熟	siok8		殊六	神	屋	屋	三	濁	合	八	○	○	○	淑	塾孰	語音（siek8）
貢	kong3		古送	見	送	送	一	清	合	三	工	○	貢	穀	贛玒	
新	sin1		息鄰	心	真	真	四	清	開	一	新	○	信	悉	辛莘薪	
勸	khuan3		去願	溪	願	願	三	清	合	三	○	綣	勸	闕	券綣[illegible]	語音（khng3）
賞	siong2		書兩	審	養	養	三	清	開	二	商	賞	餉	鑠	饟	語音（siunn2）
黜	thut4		丑律	徹	術	質	三	清	合	四	○	○	○	黜	怵絀泏	
陟	tiek4		竹力	知	職	職	三	清	開	四	徵	○	○	陟	𨀣	

文	TLPA音標	注音符號	切語	聲母	廣韻	詩韻	等第	清濁	開合	調值	平	上	去	入	同音字	備註
孟	mirng7		莫更	明	映	敬	二	次濁	脣	七	萌	猛	孟	陌	○	
軻	kho1		苦何	溪	歌	歌	一	清	開	一	珂	可	坷	○	珂	
敦	tun1		都昆	端	魂	元	一	清	合	一	敦	○	頓	咄	惇驐墩蜳	
素	soo3		桑故	心	暮	遇	一	清	合	三	蘇	○	素	○	訴塑嗉愫膆傃	
史	sir2		疏士	疏	止	紙	二	清	開	二	師	史	駛	○	使駛（「師」在「脂」韻）	
魚	gir5		語居	疑	魚	魚	三	次濁	合	五	魚	語	御	○	漁齬鋙	泉語（hu5）漳語（hi5）
秉	pieng2		兵永	幫	梗	梗	三	清	脣	二	兵	柄	柄	碧	丙炳怲邴窉陃柄	
直	tiek8		除力	澄	職	職	三	濁	開	八	澄	澄	瞪	直	犆值	語音（tit8）
庶	sir3		商署	審	御	御	三	清	合	三	書	暑	庶	○	恕	
幾	ki1		居依	見	微	微	二	清	開	一	幾	幾	既	○	譏饑磯璣機鐖嘰禨鞿	
中	tiong1		陟弓	之	東	東	三	清	合	一	中	○	中	竹	忠衷	
庸	iong5		餘封	喻	鍾	冬	四	次濁	合	五	庸	勇	用	欲	容墉鏞鄘溶蓉榕瑢鎔鷛傭褣	

文	TLPA音標	注音符號	切語	聲母	廣韻	詩韻	等第	清濁	開合	調值	平	上	去	入	同音字	備註
勞	lo5		魯刀	來	豪	豪	一	次濁	開	五	勞	老	勞	○	牢醪澇簩浶嶗嶗簝	
謙	khiam1		苦兼	溪	添	鹽	四	清	開	一	謙	嗛	傔	愜	○	
謹	kin2		居隱	見	隱	吻	三	清	開	二	斤	謹	靳	訖	槿瑾堇僅卺	
飭	thiek4		恥力	徹	職	職	三	清	開	四	○	庱	○	敕	敕鷘栻湢	
聆	lieng5		郎丁	來	青	青	四	次濁	開	五	靈	笭	令	歷	靈令零聆伶鈴苓齡羚翎蛉舲靇瓴櫺柃欞醽	
音	im1		於金	影	侵	侵	三	清	開	一	音	飲	蔭	邑	陰瘖喑愔霒	
察	chat4		初八	初	黠	黠	二	清	開	四	○	○	鏟	察	刹	
理	li2		良士	來	止	紙	三	次濁	開	二	離	李	吏	○	里李裏裡娌俚鯉（次濁上轉讀二聲）	
鑒	kam3		格懺	見	鑑	陷	二	清	開	三	監	減	鑑	甲	鑑監（「減」字在「豏」韻）	
貌	mau7		莫教	明	效	效	二	次濁	脣	七	茅	卯	貌	○	○	
辨	pian7		符蹇	並	獮	銑	三	濁	脣	六	○	辨	卞	別	辯（輕脣切重脣）另音作「皮莧」切諫韻	
色	sirk4		所力	疏	職	職	三	清	開	四	○	○	○	色	嗇穡轖	

文	TLPA音標	注音符號	切語	聲母	廣韻	詩韻	等第	清濁	開合	調值	平	上	去	入	同音字	備註
貽	**i5**		與之	喻	之	支	四	次濁	開	**五**	怡	以	異	○	怡頤飴宧遺詒圯瓵异	
厥	**kuat4**		居月	見	月	月	三	清	合	**四**	○	韏	絭	厥	蹶蕨劂鱖瘚蟨鷢	
嘉	**ka1**		古牙	見	麻	麻	二	清	開	一	嘉	檟	駕	○	家加枷痂笳枷迦珈茄豭耞駕椵豭袈	
猷	**iu5**		以周	喻	尤	尤	四	次濁	開	**五**	由	酉	柚	○	由遊游猶油悠輶蚰攸蕕蝣楢莤柚滺繇	
勉	**mian2**		亡辨	明	獮	銑	三	次濁	脣	二	○	免	○	○	免冕娩鮸（輕脣切重脣）（次濁上轉讀二聲）	
其	**ki5**		渠之	群	之	支	三	濁	開	**五**	期	○	忌	○	期旗棋祺碁琪麒淇綦騏蘄萁蜞鯕濝	
祇	**ci1**		旨夷	照	脂	支	三	清	開	一	脂	旨	至	○	脂祗砥	
植	**siek8**		常職	禪	職	職	三	濁	開	**八**	承	○	丞	植	寔殖埴稙	俗音（**sit8**）
省	**Sieng2**		息井	心	靜	梗	四	清	開	二	生	省	生	索	渻惺箵	
躬	**kiong1**		居戎	見	東	東	三	清	合	一	弓	○	○	菊	弓宮	
譏	**ki1**		居依	見	微	微	三	清	開	一	譏	幾	既	○	饑磯璣機鐖嘰禨鞿幾	
誡	**kai3**		古拜	見	怪	卦	一	清	開	三	皆	[解]	戒	○	戒介芥玠界疥蚧犗价「解」爲「蟹」韻	

文	TLPA音標	注音符號	切語	聲母	廣韻	詩韻	等第	清濁	開合	調值	平	上	去	入	同音字	備註
寵	thiong2		丑隴	徹	腫	腫	三	清	合	二	○	寵	惷	亍	○	語音（thieng2）
增	cirng1		作滕	精	登	蒸	一	清	開	一	增	○	增	則	曾憎罾繒矰橧磳	
抗	khong3		苦浪	溪	宕	漾	一	清	開	三	康	慷	抗	恪	亢伉犺閌炕頏蚢	
極	kek8		渠力	群	職	職	三	濁	開	八	○	○	○	極	○	
殆	tai6		徒亥	定	海	賄	一	濁	開	六	臺	待	代	○	待怠迨靆紿駘詒	
辱	jiok8		而蜀	日	燭	沃	三	次濁	合	八	茸	冗	○	縟	褥縟蓐溽鄏嗕	
近	kin6		其謹	群	隱	吻	三	濁	開	六	勤	近	近	○	瘽	宋音（kirn6）
恥	thi2		敕里	徹	止	紙	三	清	開	二	癡	恥	眙	○	搋祉	
林	lim5		力尋	來	侵	侵	三	次濁	開	五	林	廩	臨	立	臨淋琳霖箖	
皋	ko1		古勞	見	毫	毫	一	清	開	一	高	杲	誥	○	羔高膏篙糕	
幸	hirng6		胡耿	匣	耿	耿	二	濁	開	六	莖	幸	○	核	悻倖	
即	ciek4		子力	精	職	職	四	清	開	四	○	○	甑	即	稷唧即蝍揤鯽	

文	TLPA音標	注音符號	切語	聲母	廣韻	詩韻	等第	清濁	開合	調值	平	上	去	入	同音字	備註
兩	liong2		良獎	來	養	養	三	次濁	開	二	良	兩	諒	略	倆魎緉裲（次濁上轉讀二聲）	語音（lng6）
疏	sir1		所葅	疏	魚	魚	二	清	合	一	疏	所	疏	○	梳蔬綀（《洪武正韻》歸於「模」韻）	《洪武正韻》作（soo1）
見	kian3		古電	見	霰	霰	四	清	開	三	堅	繭	見	結	豎	語音（kinn3）
機	ki1		居依	見	微	微	三	清	開	一	機	幾	既	○	譏饑磯璣幾鐖嘰禨鞿	
解	kai2		佳買	見	蟹	蟹	二	清	開	二	佳	解	解	○	檞	
組	coo2		則古	精	姥	麌	一	清	合	二	租	祖	作	○	祖靻	
誰	sui5		視隹	禪	脂	支	三	濁	合	五	誰	○	睡	○	脽	
逼	piek4		彼側	幫	職	職	三	清	脣	四	冰	○	冰	逼	楅湢	
索	sok4		蘇各	心	鐸	藥	一	清	開	四	桑	顙	喪	索	○索：散也，如「索居」	
居	kir1		九魚	見	魚	魚	三	清	合	一	居	舉	據	○	車裾椐崌琚鶋蜛据	泉語（ku1）漳語（ki1）
閒	han5		戶間	匣	山	刪	二	濁	開	五	閑	限	莧	黠	閑憪嫺癇鷴	泉語（irinn）
處	chir2		昌與	穿	語	語	三	清	合	二	○	處	處	○	杵	

文	TLPA音標	注音符號	切語	聲母	廣韻	詩韻	等第	清濁	開合	調值	平	上	去	入	同音字	備註
沉	tim5		直深	澄	侵	侵	三	濁	開	五	沉	朕	鴆	蟄	莐	
默	mirk8		莫北	明	德	職	一	次濁	脣	八	瞢	瞢	○	默	墨纆嘿万蟔冒	
寂	ciek8		前歷	從	錫	錫	四	濁	開	八	○	汫	○	寂	○	
寥	liau5		落蕭	來	蕭	蕭	四	次濁	開	五	寥	了	料	○	聊僚寮遼撩嘹鷯簝撩飂獠鐐膋暸漻嫽	
求	kiu5		巨鳩	群	尤	尤	三	濁	開	五	求	臼	舊	○	球仇裘毬逑俅厹絿觩賕銶頄觓艏莍犰	
古	koo2		公戶	見	姥	麌	一	清	合	二	姑	古	顧	○	鼓詁瞽股賈蠱牯罟盬羖鈷酤估	
尋	sim5		徐林	邪	侵	侵	四	濁	開	五	尋	○	鐔	習	潯燖撏	
論	lun7		盧困	來	慁	願	一	次濁	合	七	論	惀	論	硉	碖	
散	san3		蘇旰	心	翰	翰	一	清	開	三	珊	散	散	薩	○	語音（suann3）
慮	lir7		良倨	來	御	御	三	次濁	合	七	閭	呂	慮	○	鑢濾勴	
逍	siau1		相邀	心	宵	蕭	四	清	開	一	逍	小	笑	○	銷宵硝霄魈綃蛸痟梢哨捎	
遙	iau5		餘昭	喻	宵	蕭	四	次濁	開	五	遙	鷕	鷂	○	傜繇窯鰩姚謠搖軺愮瑤銚珧颻媱洮榣	

文	TLPA音標	注音符號	切語	聲母	廣韻	詩韻	等第	清濁	開合	調值	平	上	去	入	同音字	備註
欣	**hin1**		許斤	曉	殷	文	三	清	開	一	欣	○	焮	迄	炘昕忻訢	俗音（**him1**）
奏	**cio3**		則候	精	候	宥	一	清	開	三	諏	走	奏	○	○	又音（**coo3**）語音（**cau3**）
累	**lui7**		良僞	來	寘	寘	三	次濁	合	**七**	羸	○	累	○	○「累」作「緣坐」解	
遣	**khian2**		去演	溪	獮	銑	四	清	開	二	牽	遣	譴	挈	譴繾	
慼	**chiek4**		倉歷	清	錫	錫	四	清	開	**四**	青	○	艴	戚	戚顣磩鏚	
謝	**sia7**		辭夜	邪	禡	禡	四	濁	開	**七**	斜	灺	謝	○	榭	
歡	**huan1**		呼官	曉	桓	寒	一	清	合	一	歡	○	換	豁	驩讙貛懽嚾	語音（**huann1**）
招	**ciau1**		止遙	照	宵	蕭	三	清	開	一	招	沼	照	○	昭釗鉊	
蕖	**kir5**		強魚	群	魚	魚	三	濁	合	**五**	渠	巨	遽	○	渠磲蘧籧璩醵鐻蚷	
荷	**ho5**		胡歌	匣	歌	歌	一	濁	開	**五**	何	荷	賀	○	何河苛魺蚵	俗音（**o1**）
的	**tiek4**		都歷	端	錫	錫	四	清	開	**四**	丁	頂	訂	的	滴嫡蹢靮玓馰菂鏑適	
歷	**liek8**		郎擊	來	錫	錫	四	次濁	開	**八**	靈	笭	令	歷	靂瀝櫪皪礫嚦櫟轢瓅轣	

文	TLPA音標	注音符號	切語	聲母	廣韻	詩韻	等第	清濁	開合	調值	平	上	去	入	同音字	備註
園	uan5		雨元	喻	元	元	三	次濁	合	五	園	遠	遠	越	袁援媛猿垣轅爰湲萲榬洹	語音（hng5）
莽	mong2		模朗	明	蕩	漾	一	次濁	脣	二	茫	莽	漭	莫	蟒漭（次濁上轉讀二聲）	
抽	thiu1		丑鳩	徹	尤	尤	三	清	開	一	抽	丑	畜	○	瘳惆	
條	tiau5		徒聊	定	蕭	蕭	四	濁	開	五	調	窕	調	○	調迢佻髫蜩鞗苕岧芀鰷齠跳	
枇	pi5		房脂	並	脂	支	四	濁	脣	五	枇	○	鼻	○	琵毗沘貔膍鈚阰毘（輕脣切重脣）	俗音（phi5）
杷	pa5		蒲巴	並	麻	麻	四	濁	脣	五	杷	跁	杷	○	爬琶耙	俗音（pe5）
晚	buan2		無遠	微	阮	阮	三	次濁	脣	二	樠	晚	蔓	襪	挽輓娩脕菀（次濁上轉讀二聲）	
翠	chui3		七醉	清	至	寘	四	清	合	三	○	趡	翠	○	綷濢	
梧	goo5		五乎	疑	模	虞	一	次濁	合	五	梧	五	誤	○	吾吳齬	
桐	tong5		徒紅	定	東	東	一	濁	合	五	同	動	洞	獨	童僮銅同曈侗峒瞳峒朣潼穜橦氃犝鮦	
早	co2		子皓	精	皓	皓	一	清	開	二	遭	早	灶	○	棗蚤澡藻璪	語音（ca2）
凋	tiau1		都聊	端	蕭	蕭	四	清	開	一	貂	鳥	弔	○	雕刁貂彫蛁鵰	

文	TLPA音標	注音符號	切語	聲母	廣韻	詩韻	等第	清濁	開合	調值	平	上	去	入	同音字	備註
陳	**tin5**		直珍	澄	真	真	三	濁	開	**五**	陳	紖	陣	秩	塵墜	語音（**tan5**）
根	**kirn1**		古痕	見	痕	元	一	清	開	一	根		艮	扢	跟	俗音（**kun1**）非
委	**ui2**		於詭	影	紙	紙	三	清	合	二	委	委	委	○	萎骫蜲㛂魂	
翳	**e3**		於計	影	霽	霽	四	清	開	三	鷖	○	翳	○	瘞曀殪繶枍蘙瘱	
落	**lok8**		盧各	來	鐸	藥	一	次濁	開	**八**	郎	朗	浪	落	洛酪絡駱珞烙鮥雒硌鴼樂	語音（**loh8**）
葉	**iap8**		與涉	喻	葉	葉	四	次濁	開	**八**	鹽	琰	豔	葉	鍱偞	語音（**hioh8**）
飄	**phiau1**		撫招	滂	宵	蕭	四	清	脣	一	漂	縹	剽	○	漂慓僄翲飄剽彯嘌㟽（輕脣切重脣）	
颻	**iau5**		餘昭	喻	宵	蕭	四	次濁	開	**五**	遙	鷕	鷂	○	傜繇窯鰩姚搖軺愮瑤銚珧猺遙媱洮榣	語音（**io5**）
游	**iu5**		以周	喻	尤	尤	四	次濁	開	**五**	由	酉	柚	○	由遊猶猷油悠輶蚰攸蕕蝣楢莤柚滺繇	
鯤	**kun1**		古渾	見	魂	元	一	清	合	一	昆	衮	○	骨	崑昆琨錕騉錕	俗音音（**khun1**）
獨	**tok8**		徒谷	定	屋	屋	一	濁	合	**八**	同	動	洞	獨	讀牘讟纛瀆犢髑黷櫝碡殰韇	
運	**un7**		王問	喻	問	問	三	次濁	合	**七**	雲	抎	運	○	鄆暈員緷	

文	TLPA音標	注音符號	切語	聲母	廣韻	詩韻	等第	清濁	開合	調值	平	上	去	入	同音字	備註
凌	lieng5		力膺	來	蒸	蒸	三	次濁	開	五	陵	○	○	力	陵崚綾鯪夌倰蔆	
摩	mo5		莫婆	明	戈	歌	一	次濁	脣	五	磨	麼	磨	○	磨魔劘髍麼	
絳	kang3		古巷	見	絳	絳	二	清	開	三	江	講	絳	覺	降洚夅	
霄	siau1		相邀	心	宵	蕭	四	清	開	一	霄	小	笑	○	銷宵硝逍魈綃蛸痟梢哨捎	
耽	tam1		丁含	端	覃	覃	一	清	開	一	耽	○	擔	答	眈酖湛（「擔」在「闞」韻）	
讀	tok8		徒谷	定	屋	屋	一	濁	合	八	同	動	洞	獨	獨牘讟纛瀆犢髑黷櫝碡殰韇	語音（thak8）
翫	guan7		五換	疑	換	翰	一	次濁	合	七	刓	鯇	翫	○	玩忨	
市	si6		時止	禪	止	紙	三	濁	開	六	時	恃	侍	○	恃時	語音（chi6）
寓	gu7		牛具	疑	遇	遇	三	次濁	合	七	虞	麌	遇	○	遇禺	
目	mok8		莫卜	明	屋	屋	一	次濁	脣	八	蒙	蠓	幪	木	木牧穆沐苜鶩霂蚞睦繆	語音（mak8）
囊	nong5		奴當	泥	唐	陽	一	次濁	開	五	囊	曩	灢	諾	○	
箱	siong1		息良	心	陽	陽	四	清	開	一	箱	想	相	削	相襄驤瓖廂湘鑲緗欀葙儴	語音（siunn1）

文	TLPA音標	注音符號	切語	聲母	廣韻	詩韻	等第	清濁	開合	調值	平	上	去	入	同音字	備註
易	i7		以豉	喻	寘	寘	四	次濁	開	七	移	池	易	○	貤袘施（易：輕易也）	
輶	iu5		以周	喻	尤	尤	四	次濁	開	五	由	酉	柚	○	由遊游猷油悠猶蚰攸蕕蝣楢莤柚浟繇	
攸	iu5		以周	喻	尤	尤	四	次濁	開	五	由	酉	柚	○	由遊游猷油悠猶蚰輶蕕蝣楢莤柚浟繇	
畏	ui3		於胃	影	未	未	三	清	合	三	威	○	畏	○	慰尉蔚霨罻褽藯犚	
屬	ciok4		之欲	照	燭	沃	三	清	合	四	鍾	腫	種	屬	燭囑欘蠋矚	
耳	ji2		而止	日	止	紙	三	次濁	開	二	而	耳	餌	○	洱餌珥駬（次濁上轉讀二聲）	語音（hi6）
垣	uan5		雨元	喻	元	元	三	次濁	合	五	垣	遠	遠	越	園袁援媛猿轅爰湲萲榬洹	
牆	ciong5		在良	從	陽	陽	四	濁	開	五	牆	○	匠	嚼	檣薔戕墻嬙艢廧	語音（chiunn1）
具	ku7		其遇	群	遇	遇	三	濁	合	七	劬	窶	具	○	懼颶	
膳	sian6		時衍	禪	獮	銑	三	濁	開	六	蟬	膳	繕	折	禪繕擅鄯單墠嬗去聲亦收，作「時戰」切	
餐	chan1		七安	清	寒	寒	一	清	開	一	餐	○	餐	擦	○	
飯	huan6		扶晚	奉	阮	阮	三	濁	脣	六	煩	飯	飯	伐	奞	語音（png6）

文	TLPA注音標符號	切語	聲母	廣韻	詩韻	等第	清濁	開合	調值	平	上	去	入	同音字	備註
適	siek4	施隻	審	昔	陌	三	清	開	四	聲	○	聖	釋	釋螫奭襫	
口	khio2	苦后	溪	厚	有	一	清	開	二	摳	口	寇	○	叩釦扣	又音（khoo2）語音（kau2）
充	chiong1	昌終	穿	東	東	三	清	合	一	充	○	銃	俶	茺琉	
腸	tiong5	直良	澄	陽	陽	三	濁	開	五	腸	丈	仗	著	長場萇	語音（tng5）
飽	pau2	博巧	幫	巧	巧	二	清	開	二	包	飽	豹	○	○	語音（pa2）
飫	ir3	依倨	影	御	御	三	次濁	合	三	於	○	飫	○	淤菸瘀	
烹	phirng1	撫庚	滂	庚	庚	二	清	脣	一	烹	䴙	砰	拍	磅洴輧澎（輕脣切重脣）	
宰	cai2	作亥	精	海	賄	一	清	開	二	哉	宰	載	○	載縡崽	
飢	ki1	居夷	見	脂	支	三	清	開	一	飢	几	冀	○	肌机虮	
厭	iam3	於豔	影	豔	豔	四	清	開	三	猒	黶	厭	魘	饜	
糟	co1	作曹	精	豪	豪	一	清	開	一	遭	早	灶	○	遭	
糠	khong1	苦岡	溪	唐	陽	一	清	開	一	康	慷	抗	恪	康慷漮	語音（khng1）

文	TLPA音標	注音符號	切語	聲母	廣韻	詩韻	等第	清濁	開合	調值	平	上	去	入	同音字	備註
親	**chin1**		七人	清	真	真	四	清	開	**一**	親	○	親	七	○	
戚	**chiek4**		倉歷	清	錫	錫	四	清	開	**四**	青	○	艴	戚	慼顣磩鏚	
故	**koo3**		古暮	見	暮	遇	一	清	合	**三**	姑	古	顧	○	顧雇固詁錮痼沽涸梱稒	
舊	**kiu7**		巨救	群	宥	宥	三	濁	開	**七**	求	臼	舊	○	○	語音（**ku7**）
老	**lo2**		盧皓	來	皓	皓	一	次濁	開	**二**	勞	老	勞	○	橑栳轑恅潦澇（次濁上轉讀二聲）	語音（**lau6**）
少	**siau3**		失照	審	笑	嘯	三	清	開	**三**	燒	少	少	○	燒	
異	**i7**		羊吏	喻	志	寘	四	次濁	開	**七**	怡	以	異	○	异潩詒廙	
糧	**liong5**		呂張	來	陽	陽	三	次濁	開	**五**	良	兩	諒	略	量良涼粱樑梁椋輬俍	語音（**liunn**）
妾	**chiap4**		七接	清	葉	葉	四	清	開	**四**	籤	憯	塹	妾	踥鯜緁	
御	**gir7**		牛倨	疑	御	御	三	次濁	合	**七**	魚	語	御	○	馭禦語（「語」字動詞作去聲）	
績	**ciek4**		則歷	精	錫	錫	四	清	開	**四**	菁	婧	○	績	勣積	
紡	**hong2**		妃兩	敷	養	養	三	清	脣	**二**	芳	紡	訪	○	仿	語音（**phang2**）

文	TLPA音標	注音符號	切語	聲母	廣韻	詩韻	等第	清濁	開合	調值	平	上	去	入	同音字	備註
侍	**si7**		時吏	禪	志	寘	三	濁	開	**七**	時	恃	侍	○	寺蒔	
巾	**kin1**		居銀	見	真	真	三	清	開	一	巾	巹	○	暨	○	宋音 **(kirn1)**
帷	**ui5**		薳支	爲	支	支	三	次濁	合	五	唯	洧	位	○	爲（以開切合）	
房	**hong5**		符方	奉	陽	陽	三	濁	脣	五	防	○	防	縛	防魴汸	又音 **(pong5)** 語音 **(pang5)**
紈	**huan5**		胡官	匣	桓	寒	一	濁	合	五	桓	緩	換	○	完桓梡垣紈芄萑洹貆獂莞捖	俗音 **(uan5)**
扇	**sian3**		式戰	審	線	霰	三	清	開	三	羶	○	扇	設	煽	語音 **(sinn3)**
圓	**uan5**		王權	喻	仙	先	三	次濁	合	五	圓	○	院	○	員湲隕篔（圓同圜）	語音 **(inn5)**
潔	**kiat4**		古屑	見	屑	屑	四	清	開	**四**	堅	繭	見	潔	結拮袺桔絜鮚	
銀	**gin5**		語巾	疑	真	真	三	次濁	開	五	銀	釿	憖	屹	垠鄞狺嚚誾釿圁訢	宋音 **(girn5)**
燭	**ciok4**		之欲	照	燭	沃	三	清	合	**四**	鍾	腫	種	燭	屬矚欘蠋曯	語音 **(ciek4)**
煒	**ui2**		于鬼	喻	尾	尾	三	次濁	合	二	韋	偉	胃	○	偉葦韙韡椲瑋暐（次濁上轉讀二聲）	
煌	**hong5**		胡光	匣	唐	陽	一	濁	合	五	黃	晃	潢	穫	遑徨喤璜簧餭隍湟艎凰騜蝗蟥鍠篁黃	

文	TLPA音標	注音符號	切語	聲母	廣韻	詩韻	等第	清濁	開合	調值	平	上	去	入	同音字	備註
晝	tiu3		陟救	知	宥	宥	三	清	開	三	輈	肘	晝	○	咮	語音（tau3）
眠	mian5		莫賢	明	先	先	四	次濁	脣	五	眠	緬	面	滅	矊矏	語音（min5）
夕	siek8		祥易	邪	昔	陌	四	濁	開	八	錫	○	○	席	席蓆汐穸	
寐	mi7		彌二	明	至	寘	四	次濁	脣	七	○	○	寐	○	○	
藍	lam5		魯甘	來	談	覃	一	次濁	開	五	藍	覽	濫	臘	籃襤	語音（lann5）
筍	sun2		思尹	心	準	軫	四	清	合	二	荀	筍	濬	卹	榫	
象	siong6		徐兩	邪	養	養	四	濁	開	六	詳	象	○	○	像橡蟓潒	語音（chiunn6）
牀	cong5		鉏莊	牀	陽	陽	二	濁	開	五	牀	○	狀	○	○	語音（chng5）
絃	hian5		胡田	匣	先	先	四	濁	開	五	絃	峴	現	纈	弦賢舷蚿胘	
歌	ko1		古俄	見	歌	歌	一	清	開	一	歌	哿	箇	○	哥渮牁滒舸	語音（koa1）
酒	ciu2		子酉	精	有	有	四	清	開	二	啾	酒	僦	○	○	
讌	ian3		於甸	影	霰	霰	四	清	開	三	煙	蝘	晏	噎	宴燕嚥醼驠嬿臙酀	

文	TLPA音標	注音符號	切語	聲母	廣韻	詩韻	等第	清濁	開合	調值	平	上	去	入	同音字	備註
接	**ciap4**		即葉	精	葉	葉	四	清	開	**四**	尖	○	僭	接	椄萎倢婕啑睫楫	
杯	**pue1**		布回	幫	灰	灰	一	清	脣	一	杯	○	背	○	○	
舉	**kir2**		居許	見	語	語	三	清	合	二	居	舉	據	○	筥莒欅柜	
觴	**siong1**		式羊	審	陽	陽	三	清	開	一	商	賞	餉	鑠	商殤傷湯鬺蔏螪謪	
矯	**kiau2**		居夭	見	小	篠	三	清	開	二	驕	矯	撟	○	撟蟜譑 敿 憍鱎	
手	**siu2**		書九	審	有	有	三	清	開	二	收	首	狩	○	首守狩	語音 (**chiu2**)
頓	**tun3**		都困	端	慁	願	一	清	合	三	敦	○	頓	咄	敦(「敦邱」之「敦」字讀去聲)	
足	**ciok4**		即玉	精	燭	沃	四	清	合	**四**	蹤	○	縱	足	哫	
悅	**iat8**		弋雪	喻	薛	屑	四	次濁	合	**八**	緣	兗	掾	悅	閱說	
豫	**ir7**		羊洳	喻	御	御	四	次濁	合	**七**	餘	與	豫	○	預譽澦悆礜悇與歟	
且	**chia2**		七也	清	馬	馬	四	清	開	二	○	且	○	○	跙	
康	**khong1**		苦岡	溪	唐	陽	一	清	開	一	康	慷	抗	恪	糠慷漮	語音 (**kng1**)

文	TLPA音標	注音符號	切語	聲母	廣韻	詩韻	等第	清濁	開合	調值	平	上	去	入	同音字	備註
嫡	**tiek4**		都歷	端	錫	錫	四	清	開	**四**	丁	頂	訂	的	滴的適鏑蹢靮樀菂	
後	**hio6**		胡口	匣	厚	有	一	濁	開	**六**	侯	厚	候	○	厚后郈詬	又音（**hoo6**）語音（**au6**）
嗣	**si7**		祥吏	邪	志	寘	四	濁	開	**七**	詞	似	嗣	○	寺飼	宋音（**sir7**）
續	**siok8**		似足	邪	燭	沃	四	濁	合	**八**	松	○	頌	續	俗藚	
祭	**ce3**		子例	精	祭	霽	四	清	開	**三**	○	○	祭	○	際漈穄	
祀	**si6**		詳里	邪	止	紙	四	濁	開	**六**	詞	似	寺	○	巳似耜兕汜	宋音（**sir6**）
蒸	**cieng1**		煮仍	照	蒸	蒸	三	清	開	**一**	蒸	拯	證	職	烝篜脀	
嘗	**siong5**		市羊	禪	陽	陽	三	清	開	**五**	常	上	尙	杓	常裳償徜鱨	
稽	**khe2**		康禮	溪	薺	薺	四	清	開	**二**	谿	稽	契	○	啓棨綮	
顙	**song2**		蘇朗	心	蕩	養	一	清	開	**二**	桑	顙	喪	索	磉	
再	**cai3**		作代	精	代	隊	一	清	開	**三**	哉	宰	再	○	載縡	
拜	**pai3**		博怪	幫	怪	卦	二	清	脣	**三**	○	○	拜	○	拜（合口切脣音）覆元泰定本「布戒」切	

文	TLPA音標	注音符號	切語	聲母	廣韻	詩韻	等第	清濁	開合	調值	平	上	去	入	同音字	備註
悚	siong2		息拱	心	腫	腫	四	清	合	二	淞	竦	○	粟	聳慫竦從嵷駷	
懼	ku7		其遇	群	遇	遇	三	濁	合	七	劬	窶	懼	○	具颶	
恐	khiong2		邱隴	溪	腫	腫	三	清	合	二	銎	恐	恐	曲	蛩	
惶	hong5		胡光	匣	唐	陽	一	濁	合	五	黃	晃	潢	穫	黃遑徨喤璜篁煌隍艎凰騜蝗蟥鍠篁韹	語音（hiann5）
牋	cian1		則前	精	先	先	四	清	開	一	箋	翦	箭	節	箋籛韉濺戔	
牒	tiap8		徒協	定	帖	葉	四	濁	開	八	甜	簟	磹	牒	諜喋惵疊堞褋褶渫艓蝶鰈蹀慴	
簡	kan2		古限	見	產	潸	二	清	開	二	艱	簡	諫	戛	柬揀暕	
要	iau3		於笑	影	笑	嘯	四	清	開	三	么	杳	要	○	葽穾窅約宎	
顧	koo3		古暮	見	暮	遇	一	清	合	三	姑	古	顧	○	故雇固詁錮痼沽涸梏稒	
答	tap4		都合	端	合	合	一	清	合	四	耽	○	擔	答	搭荅剳（「擔」在「闞」韻）	
審	sim2		式稔	審	寑	寑	三	清	開	二	深	審	深	溼	諗沈瞫嬸	
詳	siong5		似羊	邪	陽	陽	四	濁	開	五	詳	像	○	○	翔祥庠	

文	TLPA音標	注音符號	切語	聲母	廣韻	詩韻	等第	清濁	開合	調值	平	上	去	入	同音字	備註
骸	**hai5**		戶皆	匣	皆	佳	二	濁	開	五	骸	駭	械	○	諧	
垢	**kio2**		古厚	見	厚	厚	一	清	開	二	鉤	垢	遘	○	笱茩岣枸狗詬耇	語音（**kau2**）
想	**siong2**		息兩	心	養	養	四	清	開	二	襄	想	相	削	鯗	語音（**siunn6**）
浴	**iok8**		余蜀	喻	燭	沃	四	次濁	合	八	容	勇	用	欲	慾欲鵒鋊	語音（**iek8**）
執	**cip4**		之入	照	緝	緝	三	清	開	四	斟	枕	枕	執	汁縶瓡	
熱	**jiat8**		如列	日	薛	屑	三	次濁	開	八	然	橪	軔	熱	○	語音（**juah8**）
願	**guan7**		魚怨	疑	願	願	三	次濁	合	七	元	阮	願	月	愿謜	
涼	**liong5**		呂張	來	陽	陽	三	次濁	開	五	良	兩	諒	略	量糧良粱樑梁椋輬俍	又音（**liang5**）
驢	**lir5**		力居	來	魚	魚	三	次濁	合	五	閭	呂	慮	○	閭櫚藘廬臚	
騾	**lo5**		落戈	來	戈	歌	一	次濁	合	五	羸	裸	○	○	蠃蠃	
犢	**tok8**		徒谷	定	屋	屋	一	濁	合	八	同	動	洞	獨	獨讀牘讟纛瀆髑黷櫝碡殰韇	
特	**tiek8**		徒得	定	德	職	一	濁	開	八	騰	○	鄧	特	○	

文	TLPA音標	注音符號	切語	聲母	廣韻	詩韻	等第	清濁	開合	調值	平	上	去	入	同音字	備註
駭	hai6		侯楷	匣	駭	駭	二	濁	開	六	骸	駭	械	○	絯	
躍	iok8		以灼	喻	藥	藥	四	次濁	開	八	陽	養	漾	藥	藥瀹鑰籥爚礿龠蘥鸙	
超	thiau1		敕宵	徹	宵	蕭	三	清	開	一	超	○	眺	○	怊	俗音（chiau1）
驤	siong1		息良	心	陽	陽	四	清	開	一	襄	想	相	削	相襄箱瓖廂湘鑲緗欀葙儴	
誅	tu1		陟輸	知	虞	虞	三	清	合	一	株	拄	駐	○	株蛛邾袾鴸	
斬	cam2		側減	莊	豏	豏	二	清	開	二	○	斬	蘸	眨	○	
賊	cirk8		昨則	從	德	職	一	濁	開	八	層	○	贈	賊	蠈	語音（chat8）
盜	to7		徒到	定	號	號	一	濁	開	七	桃	道	導	○	導悼蹈纛翿	
捕	poo7		薄故	並	暮	遇	一	濁	脣	七	蒲	簿	捕	○	步哺餔	
獲	hok8		胡伯	匣	陌	陌	二	濁	合	八	宏	○	橫	穫	穫嚄（脣音切合口）	又音（hirk8）
叛	puan7		薄半	並	換	翰	一	濁	脣	七	盤	伴	畔	跋	伴畔	語音（phuan7）
亡	bong5		武方	微	陽	陽	三	次濁	脣	五	亡	罔	忘	○	忘芒望硭鋩	

文	TLPA音標	注音符號	切語	聲母	廣韻	詩韻	等第	清濁	開合	調值	平	上	去	入	同音字	備註
布	**poo3**		博故	幫	暮	遇	一	清	脣	三	逋	補	布	○	佈圃餔	
射	**sia7**		神夜	神	禡	禡	三	濁	開	七	○	○	射	○	貰	
遼	**liau5**		落蕭	來	蕭	蕭	四	次濁	開	五	遼	了	料	○	聊僚寮寥撩嘹鷯簝撩飂獠鐐膋暸漻嫽	
丸	**huan5**		胡官	匣	桓	寒	一	濁	合	五	桓	緩	換	○	完桓梡垣紈芄萓萑洹貆貒莞捖	俗音 **(uan5)**
嵇	**he5**		胡雞	匣	齊	齊	四	濁	開	五	兮	徯	系	○	奚兮蹊傒徯鼷榽谿豯騱	
琴	**kim5**		巨金	群	侵	侵	三	濁	開	五	琴	噤	噤	及	禽擒芩檎庈肣黔	俗音 **(khim5)**
阮	**guan2**		虞遠	喻	阮	阮	三	次濁	合	二	元	阮	願	月	沅邧（次濁上轉讀二聲）	
嘯	**siau3**		蘇弔	心	嘯	嘯	四	清	開	三	蕭	篠	嘯	○	○	
恬	**tiam5**		徒兼	定	添	鹽	四	濁	開	五	恬	簟	磹	牒	甜湉	
筆	**pit4**		鄙密	幫	質	質	三	清	脣	四	彬	○	○	筆	柲	
倫	**lun5**		力迍	來	諄	真	三	次濁	開	五	倫	稐	淪	律	輪掄淪侖論崙綸惀蜦	
紙	**ci2**		諸氏	照	紙	紙	三	清	開	二	支	紙	寘	○	只枳咫軹疻坻抵	語音 **(cua2)**

文	TLPA音標	注音符號	切語	聲母	廣韻	詩韻	等第	清濁	開合	調值	平	上	去	入	同音字	備註
鈞	kun1		居勻	見	諄	真	四	清	開	一	鈞	○	呁	橘	均袀	
巧	khau2		苦絞	溪	巧	巧	二	清	開	二	敲	巧	敲	○	○	語音（kha2）又音（khiau）
任	jim5		如林	日	侵	侵	三	次濁	開	五	壬	荏	妊	入	壬紝鵀恁妊	
釣	tiau3		多嘯	端	嘯	嘯	四	清	開	三	貂	鳥	釣	○	弔寫蔦	
釋	siek4		施隻	審	昔	陌	三	清	開	四	聲	○	盛	釋	適螫奭襫	
紛	hun1		敷文	敷	文	文	三	清	脣	一	芬	忿	湓	拂	芬雰棻氛吩砏豩鳻（原作「府文」切誤）	
利	li7		力至	來	至	寘	三	次濁	開	七	離	邐	利	○	痢浰	
俗	siok8		似足	邪	燭	沃	四	濁	合	八	松	○	頌	俗	續蕒	
並	pirng6		蒲幸	並	耿	梗	二	濁	脣	六	彭	並	膨	白	蛃	
皆	kai1		居諧	見	皆	佳	二	清	開	一	皆	解	戒	○	階荄楷喈湝蝔鶛薢痎「解」在「蟹」韻	
佳	kai1		古鞋	見	佳	佳	二	清	開	一	佳	解	繲	○	街（「佳」字通「麻」韻之「嘉」故或音「ka1」）	又音（ka1）
妙	miau7		彌笑	明	笑	嘯	四	次濁	脣	七	苗	眇	妙	○	篎	

文	TLPA音標	注音符號	切語	聲母	廣韻	詩韻	等第	清濁	開合	調值	平	上	去	入	同音字	備註
毛	**mo5**		莫袍	明	豪	豪	一	濁	脣	五	毛	媢	帽	○	髦旄酕芼秏毦	語音（**mng5**）
施	**si1**		式支	審	支	支	三	清	開	一	施	豕	翅	○	葹絁翄	
淑	**siok8**		殊六	神	屋	屋	三	濁	合	八	○	○	○	淑	塾熟孰	俗音（**siok4**）
姿	**ci1**		即夷	精	脂	支	四	清	開	一	姿	姊	自	○	咨資粢齍姿	宋音（**cir1**）
工	**kong1**		古紅	見	東	東	一	清	合	一	工	○	貢	穀	功公蚣攻釭杠	語音（**kang1**）
顰	**pin5**		符真	並	真	真	三	清	脣	五	頻	牝	○	苾	頻嬪蠙瀕蘋矉（輕脣切重脣）	
妍	**gian5**		五堅	疑	先	先	四	次濁	開	五	妍	齞	硯	齧	研	
笑	**siau3**		私妙	心	笑	嘯	四	清	開	三	宵	小	笑	○	肖	語音（**chio3**）
年	**nian5**		奴顛	泥	先	先	四	次濁	開	五	年	撚	○	捏	○	語音（**ni5**）
矢	**si2**		式視	審	旨	紙	三	清	開	二	屍	矢	嗜	○	屎	
每	**mue2**		武罪	明	賄	賄	一	次濁	脣	二	枚	每	妹	○	浼挴痗脢莓（輕脣切重脣）（次濁上轉二聲）	俗音（**mui2**）
催	**chue1**		倉回	清	灰	灰	一	濁	合	一	催	璀	倅	○	崔縗	俗音（**chui1**）

文	TLPA音標	注音符號	切語	聲母	廣韻	詩韻	等第	清濁	開合	調值	平	上	去	入	同音字	備註
曦	hi1		許羈	曉	支	支	三	清	開	一	曦	喜	戲	○	犧羲戲巇羛（「喜」字屬「止」韻）	
暉	hui1		許歸	曉	微	微	三	清	合	一	暉	虺	諱	○	揮輝煇徽翬褘徽	
朗	long2		盧黨	來	蕩	養	一	次濁	開	二	郎	朗	浪	落	閬硠烺榔筤（次濁上轉讀二聲）	
曜	iau7		弋照	喻	笑	嘯	四	次濁	開	七	遙	鷕	曜	○	耀燿鷂筄姚瀹覞	
璇	suan5		似宣	邪	仙	先	四	濁	合	五	旋	○	旋	○	璿旋琁還	
璣	ki1		居依	見	微	微	三	清	開	一	璣	幾	既	○	譏饑磯幾機鐖嘰禨鞿	
懸	hian5		胡涓	匣	先	先	四	濁	合	五	懸	泫	炫	穴	玄玹泫眩	
斡	uat4		烏括	影	末	曷	一	清	合	四	剜	碗	腕	斡		
晦	hue3		荒內	曉	隊	隊	一	清	合	三	灰	賄	晦	○	誨悔	
魄	phirk4		普伯	滂	陌	陌	二	清	脣	四	烹	姘	砰	拍	拍珀粕胉（「姘」屬耿韻「砰」屬諍韻）	
環	huan5		戶關	匣	刪	刪	二	濁	合	五	環	莞	換	滑	還鐶鐶寰闤澴慣鬟嬛湲	語音（khuan5）
照	ciau3		之少	照	笑	嘯	三	清	開	三	昭	沼	照	○	詔	

文	TLPA音標	注音符號	切語	聲母	廣韻	詩韻	等第	清濁	開合	調值	平	上	去	入	同音字	備註
指	ci2		職雉	照	旨	紙	三	清	開	二	脂	旨	至	○	旨厎栺	語音（cainn2）
薪	sin1		息鄰	心	真	真	四	清	開	一	薪	○	信	悉	新辛莘	
修	siu1		息流	心	尤	尤	四	清	開	一	脩	滫	秀	○	羞脩	
祜	hoo6		候古	匣	姥	麌	一	濁	合	六	胡	戶	護	○	怙戶扈滬戽楛岵鄠戽	
永	ieng2		于憬	喻	梗	梗	三	次濁	合	二	榮	永	詠	○	○（次濁上轉讀二聲）	
綏	sui1		息遺	心	脂	支	四	清	合	一	綏	髓	邃	○	雖荾睢眭浽	
吉	kit4		居質	見	質	質	四	清	開	四	○	緊	○	吉	拮狤結髻	語音（kiat4）
劭	siau7		寔照	禪	笑	嘯	三	濁	開	七	韶	紹	劭	○	邵卲	
矩	ku2		俱雨	見	麌	麌	三	清	合	二	拘	矩	屨	○	踽蒟枸萬楀郿椇	
步	poo7		薄故	並	暮	遇	一	濁	脣	七	蒲	簿	步	○	捕哺餔	
引	in2		余忍	喻	軫	軫	四	次濁	開	二	寅	引	胤	逸	蚓靷紖縯釰（次濁上轉讀二聲）	
領	lieng2		良郢	來	靜	梗	四	次濁	開	二	令	領	○	○	嶺柃（次濁上轉讀二聲）	語音（liann2）

文	TLPA音標	注音符號	切語	聲母	廣韻	詩韻	等第	清濁	開合	調值	平	上	去	入	同音字	備註
俯	hu2		方矩	非	虞	虞	三	清	脣	二	夫	俯	付	○	甫府斧腑黼莆簠脯	
仰	giong2		魚兩	疑	養	養	三	次濁	開	二	○	仰	仰	虐	○（次濁上轉讀二聲）	
廊	long5		魯當	來	唐	陽	一	次濁	開	五	廊	朗	浪	落	郎螂琅榔稂浪蜋莨桹稂筤鋃	
廟	miau7		眉召	明	笑	嘯	三	次濁	脣	七	苗	○	廟	○	○	
束	siok4		書玉	審	燭	沃	三	清	合	四	舂	○	○	束	○	又音（sok4）
帶	tai3		當蓋	端	泰	泰	一	清	開	三	○	○	帶	○	蔕廗蹛	語音（tua3）
矜	kieng1		居陵	見	蒸	蒸	三	清	開	一	矜	○	○	亟	兢	
莊	cong1		側羊	莊	陽	陽	二	清	開	一	莊	○	壯	斮	妝裝	語音（cng1）
徘	pue5		薄回	並	灰	灰	一	濁	脣	五	徘	琲	佩	○	培裴毰陪	
徊	hue5		胡瑰	匣	灰	灰	一	濁	合	五	徊	滙	潰	○	迴回洄茴蚘	
瞻	ciam1		職廉	照	鹽	鹽	三	清	開	一	瞻	颭	占	摺	詹占沾蟾	
眺	thiau3		他弔	透	嘯	嘯	四	濁	開	三	挑	朓	糶	○	糶朓覜頫絩窱跳	

文	TLPA音標	注音符號	切語	聲母	廣韻	詩韻	等第	清濁	開合	調值	平	上	去	入	同音字	備註
孤	**koo1**		古胡	見	模	虞	一	清	合	一	孤	古	顧	○	姑辜酤沽觚蛄箍泒罛柧軱橭	
陋	**lio7**		盧候	來	候	宥	一	次濁	開	七	婁	塿	陋	○	漏鏤嘍僂	又音（**loo7**）
寡	**kua2**		古瓦	見	馬	馬	二	清	合	二	瓜	寡	○	○	○	
聞	**bun5**		無分	微	文	文	三	次濁	脣	五	聞	吻	問	物	文紋蚊鳼雯	
愚	**gu5**		遇俱	疑	虞	虞	三	次濁	合	五	愚	麌	遇	○	虞隅娛喁禺鰅齵	
蒙	**mong5**		莫紅	明	東	東	一	次濁	脣	五	蒙	蠓	幪	木	幪濛朦矇懵瞢曚雺饛鸏氋	
等	**tirng2**		多肯	端	等	拯	一	清	開	二	登	等	嶝	德	○	語音（**tan2**）
誚	**ciau7**		才笑	從	笑	嘯	四	濁	開	七	樵	○	誚	○	哨	
謂	**ui7**		于貴	喻	未	未	三	次濁	合	七	韋	偉	胃	○	胃渭蝟媦彙緯	
語	**gir2**		魚巨	疑	語	語	三	次濁	合	二	魚	語	御	○	齬圄圉敔蘌鋙禦（次濁上轉讀二聲）	語泉（**gu2**）語漳（**gi2**）
助	**cir7**		牀據	牀	御	御	二	濁	合	七	鉏	齟	助	○	麆耡（《洪武正韻》歸於「暮」韻）	《洪武正韻》作（**coo7**）
者	**cia2**		章也	照	馬	馬	三	清	開	二	遮	者	柘	○	赭褚	

文	TLPA音標	注音符號	切語	聲母	廣韻	詩韻	等第	清濁	開合	調值	平	上	去	入	同音字	備註
焉	**ian5**		有乾	喻	仙	先	三	次濁	開	五	焉	嫣	堰	○	漹	
哉	**cai1**		祖才	精	咍	灰	一	清	開	一	哉	宰	再	○	災烖栽	
乎	**hoo5**		戶吳	匣	模	虞	一	濁	合	五	乎	戶	護	○	湖胡蝴糊狐弧葫瑚餬醐鶘猢鶦	
也	**ia2**		羊者	喻	馬	馬	四	濁	開	二	邪	野	夜	○	野冶埜	（次濁上轉讀二聲）

附註

註一：凡加框之字，即表示在《廣韻》非屬同韻相承之字，而平水韻則是，且讀音亦相同。

註二：凡切語上字加網底者，係表示該字爲「輕脣音切重脣音」之字。

註三：備註欄中所標之語音，乃指該字而言，至於其他同音之字，則或同或異，並非一致，讀者宜有此認知。

註四：閩南之語音「來、泥、娘」三母不分，本書於「來」母作「**l**」，「泥、娘」二母作「**n**」。

註五：閩南之語音「明、微」二母，已混而爲一，本書仍依聲韻學之標準，明母注「**m**」，微母作「**b**」。

註六：閩南語「四支」韻之洪音（精系一等及莊系）呼之與「魚」韻古音同，故作「**ir**」。

註七：六「魚」韻漳音收「**i**」、泉音收「**u**」、古音作「**ir**」，本書標註古音（相承之上、去聲並同）

註八：八「庚」九「青」十「蒸」三韻，有作「**ing**」者或「**eng**」者，本書洪音作「**irng**」細音作「**ieng**」。

註九：「侯」韻之古音略近於「模（**oo**）」，唐宋詩家以其與「幽、尤」二韻合而爲一，故平水韻將三韻合一，只作洪細之分，故本書作「**io**」。

閩南語聲韻學　主要參考書目

古音之旅……民竺家寧……國文天地雜誌社七十六年版
臺灣語言源流……民丁邦新……臺灣學生書局七十四年版
宋本廣韻……宋陳彭年等著林尹校……黎明文化事業公司六十七年版
康熙字典……清康熙敕撰……文化圖書公司六十九年版
新編康熙字典……民高樹藩重修……啓業書局七十六年版
集　韻……宋丁　度等……學海出版社七十五年版
切韻考……清陳　澧……臺灣學生書局五十八年版
音韻學通論……民馬宗霍……鼎文書局六十九年版
中國聲韻學通論……民林尹著林炯陽注釋……黎明文化事業公司七十一年版
等韻述要……民陳新雄……藝文印書館八十四年版
音略證補……民陳新雄……文史哲出版社六十七年版
音韻闡微……清李光地王蘭生合編……學生書局六十年版
增補十五音……林梵居士編……瑞成書局七十年版
彙音寶鑑……民沈富進……文藝學社七十年版
台灣閩南語教程……周長楫康啓明合著……安可出版社一九九七年版
台灣語概論……民許極燉……前衛出版社一九九八年版
中國聲韻學……民潘重規陳紹棠合著……東大圖書公司六十七年版
中原音韻……元周德清……藝文印書館六十八年版

實用聲韻學……民王文濤……臺灣商務印書館六十年版
韻鏡校注……民龍宇純……藝文印書館七十八年版
切韻指掌圖……宋司馬光……廣文書局六十三年版
經史正音切韻指南……元劉　鑑……音略證補附錄
漢語音韻學……民董同龢……文史哲出版社八十五年版
台灣河佬話聲調研究……民洪惟仁……自立晚報七十四年版
高明小學論叢……民高　明……黎明文化事業公司七十七年版
切韻音系……民李　榮……鼎文書局六十二年版
聲韻學……民竺家寧……五南圖書出版公八十四司年版
中國聲韻學……民姜亮夫……文史哲出版社六十三年版
辭　源……臺灣商務印書館編審部……臺灣商務印書館六十五年版
辭　海……中華書局編輯部……中華書局六十六年版
十駕齋養新錄……清錢大昕……臺灣商務印書館六十七年臺一版
廣韻研究……民張世祿……臺灣商務印書館五十八年版
鍥不舍齋論學集……民陳新雄……學生書局七十三年版
聲韻學中的觀念和方法……民何大安……大安出版社七十六年版
閩南話的形成及在台灣的傳播……大陸周長楫……台笠出版社一九九六年版
臺語文學與臺語文字……民洪惟仁……前衛出版社一九九五年版
中國聲韻學大綱……民謝雲飛……學生書局七十六年版
中國的語言與文字……民竺家寧……臺灣書局八十七年版